河南师范大学学术专著出版基金资助成果

河南师范大学校优势特色学科资助成果

河南师范大学 马克思主义

「牧野论丛」

MUYELUNCONG

问题与对策：当代中国国家治理研究

WENTI YU DUICE:
DANGDAI ZHONGGUO GUOJIA ZHILI YANJIU

张兴华 著

中国社会科学出版社

图书在版编目(CIP)数据

问题与对策:当代中国国家治理研究/张兴华著.—北京:中国社会科学出版社,2017.5

(牧野论丛)

ISBN 978-7-5203-0455-9

Ⅰ.①问… Ⅱ.①张… Ⅲ.①国家—行政管理—研究—中国
Ⅳ.①D630.1

中国版本图书馆CIP数据核字(2017)第109728号

出 版 人 赵剑英
责任编辑 朱华彬
责任校对 张爱华
责任印制 张雪娇

出 版 中国社会科学出版社
社 址 北京鼓楼西大街甲158号
邮 编 100720
网 址 http://www.csspw.cn
发 行 部 010-84083685
门 市 部 010-84029450
经 销 新华书店及其他书店

印 刷 北京君升印刷有限公司
装 订 廊坊市广阳区广增装订厂
版 次 2017年5月第1版
印 次 2017年5月第1次印刷

开 本 710×1000 1/16
印 张 16.5
插 页 2
字 数 267千字
定 价 68.00元

凡购买中国社会科学出版社图书,如有质量问题请与本社营销中心联系调换
电话:010-84083683

《河南师范大学马克思主义“牧野论丛”》简介

马克思主义理论学科的建设与发展，对于发展中国特色哲学社会科学、做好党的意识形态工作、发展21世纪中国马克思主义、落实党和国家的路线方针政策，具有重要的理论意义和现实价值。自2005年马克思主义理论一级科学建立以来，特别是党的十八大以来，在全国众多专家学者的共同努力下，学术交流活动频繁，学术涉猎范围广泛，学术研究成果丰硕，马克思主义理论学科呈现出大发展大繁荣的喜人态势。在此大背景下，河南师范大学马克思主义学院决定从2017年开始，陆续推出河南师范大学马克思主义“牧野论丛”，以期为进一步发展繁荣马克思主义理论学科贡献微薄力量。

河南师范大学马克思主义学院成立于2011年，其前身是成立于1951年的平原师范学院马列主义教研室，1986年设置为政治理论教学研究部，2001年与学校德育教研室合并，设置为社会科学教学部，2007年更名为思想政治理论教学研究部，2011年正式更名为马克思主义学院。学院主要承担马克思主义理论学科建设和全校本科生、研究生的思想政治理论课教学任务。现有专职教师52人，1人入选“教育部新世纪优秀人才支持计划”，1人入选教育部“思想政治教育杰出青年人才”培育计划，1人获得“全国高校思想政治理论课年度影响力人物”提名，1人入选2015年“全国思想政治理论课优秀中青年教师择优资助计划”。学院目前拥有马克思主义理论一级硕士学位点和马克思主义理论河南省重点学科，设有河南省青少年问题研究中心、河南省少年儿童组织与思想意识教育研究中心和中国共产党革命精神与中原红色文化资源研究中心三个科研平台。近5年来，在《马克思主义研究》《社会主义研究》《人民日报》《光明日报》等重要学术刊物发表论文300余篇，其中被《新华文摘》、人大复印报刊资料等转载20余篇；获批国家社科基金项目11项（其中重点项目2项），教育部项目18项（其中教育部高校示范马克思主义学院和优秀教学科研团队项目1项）。

该丛书的作者均为河南师范大学马克思主义学院中青年教师，他们潜心马克思主义理论教学和研究，以上专著是他们几年来学术研究的结晶。我们相信，本丛书的出版一定会激励学院教师更加努力地开展马克思主义理论相关研究，推动马克思主义理论学科建设与高校思想政治理论课创新。当然，由于他们还很年轻，专著中一定会有许多不足之处，敬请读者批评指正。

目　录

导　论

一　问题提出与研究意义

（一）问题提出

中华人民共和国的成立，开启了中华民族复兴的伟大历史征程。回顾历史，不能否认，人在创造历史的同时也在创造自身。现代国家的出现，是人不断推动的结果，也是人自身不断发展的结果。但另一个事实是，没有哪一个朝代在推动现代国家成长方面能与中国共产党相媲美。在现代国家治理方面，中国共产党扮演了核心角色，不仅领导中国人民取得了新民主主义革命的胜利，而且建立了新中国，开辟了中国现代国家全面建设和发展的历史进程。新中国成立后，由于缺乏社会主义建设的经验，面对复杂的国内外环境，加之苏联的影响，国家建设关注于主权的确立与政权的稳固，因此，开启了以维护政权为中心的政治导向型的国家治理模式。在这一治理模式下，新中国国家政权得以维护，国家基本制度得以确立，国家得以发展的重工业体系初步建立，这一切都为现代国家治理提供了前提。后来，由于毛泽东等党和国家领导人对国内外形势判断的失误，没能很好解决现代国家发展和社会主义建设之间的关系问题，致使中国陷入长达十年之久的内乱，以"阶级斗争为纲"成为国家治理的主导模式，致使国家各项工作停滞不前甚至出现大面积倒退，中国社会陷入全面危机。

十一届三中全会开启了现代国家治理的全面转型。中国自 1978 年改革开放始，此后的 20 多年，治理重点在经济领域展开。1984 年中国农村基本实现了家庭联产承包责任制，并在随后几年里完成了价格体制的改革；1987 年党的十三大确认了"社会主义初级阶段"，全面论述了党的基本路线；1992 年党的十四大提出建设社会主义市场经济体制；2001 年中国加入世界贸易组织（WTO），社会主义市场经济体制初步确立。进入 21

世纪，党的十六大提出全面建设小康社会的目标，社会建设和经济建设成为现代国家建设的重要推动力量。进而，中国共产党在 2005 年把国家建设的总体布局从经济建设、政治建设、文化建设“三位一体”发展为经济建设、政治建设、文化建设、社会建设“四位一体”。“四位一体”建设为现代国家建设提供了坚实的社会基础、制度条件和发展动力。在 2012 年中共十八大上，面对经济发展与资源环境矛盾不断恶化问题，党又把生态文明建设单列出来作为一体融入中国特色社会主义建设的总布局中，把原来的“四位一体”拓展为“五位一体”，较为清晰地描述了中国国家治理的未来愿景。

就国家治理的目标来看，邓小平从社会主义本质的高度给出了最权威的表达，即“社会主义就是解放生产力、发展生产力，消灭剥削，消除两极分化，最终实现共同富裕”，可以看出，我国用社会主义市场经济作为治理工具，其目的就是实现市场经济下公平与效率的完美结合，实现共同富裕，促进社会公平正义。但现实与理想是有差距的，并不是所有市场经济国家都能达到公平与效率的有效结合，在有些国家，如欧美等发达资本主义国家，市场经济创造了高度发达的物质文明，也创造了一个公平的竞争环境，促进了经济与社会的持续稳定的发展；但有些国家，如秘鲁、阿根廷、印度与印尼等，虽也实行市场经济，但由于政府权力过大，社会成员的经济行为受到种种限制。如在印度，法律曾经规定无论公私企业人数超过 50 便不得解雇工人；秘鲁则对民营企业的建立和进入市场设置层层障碍；等等。其根本原因在于，政府权力过大造成了整体性寻租，窒息了社会经济活力，最终因分配不公、贫富分化而导致严重的社会震荡和经济发展的中断。

我们说，要想保证市场经济的平稳运行，实现社会主义乃至共产主义的最终目标，必须有赖于法律、规则。因为市场经济本身就是法治经济，无论是政府还是经济人本身都必须在法治的框架下活动，正因如此，中国共产党的“十五大”提出了建立法治国家的目标，将“依法治国”作为党领导人民治理国家的基本方略，此后，依法治国理论不断得到强化、发展和创新。党的十八大将“依法治国基本方略全面落实、法治政府基本建成”作为全面建成小康社会的标志之一，并从立法、执法、司法、守法等方面提出了具体的推进策略。但不容回避的是，目前我国正处在前现代、现代、后现代的交汇点上，处在世界几大文明体系全面冲突交流的中心，处在人类文明主要利用自然资源发展向主要利用人自身精神资源发展的质变期，与此同时，我国经济社会发展呈现出新的阶段性特征，伴随"经济体制深刻变革，社会结构深刻变动，利益格局深刻调整，思想观念深刻变化"[①] 新特征的出现，暴露出的矛盾和问题日益尖锐和深刻，东西、南北，城镇、乡村差距并没有根本性改观，社会不公平、不公正问题凸显，腐败问题、收入差距不断拉大等问题无疑给我国的现代化发展设置了重重障碍，进一步加剧了我国国家治理的难度。

面对日益复杂严重的社会现实，传统的国家治理模式面临严重挑战，新的治理机制正在生成。治理主体的多元化已是不争的事实，治理客体日益复杂也是不容回避的问题，治理的国内外环境的急剧变化更是必须面对的。作为执政的中国共产党，如何合理定位自己的功能和角色；作为党的执行机关的政府，如何合理发挥自身的执政效能；作为日渐成熟的社会自治组织，如何在国家的整个治理体系中发挥协同力量都是执政党必须解决的重大课题。

从世界范围来看，执政党治理国家主要有三种方式。其一，执政党通过国家政权机关对国家事务实施领导；其二，执政党居于国家政权之上，直接向国家政权下命令；其三，执政党代替国家政权机关行使职权。[②] 由于各国的具体国情不同，各个国家治理方式存在很大差异。对于中国共产党的国家治理实践，学界也有很多杂音。有学者认为，中国的国家治理方式历经"政党直接指挥型"、"政党取代型"到"政党引导型"的历史演进。[③] 也有学者认为，存在由党的一元化型向党政分开型的历史转型。[④] 无论哪种治理理念，其核心问题就是"人治"还是"法治"的问题。难能可贵的是，面对现代化进程中的诸多矛盾和问题，中国共产党提出了一系列国家治理的新理念和治国新方略，提出了建设社会主义市场经济的经

---

① 《中共中央关于构建社会主义和谐社会若干重大问题的决定》，人民出版社 2006 年版，第 3 页。

② 杨绍华：《中国共产党执政方式的历史考察》，《中共党史研究》2005 年第 6 期。

③ 吴家庆、彭正德：《中国共产党执政方式的历史演进》，《湖南师范大学社会科学学报》2003 年第 3 期。

④ 陈世润、胡松：《中国共产党执政方式的重大变革》，《南昌大学学报》2001 年第 3 期。

济治理理念；提出了依法治国、建设社会主义法治国家的治国方略；提出了构建社会主义和谐社会的国家治理目标；提出了“以人为本”的科学发展理念；等等。所有这一切治国新理念的提出，深刻体现了党对执政规律、对社会主义建设规律和人类社会发展规律的新认识和新突破，体现了国家治理模式的主动转型。

但是，尽管执政的中国共产党提出了很多治国理政的新理念，中国面临的国内外挑战依然没有减少。来自国内的挑战其主要原因在于：强大的、高度集权的威权主义国家体制仍然是国家治理的主体，党政分开事实上在国家治理体制中流于形式，我国公民社会的培养和成长仍然面临很大困难，等等；来自国外的挑战主要有：随着中国的全方位迅速崛起，国际社会对中国国家发展及其治理模式提出质疑，既有“中国威胁论”的叫嚣，也有“中国崩溃论”的窃喜，更有高看中国“机遇论”和金融危机时期“救世论”的迷惑，而今又有“中国责任论”的担忧。面对如此复杂严峻的国内外挑战，我们只有积极面对，做出科学的回应和解答。

东欧剧变、苏联的解体与其说是西方国家“和平演变”的结果，不如说是国家治理失败引发对执政党的信任危机导致的结果。因此，选取“当代中国国家治理问题与对策”作为论域，其目的在于，通过梳理、研究新中国成立以来的国家治理模式的逻辑转换，廓清国家治理模式转换的内在动因，认清中国从统治到管理、从管理到治理演化的逻辑进路，认清当代中国国家治理的目标、理念及其现实困境与挑战。通过对这些问题的阐释和回应，强化认识中国共产党的领导是中国国家存在和发展的前提。对这些问题的厘清，有助于把握中国国家治理的内在逻辑，对于推进国家治理体系和治理能力现代化有着极为重大的理论意义和现实意义。

（二）研究意义

1. 理论意义

（1）有助于推动中国国家治理模式进一步转型

国家治理的困难在于政党—国家—社会的合理定位。新中国成立后，由于受战争年代革命思维定式的影响，执政的中国共产党未能迅速完成从革命党到执政党的转型，再加上新中国成立后特殊的国内外条件，以维护国家政权为中心的政治导向型国家治理模式是国家必需的选择，改革开放以来所形成的经济导向型国家治理模式现在又面临着新的挑战，因为时代的变迁要求执政党必须完成自身转型，真正完成从革命党到执政党的彻底转变。党和政府应重新审视自己在国家中的地位和角色，各自回归自己的职能本位，在此基础上积极培育社会组织的成长，让国家治理真正回归社会本位，最终实现“人的自由全面发展”。本书通过梳理分析新中国成立以来国家治理模式的每一次转型，用治理理论作为分析工具，考察历史呼应现实，以政党职能转化作为分析视角，全面审视中国国家治理模式和治国方略，为进一步推动国家治理模式转型提供理论支撑。

（2）有助于推动中国国家治理理论研究的不断深化

改革之难与其说在于提出新思想新观点，不如说在于摆脱旧思想旧观念的束缚。反思我国在国家治理中暴露出的种种问题，不难得出治理理念的转变远远落后于不断变化的客观实际的结论。可以说，在整个国家的治理体系中，党包办一切的固化思维没有改变，刚性维稳仍是国家治理理念的核心部分，尽管国家一再提出经济发展不但要注重经济效益，而且要更加注重社会效益，不再单纯以 GDP 的增长作为考核地方官员的唯一标杆，十八大报告更是把生态文明建设与经济、政治、文化和社会建设并列，凸显我国国家治理理念的新突破。然而，就现有的研究成果来看，实证性研究成果远多于理论性研究成果；建设性研究成果远多于批判性研究成果；碎片化研究成果远多于整体性研究成果；等等。本研究试图突破这些狭隘的视界，以中国国家治理的逻辑演变为切入点，以理论为导向，以实践为论域，总结国家治理的得失和教训，把国家治理理论推向深入。

（3）有助于马克思主义科学社会主义学说的丰富和发展

1848 年《共产党宣言》的发表标志着马克思主义的诞生，也标志着马克思主义科学社会主义学说的形成。正是在马克思主义理论指导下，列宁领导俄国取得了“十月”社会主义革命的胜利，建立了世界上第一个社会主义国家，也给中国送来了马克思列宁主义。中国的先进知识分子在马克思主义思想指导下建立了中国共产党，伟大的中国共产党人把马克思主义基本原理和中国的具体实际相结合，经过艰苦奋斗取得了新民主主义革命的胜利，建立了中华人民共和国。国家建立后，就如何发展和建设我们的国家，中国共产党人又进行了艰苦探索和大胆创新，最终创造性地构建了一套社会主义政治制度理论，为我国的社会主义政治文明奠定了基本的制度框架。但由于认识的局限性，在国家治理上，我国一度走过弯路，出现过挫折。

改革开放以来，我国社会发生了前所未有的剧烈变迁，经济体制已完成从传统的计划经济体制到社会主义市场经济体制的转型，改革开放的领域进一步扩大，已形成全方位的对外开放格局，中国特色社会主义道路已初步形成。在国家治理上形成了自己独具特色的治理之道，提出了党的领导、人民当家作主和依法治国相统一的国家治理的根本遵循，以人为本、科学发展、和谐社会、公平正义等国家治理目标和理念，随着实践的深入和发展，中国国家治理的新思想、新理念会继续不断丰富和发展，这都进一步丰富了马克思主义的科学社会主义学说。

2. 现实意义

（1）提高党的执政能力的需要

中国共产党成为执政党，是历史的选择、人民的选择。然而，党的领导地位不是一劳永逸的，我们必须居安思危，增强忧患意识，吸收世界上一些老党、大党、长期执政的党失去执政地位的教训，自觉加强党的执政能力建设和先进性建设，为人民掌好权、执好政。特别是进入新世纪新阶段以来，国际国内形势发生深刻变化。就国际形势来讲，世界多极化和经济全球化在曲折中发展，科技进步日新月异，各种思想文化交流交融交锋更加频繁，文化在综合国力竞争中的地位和作用更加凸显，敌对势力对我国的分化、西化的图谋并没有改变，我们仍然面临发达国家在经济、科技等方面的巨大压力。就国内形势来讲，我国改革进入关键期，新情况、新问题层出不穷，社会利益关系更加复杂多样。面对机遇和挑战并存的国内外条件，通过对当代中国国家治理问题和对策的研究，梳理提炼党在国家治理中的核心地位的重大作用以及执政理念的演进和创新，进一步增强党的“立党为公，执政为民”意识，加强“科学执政、民主执政、依法执政”的执政能力建设，提高党治理国家的本领具有极强的现实意义。

（2）解决当代中国社会问题的需要

改革开放以来，我国发生了翻天覆地的变化，生产力提高，经济发展，综合国力增强，文化繁荣，人民生活水平得到较大改善与提高。但是，我国的发展是不均衡的，究其原因在于：我国人口众多，地域辽阔，东西南北各地域、城市农村的经济、文化差异较大，尤其当下我国处于改革发展的关键期、社会转型期，面临的矛盾和问题更加复杂多样，比如：

社会规范问题、社会平等问题、社会组织问题、公共安全问题、人口与生态环境问题等。面对如此复杂的矛盾和问题，必然要求加大国家治理的力度，转变国家治理的理念，有效推行国家的法制现代化建设，提高国家治理的现代化和科学性。本书通过对新中国成立以来国家治理的考察，以问题意识为导向，以国家治理的价值目标为着眼点，按照基本事实、原因分析、理论解释、解决问题的研究路径架构起当代中国国家治理的理论框架。通过借鉴治理理论来解决目前的社会问题和矛盾，这对于推进中国的社会主义现代化建设具有重要的实践意义。

（3）构建社会主义和谐社会的需要

国家治理的目标当然是追求社会的公正和谐。中国共产党把构建社会主义和谐社会作为全面建设小康社会的目标之一提出来，凸显了党在国家治理层面的理论创新。那么，如何构建社会主义和谐社会，这就要求国家治理理念的重大转变。涉及政治体制如何改革，依法治国方略如何落实等重大现实问题。本书通过对新中国成立以来国家治理的考察，立足问题意识，分析梳理国家治理模式转型的原因，对当下中国国家治理的现实目标进行了理论阐释，并对未来的国家治理路径进行了深层次思考，为我国国家有效治理提供可借鉴的经验与启示，无不对构建社会主义和谐社会有着重要的指导意义。

二　国内外研究现状分析

（一）国内研究述评

治理理论自20世纪90年代在西方兴起以来，立即引起了我国学者的高度关注，并积极展开治理理论的引介工作。目前，我国学术界对治理理论的引介基本完成，正转向创新和发展阶段，出现了一大批卓著的研究成果。总体来讲，学者们在治理及其对当代中国治理的研究可以概括为以下几个论域：

论域一：关于治理。国内学者对于治理理论的研究工作始于引介和研讨。俞可平在其《治理与善治引论》一文中，在对国外治理概念全面分析的基础上，从“统治”和“治理”相区别的角度对治理进行了解读，并主编《治理与善治》一书，推动了国内学界对治理理论全面深入的了解。毛寿龙则一反国内学者的常态做法，认为Governance应翻译成“治道”，Govern 才翻译成“治理”，并在其与人合著的《西方政府的治道变革》一书中作为研究工具进行了应用，认为治道变革就是政府如何适应市场有效运行的需要来界定自己的角色，进行市场化变革，并把市场制度的基本观念引进公共领域，建设开放而有效的公共管理体系。[①] 罗许成的《全球化与当代中国马克思主义国家理论的新发展：一种国家治理的视角》，基于“政党、国家与社会”的治理互动机制来探讨。郁建兴、吕明再在其论文《治理：国家与市民社会关系理论的再出发》一文中，从国家与社会关系的角度对治理理论展开探讨。以上文献偏重于治理理论的探讨，为我们进一步研究国家治理提供了一个具有解释力的理论框架。

论域二：关于西方治理理论产生的背景。吴志成认为，治理理论之所以产生盛行于西方，其主要原因在于：第一，从理论层面上讲，与 20 世纪七八十年代出现于社会科学领域的某些范式危机有关，原有的范式已经不能够解释和描述现实的世界；第二，国家和市场的内在局限引起学术界对一度曾被忽视的治理理论的强烈关注；第三，各种协调形式的不断更迭也推动了治理机制的兴起；第四，从现实的角度看，治理概念为评判国家能力和国家与社会关系开辟了新路径；第五，当代世界的深刻变化，如全球化、冷战后国际政治经济格局的新变化、全球公民社会的兴起等都有助于解释治理何以兴起。[②] 曹任何认为，治理理论产生“是因为政府面临严重的财政危机、市场的兴起推动政府观念的转变、全球化的冲击、政府失灵等，人们对政府在现代化进程中的强势垄断地位产生了怀疑，导致对政府的认同感下降，从而促成了治理的产生”[③]。俞可平认为，“西方学者之所以提出治理概念，是因为他们既看到了社会资源配置的市场失效，又看到了国家的失效”[④]。以上研究只是对西方国家治理理论背景进行了探源，未能就我国引入治理理论的背景进行分析和解答，毕竟我国的文化传统有别于西方，其治国理念与西方亦大不相同，因此，加大我国治理理论引入的社会背景探讨应是当代中国国家治理的题中之义。

---

① 转引自朱立言《〈治道变革——西方发展新趋向〉——评〈西方政府的治道变革〉》（http：//www. gmw. cn/01gmrb/1999—02/05/GB/17959%5EGM9—0507. HTM）。

② 吴志成：《西方治理理论述评》，《教学与研究》2004 年第 6 期。

③ 曹任何：《合法性危机：治理兴起的原因分析》，《理论与改革》2006 年第 2 期。

④ 俞可平：《治理和善治引论》，《马克思主义与现实》1999 年第 5 期。

论域三：和谐社会和治理。毋庸讳言，实现两个百年的奋斗目标是当下中国国家治理的目标取向，和谐社会是两个百年目标的应有之义。但在建设社会主义和谐社会目标的路径选择上，基于不同的学术背景，仁者见仁、智者见智，体现出明显的差异。如，铁锴在其论文中提出当下中国应该在善治理论的观照下，以转变政府职能、提升政府能力为重点，加大政府治理，通过建设透明廉洁政府、服务效能政府、责任权威政府、民主法治政府，健全市场经济体制，培育协作型的公民社会来构建社会主义和谐社会的观点；[①] 杨艳、陈志强提出了社会和谐的关键是搞好以民主法治为中心的国家治理的观点；杭健、裴君博在其论文《从治理理论谈中国和谐社会的构建》中，提出从转变政府职能、加强社会道德建设、培育第三部门和提高公共组织的治理能力的角度来构建和谐社会的观点；王宏彬在其论文《公共治理理论视角下和谐政府的构建》中，提出构建和谐社会必须以构建和谐政府为前提的观点。此外，与以上观点和论域颇多类似的研究成果还有：魏海青、徐常勇的《和谐社会：政府从治理到善治的价值转向》，向波的《和谐社会视域中的我国社会治理创新》，向波、廖艺萍的《和谐社会与我国社会治理模式创新》，杨柳的《论和谐世界思想对全球治理理念的创新》，郭英莉的《治理理论视角下我国和谐社会的构建》，黄辉、刘祥国的《治理理论与中国和谐社会的构建》，等等。以上文献大多是借用治理理论作为研究工具，在治理的视域下探讨如何构建和谐社会的问题，为我国和谐社会的构建提供了借鉴。

论域四：关于治理模式。柴艳荣、李晗在其论文《变迁中国家治理模式的类型分析及其启示》中着重分析了国家治理模式的4种类型（市场式政府、参与式政府、弹性式政府和解制式政府），提出中国的国家治理模式应在政府治理理念的重建、政府结构的优化以及政府运作方式和过程的创新方面做出努力；陈潭在其论文《“不差钱”“不高兴”“不折腾”——“中国模式”的基本经验及其省思》一文中，指出“中国模式”的基本经验在于摆脱了过去“大跃进”和“文革”等国家运动式治理的模式，走向了“不折腾”的制度化治理模式；张慧君、景维民在

① 铁锴：《“善治”视野下构建和谐社会中的政府治理》，《宝鸡文理学院学报》（社科版）2007年第1期。

《从经济转型到国家治理模式重构——转型深化与完善市场经济体制的新议题》一文中，认为中国的国家治理模式是典型的权威主义路径（由具备强大权威和能力的中央政府来主动推动市场化、社会化和国际化变革进程）。有关国家治理模式的研究成果还有：张慧君、景维民的《国家治理模式构建及应注意的若干问题》，谢岳、程竹汝合著的《法治与德治——现代国家的治理逻辑》（江西人民出版社 2003 年版），史云贵的《中国现代国家构建进程中的社会治理研究：一种基于公共理性的研究路径》（上海人民出版社 2010 年版），罗许成的《全球化与当代中国马克思主义国家理论的新发展：一种国家治理的视角》（浙江大学出版社 2009 年版），潘德斌、颜鹏飞等著的《中国模式：理想形态及改革路径》（广东人民出版社 2012 年版），等等。以上文献大多以“问题域”的形式对治理模式进行了探讨，但缺乏实证性研究，对治理模式和中国治理模式没有展开探讨和辨析，这方面的研究还有很大空间。

论域五：关于治理路径。唐皇凤在其论文《大国治理与政治建设：当代中国国家治理的战略选择》一文中指出，当代中国国家治理的战略选择就是塑造现代价值体系、构建现代制度体系和培育现代治理结构的观点；张丽在其论文《公共精神与“群众”情境下的中国国家治理》一文中指出，群众作为国家治理的主体在转型期的中国具有了新的政治意涵和性格特征（蕴含着“公民性”“人民性”与“臣民性”的三重变奏），这就要求转型中国国家治理的选择必须以公共精神为价值依归，引领国家与社会关系的良性互动，从而消弭和突破群众的局限达到现代国家治理的公共性；[①] 王宏彬在《公共治理理论视角下和谐政府的构建》一文中，从公共治理理论视角，提出了构建以契约型、分权制、法制化和责任制为特征的和谐政府的治理路径；陈毅在《共同体治理：超越市场治理和国家治理模式》的文章中提出了“共同体治理”的观点作为国家治理的补充；张慧君、黄秋菊在《后危机时代转型国家的治理模式变革与经济发展》一文中指出，2008—2009 年的全球经济危机给转型国家带来严重冲击，后危机时代，国家治理的核心任务一是要重新定位国家

① 张丽：《公共精神与“群众”情境下的中国国家治理》，《天津行政学院学报》2011 年第 1 期。

的角色，培育和增进国家能力；二是要建立社会规制型市场经济体制，改变依附性发展模式，增强本国经济发展的自主性；三是以综合性的社会政策整合社会秩序与扶持社会发展，为转型深化和经济发展奠定和谐稳固的社会基础。[①] 与之相关的文献还有：张书林的《论党内民主与国家治理的互动》，付春的《软治理：国家治理中的文化功能》，邹虎的《走向善治：建设我国服务型政府的理路探索》，刘婷婷、张慧君的《转型深化进程中的国家治理模式重构》，林尚立的《重构府际关系与国家治理》，谢志岿的《转型期社会问题与国家治理创新：兼论中国政治体制改革的核心内涵与路径选择》，孟子钧的硕士学位论文《转型期我国政府失灵的表现及治理对策研究》，等等。以上研究论域大多是从务虚的角度对国家治理路径展开探讨，很少有对我国国家治理路径进行归纳和综合上升到理论层次的研究，因此，从我国国家治理路径的务实角度出发进行研究应是下一步努力的方向。

论域六：关于治理困境。作为世界上最大的发展中国家，其治理难度毋庸置疑。就本人收集到的资料来看，专门论述治理困境的文章并不多。主要有李俊的论文《灾害信息的沟通困境与国家治理》，文中指出我国的灾害信息沟通存在着沟通意识的局限、制度设计的缺失、沟通体制的弊端、信息技术的滞后等困境；韦深涉的论文《西方治理理论的价值取向与理论困境》，该文指出治理理论偏重直接民主，但仍需要间接民主；提倡多中心治理，但官僚制作为一种有效的组织方式在其后官僚制前景中仍然发挥重要作用；在重构合法性的同时使责任的归属困难重重；可行性与有效性的困境则可能导致“治理失败”；“全球治理”的追求并未改变强权政治的本质现实；[②] 唐皇凤在其论文《大国治理：中国国家治理的现实基础与主要困境》中，提出中国国家治理的困境主要在于中国是一个巨型社会、贫困社会、非匀质性社会和断裂社会的观点；王卓宇在《气候变化全球治理的处境、困境与路径》一文中，指出了气候治理的内在困境。就笔者的研究视域来说，国家治理的困境并不仅限于此，体现在国家

---

① 张慧君、黄秋菊：《后危机时代转型国家的治理模式变革与经济发展》，《社会科学研究》2010 年第 3 期。

② 韦深涉：《西方治理理论的价值取向与理论困境》，《广西大学学报》（社科版）2007 年第 4 期。

治理层面的各个方面，比如腐败问题、文化安全问题、食品安全问题、既得利益集团问题、人口问题、民主法治问题、收入分配问题、环境与生态问题等。诸如此类问题的研究成果有：祝洪娇的博士论文《中国现阶段收入分配差距与两极分化问题研究》，马海军著的《转型期中国腐败问题比较研究》（知识产权出版社 2008 年版），孙立平著的《转型与断裂：改革以来中国社会结构的变迁》（清华大学出版社 2004 年版），徐滇庆等著的《看懂中国贫富差距》（机械工业出版社 2001 年版），唐晓清著的《执政党拒腐防变机制研究》（辽宁人民出版社 2007 年版）等。

当然，学术界的研究视域并不仅仅局限于以上六种论域，以上六种论域只是大多数学者的关切。就治理理论的适用性而言，我国学者分别在政治学、社会学、法学、经济学、管理学等领域均有涉及，政治学、经济学领域的研究成果颇为丰富。如，宋赵来著的《中国策：新世纪、大视野与我们的治国方略》（武汉出版社 2010 年版），姚中秋的《中国变革之道：当代中国的治理秩序及其变革方略》（法律出版社 2011 年版），俞可平主编的《中国治理评论第 1 辑》（中央编译出版社 2012 年版）和《敬畏民意：中国的民主治理与政治改革》（中央编译出版社 2012 年版），马云瑞的《中国政府治理模式研究》（郑州大学出版社 2007 年版），邹东涛主编的《中共 90 年：经济建设之路与大国治理之道》（社会科学文献出版社 2011 年版），胡鞍钢著的《中国 2020：一个新型超级大国》（浙江人民出版社 2012 年版）和《2030：中国迈向共同富裕》（中国人民大学出版社 2012 年版），陈锦华等著的《中国模式与中国制度》（人民出版社 2012 年版），萧功秦著的《超越左右激进主义——走出中国转型的困境》（浙江大学出版社 2012 年版），邓聿文著的《中国必须赢》（中国商业出版社 2012 年版），周叶中、李炳辉著的《宪法政治——中国政治发展的必由之路》（中国法制出版社 2012 年版），何增科、包雅钧主编的《公民社会与治理》（社会科学文献出版社 2011 年版），夏勇的《文明的治理——法治与中国政治文化变迁》（社会科学文献出版社 2012 年版），等等。以上成果反映了我国学者在国家治理领域研究的前沿和动态，由于学者们的学术兴趣不同，专长不同，其研究关注点及其视角也必定有所不同。但是，学者们的研究视域、研究视角、研究方法、研究结论及其研究范式给我们进一步研究国家治理提供了积极的借鉴，这是毋庸置疑的。

纵观国内学者对治理理论的研究和治理工具的使用，其学科倾向非常明显，就是政治学和公共行政学领域，并且对于国家治理的研究仅仅集中于某一视角，很少有学者把国家治理作为整体性进行研究，出现这一现象并不奇怪，因为国家治理本身就是一个很难界定的概念，其治理的主体是谁，治理的客体是什么，政府—社会、政府—市场、政府—社会—市场等一系列关系研究起来就是一件颇让人头疼的事情。就中国知网收到的硕博论文看，华东师范大学陈春常博士的论文《转型时期中国国家治理研究》给笔者的研究提供了参考，拓展了笔者的研究视域和分析框架。其他的论文还是学科分类比较单一，在此不一一列出（参考文献列出）。因此，整体上的国家治理研究空间很大，把国家治理作为一门独立的“国家治理学”来研究应是未来的努力方向。

（二）国外研究述评

“治理”这一概念虽然源起于西方，但真正在英语世界引起广泛关注的时间也仅仅始于20世纪90年代，虽然时间不长，但研究成果显著，根据现有资料分析，国外学者的研究主要集中于以下论域：

论域一：关于治理的概念和内涵。国外学者对于治理概念和内涵的解读也呈现出不同的观点，其代表性的观点主要有：詹姆斯·罗西瑙在其著作《没有政府的治理》中提出没有政府治理的概念，认为治理指的是一种由共同目标支持的活动，这些管理活动的主体未必是政府，也无须依靠国家的强制力量来实现。① 格里·斯托克提出了关于治理理论的五种主要观点（1）治理指出自政府但又不限于政府的一套社会公共机构和行为者。（2）治理明确指出在为社会和经济问题寻求解答的过程中存在的界线和责任方面的模糊之点。（3）治理明确肯定涉及集体行为的各个社会公共机构之间存在的权力依赖。（4）治理指行为者网络的自主自治。（5）治理认定，办好事情的能力并不在于政府的权力，不在于政府下命令或运用其权威。政府可以动用新的工具和技术来控制和指引，而政府的能力和

① 转引自何兴贵、刘宏煊《西方治理理论述评》，《海军工程大学学报》（综合版）2011年第1期。

责任均在于此。[①] 全球治理委员会（Commission on Global Governance）将治理的概念定义为“或公或私的个人和机构管理其相同事务的诸多方式的总和，它是使相互冲突的或不同的利益得以调和并采取联合行动的持续过程，它既包括有权迫使人民服从的正式制度和规则，也包括人们同意或认为符合其利益的各种非正式的制度安排”[②]。以上所列代表了西方学术界对治理理论的最高认知水平。以下学者对治理理论的研究也有着自己的独到见解（由于后面的行文还有对西方治理理论的考察，为避免重复，暂不列出），其代表性的学者有：鲍勃·杰索普，辛西娅·休伊特·德·阿尔坎塔拉，奥利弗·E. 威廉姆森，青木昌彦，皮埃尔·塞纳克伦斯，阿里·卡赞西吉尔，玛丽－克劳德·斯莫茨等。西方的治理理论只是西方学者基于西方的文化传统和社会背景的一种认知，其民主、自由、人权是其价值理念的核心，我们一定要审慎对待。

论域二：关于国家在治理变革中的地位。国家在治理变革中的角色如何定位，这是理论界一直争论不休的课题，自资产阶级国家产生以来，“自由主义”（liberalism）和“国家主义”（nationalism）两大派别的争论就一刻不曾停止，很难达成共识。“自由主义”思想的代表人物首推英国的洛克和亚当·斯密。洛克认为，“人们联合成为国家和置身于政府之下的重大的和主要的目的，是保护他们的财产”[③]，不言而喻，国家的作用就是保护个人财产，其他什么都不要管。亚当·斯密认为，在商品经济条件下，有一只“看不见的手”在引导着国家的经济生活，这只看不见的手就是自由放任的市场，主张国家应该退出经济领域，做好“守夜人”角色，认为“管的最少的政府才是最好的政府”。“国家主义”思想的代表则首推凯恩斯，凯恩斯国家干预主义思想始于20世纪30年代，其产生的主要背景在于自由放任的市场经济催生了20世纪30年代的经济大萧条，自由放任的市场不是万能良药，需要国家的进入，国家由“守夜人”的角色变成了万能的保护者。然而，到了70年代，发达资本主义国家普遍出现了“滞胀”局面，在凯恩斯主义束手无策的形势下，人们又对国

① ［英］格里·斯托克：《作为理论的治理：五个论点》，《国际社会科学》（中文版）1999年第1期。

② 全球治理委员会：《我们的全球伙伴关系》，牛津大学出版社1995年版，第23页。

③ ［英］洛克：《政府论》下，叶启芳等译，商务印书馆1964年版，第77页。

家干预主义产生怀疑，新一轮国家与市场的选择在所难免。

面对国家与市场选择的两难，20 世纪 90 年代，治理理论应运而生。治理理论认为，“政府要在公共管理中扮演催化剂和促进者的角色”，是“掌舵”而不是“划桨”。① 鲍勃·杰索普在分析治理的两难困境的基础上提出了“元治理”的概念，元治理即“自组织的组织”的问题。在元治理理论的框架下，“国家发挥着多方面的重要作用：作为政策主张不同的人士进行对话的主要组织者，作为有责任保证各个子系统实现某种程度的团结的总体机构，作为规章制度的制定者，使有关各方遵循和运用规章制度，实现各自的目的……”，但是，“随着网络、合伙组织以及其他经济和政治治理模式的扩大，官方机构最好也不过是同辈中的长者”。② 不难看出，国家在治理中的角色定位。

论域三：关于中国的国家治理。以治理作为工具对中国进行研究的著作并不多见，但以中国国家历史和社会变革作为研究对象的著作则汗牛充栋。分析比较海外学者对中国的研究，以下几种观点还是值得我们认真思考和反思。一是中国威胁论，认为中国的崛起将对其他国家的利益构成挑战。鼓吹此类观点的主要著作有罗斯·芒罗的《正在觉醒的巨龙：亚洲真正的威胁来自中国》、塞缪尔·亨廷顿的《文明的冲突与世界秩序的重建》、村井友秀的《论中国这个潜在的威胁》等。二是中国崩溃论，认为中国的经济增长是虚假的，中国不久的将来就要崩溃。鼓吹此类观点的主要著作有美国匹兹堡大学经济学教授托马斯·罗斯基的《中国 GDP（国内生产总值）统计发生了什么?》（2000）、斯塔德维尔的《中国梦》（2002）、章家敦的《中国即将崩溃》（2001）等。时代转换到 2010 年，关于中国崩溃论的叫嚣又重新高涨起来，其代表人物主要有：麦嘉华、詹姆斯·查诺斯、肯尼斯·罗格夫等。三是中国责任论，主要是指以美国为首的西方国家，认为中国正在崛起，但还不是个充分负责的国家，应该承担与其实力相称的责任，这方面的材料散见于领导人的讲演和报告中。四是中国模式论，既有客观的评价，也有恶毒的攻击。美国《基督教科学

① ［美］戴维·奥斯本、特德·盖布勒：《改革政府：企业精神如何改革公营部门》，上海译文出版社 1996 年版，第 1—3 页。

② ［英］鲍勃·杰索普：《治理的兴起及其失败的风险：以经济发展为例的论述》，《国际社会科学杂志》（中文版）1999 年第 1 期。

箴言报》（2004）的一篇文章就说：“这种在上层指导下逐步推行政治改革的观点引起了许多亚洲国家领导人的共鸣，他们认为，西方的民主模式并不总是行之有效。”俄罗斯的弗拉基米尔·波波夫在其著作《中国模式——魅力难以抗拒》中就说，“中国的发展模式，或者说东亚的发展模式，……这种模式与美国开出的新自由主义经济处方可谓背道而驰”。以上对中国模式的评价可以说是比较客观的。但也有对中国模式的恶毒攻击，如《美国人》（2007）就说，中国模式就是经济自由加上政治压制等。对于以上四种观点，我们一定要认真分析、冷静思考，做出我们自己的判断。“棒杀”能置人于死地，“捧杀”却能让人死无葬身之地。

此外，从国家治理的视角及其把中国国家治理作为研究对象比较有代表性的著作和论文有：美国李侃如的《治理中国：从革命到改革》（中国社会科学出版社2010年版，胡国成、赵梅译），经济合作与发展组织的研究报告《中国治理》（清华大学出版社2007年版），俄罗斯Б. Н. 库济克和М. Л. 季塔连科合著的《2050年：中国—俄罗斯共同发展战略》（社会科学文献出版社2007年版，冯育民、高际香、刘显忠、庞大鹏译），新加坡郑永年的《中国模式：经验与困局》（浙江出版联合集团、浙江人民出版社2010年版），美国邹至庄的《中国经济转型》（中国人民大学出版社2005年版，曹祖平译），怀默霆（Martin King Whyte）和白威廉（William Parish）合著的《社会主义条件下的中国农村》（1979）和《中国的城市生活》（1984），倪志伟的《市场转型理论：国家社会主义从再分配向市场的过渡》（《美国社会学评论》1989年10月号），英国《经济学家》1992年出版的专刊《当中国醒来时》，罗斯·芒罗（Ross H. Munro）与理查德·伯恩斯坦（Richard Bernstein）合著的《即将到来的美中冲突》（新华出版社1997年版，隋丽君、张胜平、任美芬译），英国学者约·斯图威尔的《中国梦——追寻地球上最后一个巨大未开发市场》，美国学者乔舒亚·库珀·雷默（Joshua Cooper Ramo）的《北京共识》等。

以上论著及其论文，分别从不同的领域和视角所涉及的对中国的研究，为我国的学者重新认识和评价中国的国家治理提供了全新的思路和阐释框架。但要看到，国外学者的研究更多是基于西方的经验及其价值理念来分析研究中国的国家治理及其治道变革，难免带有西方民主化的色彩，其主要缺陷在于：一部分国外学者站在西方文化视域的平台上，而完全忽视了中国的制度和文化平台，以及中国治理的特殊性和困境，对中国的治理乱开药方，用所谓“善治”的标准来衡量中国。因此，这部分学者对中国的国家治理便产生了误读、提出质疑，“中国威胁论”和“中国崩溃论”相伴而生，没有走出“政府—市场—社会—民主—自由—人权”的阐释框架。还有部分学者尽管认识到了中国治理的内容和重点及其逻辑架构不同于西方国家，但其研究的兴趣大多集中于民主，完全用西方的多元民主政治来架构中国的国家治理及其变革，忽视了自由、民主、人权只是中国国家治理的部分内容而非全部，得出的结论必然是不负责任的、带有一定偏差的。

总之，国外学者为我们提供了观察和研究中国国家治理的若干视角，在全面建设小康社会的伟大征程中，如何有效地进行国家治理，真正做到发展成果人民共享，做到坚持党的领导、人民当家作主和依法治国的有机统一，做到经济持续发展、社会长期稳定，保持与周边国家长期睦邻友好关系，的确是国家在治理层面上的重大而紧迫的现实课题。

三 研究方法与创新之处

（一）研究方法

国家治理是一个综合性很强的课题。从学科门类看，它涉及政治学、历史学、管理学、公共行政学、社会学等学科，包括基础理论和实践对策两部分，可以说内容庞大，不易把握。本书遵循“科学理论指导→现实态势和挑战分析→战略对策思考→具体路径探讨”的研究思路，以马克思辩证唯物主义和历史唯物主义为指导，具体采用了以下几种研究方法：

1. 理论与实际相统一的方法

本书坚持以马克思主义国家治理理论为指导，以中国化的马克思主义为指针，以社会主义现代化建设的实际为根本，以我们正在做的事情为出发点，以现实中国矛盾问题作为论域，以政府职能转化为视角，探求国家治理的一般经验和内在逻辑。

2. 历史与逻辑相统一的方法

在马克思主义看来，人类社会的发展不但是一个历史过程，更是一个逻辑的过程。以理论思维的形式，从事物发展的最基本的逻辑关系出发，揭示矛盾发展的趋势，把握事物的发展规律，乃是进行社会科学研究的最基本方法。本书通过对国家治理实践的过程做历史的考察和分析，把对治理过程的考察和治理的内在逻辑分析相结合，得出中国国家治理从政治到经济、从经济到服务的治理逻辑，通过总结和反思，得出推进国家治理现代化是中国国家治理发展取向的结论，坚持了历史与逻辑的统一。

3. 规范分析和经验分析的方法

规范分析是一种定性分析，主要关注“应该是”的问题，强调政治价值的研究标准；经验分析是一种实然分析，主要关注“是什么”的问题，强调以事实与数据来验证一般的理论和原则以期得出普遍性的结论。本书从马克思主义国家治理思想和中国化马克思主义国家治理思想出发，对改革开放以来中国国家治理的方针政策与策略经验，做出定性分析。在对国家治理进行描述和阐释的同时，结合当代中国国家治理实践，做出价值判断。定性分析和价值判断有机结合以期得出符合事实的结论。

4. 多学科分析的方法

国家治理涉及政治学、管理学、经济学、社会学、公共行政学等领域，本书运用多学科分析的方法，通过回顾新中国成立以来国家治理演变的进程，分析其演变的原因，进而剖析其规律，从整体上把握国家治理面临的问题和未来趋势。

（二）创新之处

1. 研究视角的创新

本书并没有对中国国家如何治理进行展开，进行详尽论述，只是选取了若干角度进行了回顾。因为，对于国家治理的各个方面，学者们基于自己的学术背景和专长的研究成果已经够多。因此，本书的着眼点在于中国国家治理的问题透视、价值取向及其对策思考，有别于目前的大多数研究。

2. 通过对新中国成立以来国家治理的历史回顾，提出了中国国家治理从政治到经济、从经济到服务的转换路径

毛泽东出于维护国家政权的需要，把国家治理置于“政治”的视角下，一切以政治为中心；邓小平把国家治理置于“经济”的视角下，法治逐步彰显；江泽民、胡锦涛从政府职能转换的角度出发，把国家治理置于“服务”的视角下，提出“依法治国”方略。习近平立足于国内外发

展的新形势，提出“推进国家治理体系和治理能力现代化”的新命题，大力培育社会组织，积极参与全球治理，当代中国国家治理进入全面发展时期。

3. 提出了在政党—国家—社会的三维视域下推进国家治理现代化的路径

推进国家治理体系和治理能力现代化，首先要提高党自身的治理能力，因此，加强执政党建设成为应有之义；同时，作为国家代表的政府，要加强自身的治理，唯如此，方能提高其治理能力；要积极培育社会组织，与政党、国家形成良好的互动关系，以法治为保障，以制度建设作为支撑，不断完善国家治理体系。

诚然，国家治理是近年来的一个新课题，目前理论界的研究整体上还处于探索阶段。由于笔者的学识水平和研究能力所限，本书难免存在不足之处。主要是：由于国家治理涉及社会生活的各个领域，资料可谓汗牛充栋，但在选取资料、运用资料方面显得比较随意，不成体系；国家治理涉及学科非常广泛，需要深厚的理论和学术功底，由于自己知识广度有限，因而论证时略显单薄；本书只是从理论层面探讨了国家治理的若干关切，未能就国家治理的具体实践展开实证研究，内容上显得比较空泛。

四　研究思路和框架设计

（一）研究思路

本书以问题意识为导向，沿着历史观照—问题透视—目标理念—策略应对的逻辑思路展开。

1. 历史观照

本书全面回顾了中国国家治理的历史演变，通过梳理进而总结出中国国家治理模式演变的原因，归纳出每一模式下中国国家治理的基本特征，进而总结出从政治到经济、从经济到服务的中国国家治理模式的演变逻辑。

2. 问题透视

本书以强烈的问题意识为导向，通过对中国国家治理的历史回顾，分析归纳了制约中国国家有效治理的现实问题。国家治理涉及三大块最核心的内容，那就是政党、政府和社会，其中社会是国家治理的最核心内容，从一定程度上讲，国家治理就是社会治理。基于这种思考，本书从社会问题着手去寻求国家治理的问题所在。孙立平的《断裂：20 世纪 90 年代以来的中国社会》《失衡——断裂社会的运作逻辑》提供了借鉴，本书认为，断裂与失衡的中国社会是影响国家有效治理的问题；由于中国党政关系独特的特点，把二者分开单独去谈是不科学的，也是不合理的，再者，从某种程度上讲，中国国家治理的最主要主体是中国共产党及其领导下的政府，所以，本书认为，能否治理好中国，关键在党。因此，党自身的治理至关重要，只有把党建设好了，才能把国家治理好，正因如此，政党面临的风险和挑战是影响国家有效治理的问题；马克思主义意识形态是国家治理绕不开的话题，西方国家一刻也没有放弃从意识形态上对我国进行文化渗透和侵略，因此，本书认为，意识形态问题，主要是文化问题、价值观问题，是影响国家有效治理的问题。实现“两个百年”的奋斗目标，进而实现中华民族的伟大复兴的中国梦，毫无疑问，“美丽”中国是题中应有之义。我国人口—资源—环境问题有所改观，但并没有根本扭转。很多措施都是治标不治本，反弹趋向明显。这严重制约着我国经济社会的全面发展，危及民众的身心健康。因此，治理好环境生态问题刻不容缓。

3. 目标和理念

公平、效率、富强、民主、文明、和谐、法治、自由、平等、公正、廉洁、爱国、敬业、诚信、友善等都可以作为国家治理的目标和理念去研究。党的十八大提出了三个倡导的社会主义核心价值观，即“倡导富强、民主、文明、和谐，倡导自由、平等、公正、法治，倡导爱国、敬业、诚信、友善，积极培育和践行社会主义核心价值观”[①]。基于此，本书认为，富强、民主、文明、和谐的落脚点在于和谐，一个和谐的社会一定是富强、民主、文明的，因此，和谐社会应是国家治理的目标理念；围绕和谐社会的治理目标，本书认为，和谐社会的建构必须要有法治保障，舍此，构建和谐社会只能是句空话。我国目前正在致力于全面建设小康社会的奋斗目标（当然，小康社会是和谐社会的题中之义），由于我国经济社会发展的不平衡性，社会不公问题凸显，因此，维护社会公平正义对于全面建

① 胡锦涛：《坚定不移沿着中国特色社会主义道路前进　为全面建成小康社会而奋斗——在中国共产党第十八次全国代表大会上的报告》，人民出版社 2012 年版，第 31—32 页。

成小康社会至关重要，基于对最高纲领——实现人的自由而全面发展的共产主义社会的考量，国家治理要以人为目标，不以人为本进行的国家治理是难以想象的，这样就形成了本书的研究路径：以人为本、公平正义、依法治国、和谐社会。

4. 对策和思考

推进国家治理体系和治理能力现代化是党的十八届三中全会提出的新命题，如何推进国家治理体系和治理能力的现代化，可供运用的资料有限。再者，推进国家治理体系和治理能力的现代化是一个庞大的系统工程，需要各学科知识，由于笔者专业背景所限，驾驭这么大的题目的确很困难。因此，通过对国家治理现代化有关文献的学习和研究，笔者预设了一个理论框架，就是国家治理现代化的构建要在政党—国家—社会的框架下进行，这也是目前学术界的共识。通过对中国现实治理体系和治理能力的分析，归纳总结出现实的困难，从构建政党、政府、社会治理现代化的角度进行了破题。

（二）框架设计

本书由导论、正文和结语三大部分组成。

导论部分，主要就选题的依据及其研究意义做出阐释，并就国内外研究现状做出评价与分析，明确了本书的研究思路、研究方法、创新点及其研究框架。

正文分六章。

第一章，本章主要对治理和国家治理的理论进行了阐释。首先就治理理论兴起的背景和内涵进行了分析，通过分析，揭示出国家治理的内涵、本质及其价值取向，并就治理与统治的区别、中国语境下国家治理的内涵进行了解读；其次对马克思主义的国家治理思想进行了阐释，分别从无产阶级专政、发展生产力、人的全面发展和无产阶级政党的角度展开，进而总结出马克思主义国家治理的有关理念；再次对中国传统的儒家、道家、法家的国家治理思想进行了梳理，通过梳理进而总结出中国传统国家治理思想对当今中国国家治理理念的影响；最后就是西方的民主思想对中国共产党治国理政的影响进行了分析。

第二章，本章主要选取了苏联和新加坡作为研究对象。苏联国家治理之所以失败，其原因在于僵化的国家治理体制；新加坡国家治理之所以成功，原因在于新加坡领导人强烈的危机意识、灵活务实的公共政策、精英人才的选拔和培训机制、密切联系群众的制度、执政党的自律，这都为我国国家治理提供了经验借鉴。

第三章，本章全面回顾了中国国家治理的历史演变，通过梳理进而总结出中国国家治理模式演变的原因，归纳出每一模式下中国国家治理的基本特征，进而总结出从政治到经济、从经济到服务的中国国家治理模式的演变进路。

第四章，当代中国国家治理问题透视。首先，以社会分层理论为研究视角，对当代中国社会结构现状进行了全方位的考察，得出中国社会处于断裂的结论，进而提出中国社会的断裂是否归因于社会的分层，本书进行了深层次解剖，认为，断裂的深层次原因在于权力分布的失衡，这种社会结构的异化导致的困境是短期内无法治愈的。其次，从意识形态层面对当下中国的治理难题进行了解读，认为，在全球化背景下，当代中国正面临外来文化冲击，中国的传统主导价值观遭到肢解，构建当代中国的主导价值观困难重重。再次，从治理主体的视角解读了当代中国共产党面临的执政挑战，认为，执政党面临的执政风险和信仰危机是中国共产党自身治理的难题，日益挑战着党执政的合法性，只有把党治理好，才能把社会治理好，进而把国家治理好。最后，解读了目前我国面临的环境问题与生态危机。虽然环境治理有一定成效，但总体状况差的问题并没有得到根本扭转，严重危及我国的经济社会发展和人民的身心健康，治理任务任重道远。

第五章，当代中国国家治理的价值取向分析。本章从以人为本、公平正义、依法治国、社会和谐的角度对中国国家治理的价值取向进行了分析解读。

第六章，推进国家治理现代化的路径选择。本章从政党—国家—社会三者关系着手，考察中国现实国家治理体系和治理能力现状，分析归纳国家治理现代化面临的问题，从政党治理、政府治理、社会治理现代化的角度提出了推进国家治理现代化的逻辑路径。

结语部分，对研究进一步梳理总结，国家治理只有进行时，没有完成时，国家治理与时代发展相统一，时谈时新，历久弥新。

第一章　理论阐释：治理与国家治理的理论概述

自国家产生以来，国家治理就客观地存在着，但从严格意义上来讲，最初的国家治理与现代意义上的治理有着内涵的不同，叫统治较为合适，只是在20世纪90年代后，治理才成为西方社会科学领域中的流行话语。随着世界全球化的来临，人类的政治过程正从统治走向治理，进而走向善治，中国当然不能置身事外。

第一节　治理与国家治理的内涵

一　治理的兴起及其内涵界定

（一）西方治理理论兴起的背景分析

20世纪60—70年代，西方各国在经济增长的基础上大量增加社会福利等公共支出；受20世纪70年代几次经济危机的影响，到了80年代，一大批获得政治独立的亚非拉发展中国家积极参与全球化进程，经济获得快速发展，国内市场繁荣、投资环境稳定，吸引了西欧各国大量资本，资本"外逃"导致西方国家经济发展乏力，加之公民逃税、避税行为的发生，使得国家陷入巨额债务危机之中。为了有效化解福利国家的危机，在政府与市场之间做出合理选择，于是，一种新的国家治理范式应运而生，"治理的兴起无疑正是在市场与国家的这种不完善的结合之外的一种新选择"①。

20世纪90年代以来，全球化发展迅速，深刻影响着人类社会的政

---

①　郁建兴：《治理与国家建构的张力》，《马克思主义与现实》2008年第1期。

治、经济、文化及其生活方式，其中，尤为明显的是经济全球化，因为经济全球化对传统民族国家及国家间经济和政治体系均造成巨大冲击和影响，大大推进了带有全球性某些特征的意识形态，致使民族国家的地位和政府的角色不断改变，政府的公共服务能力受到削弱和限制，导致政府管理的“空心化”。[①] 对于在全球化背景下所导致的政府管理的“空心化”，各民族国家都面临国家管理转型问题。一般认为，伴随全球化而来的国家转型，“……民族国家不是正在消亡，而是正在被重新想象、重新设计、重新调整以回应挑战”[②]。因而，在全球化的冲击下，传统民族国家不会消亡，但其政治统治需要重新建构。作为一种新的“话语”体系，治理理论应运而生，既是对政府权威和国家统治的话语性、制度性的反对，也是对市场失灵和国家失败的反思和替代。[③]

从理论上来讲，治理的出现是对传统社会科学两分法的否定。在传统社会科学中，最盛行的是非此即彼的两分法，如经济学中的市场对等级制、政治学中的私人对公共、国际关系中的无政府对主权等，[④] 对于现实世界的巨大变化，这种方法难以给出信服的描述和解释，因此，在 20 世纪 70 年代以后，“治理”一词被学术界借鉴，试图在超越传统两分法的基础上，给现实世界发生的巨大变化给出一个合理的解答。同时，公民社会作为“国家主义”的对立物在 20 世纪 70 年代日益勃兴，公民社会的发展要求国家与社会之间的良好互动与协作，强调权利的分化和双向运行，这与传统国家治理模式的公共权利资源配置的单极化和运用的单向性发生了激烈碰撞和冲突。因此，作为一种新的国家治理工具的“治理”，伴随公民社会的不断发展壮大日益渗透到社会的所有领域以及各种社会组织，政治权利日益从国家（政府）返还给公民社会，公民社会在国际和国内事务中发挥着越来越大的作用，以往传统的政府与市场的双层互动开始转变为政府、市场与社会的三层互动，这也就是治理机制发生作用的

① 参见马丽娟《治理理论研究及其价值述评》，《辽宁行政学院学报》2012 年第 10 期。

② ［英］鲍伯·杰索普：《重构国家、重新引导国家权力》，何子英译，《求是学刊》2007 年第 4 期。

③ 转引自王诗宗《治理理论及其中国适用性》，浙江大学出版社 2009 年版，第 25 页。

④ 吴志成：《西方治理理论述评》，《教学与研究》2004 年第 6 期。

过程。

此外，信息技术革命为治理理论兴起提供了有效手段。20 世纪 70 年代以来，电子学获得快速发展，微电子、光电子技术被运用到国家管理部门中，在公共行政中扮演着日益重要的角色。同时，卫星通信系统、遥感和全球定位系统、宽频带高速数字综合网络系统、信息压缩与高速传输系统、人工智能和多媒体技术等信息科技均获得迅猛发展，人类步入一个以信息化为特征的新时代。信息技术的发展，使政府长期以来所拥有的收集和管理信息的专利权被剥夺，打破了知识和信息被传统官僚机构垄断的局面。普通百姓取得信息的速度几乎和政府领导者一样迅速。[①] 这就缩短了政府、社会组织和公民个人之间的距离，使管理主体和管理客体之间的沟通、反馈更加快捷，从而加强了彼此之间的回应性和依赖性，使政府、企业、社会组织、公民个人共同管理成为可能。另一方面，信息技术的快速发展也为政府提高办事效率，降低管理成本，创新管理方式，为民众提供更快捷、更优质的服务创造了可能，也为民众对政府施压创造了条件，这就使得原有的政府管理面临新的挑战。同时，信息技术的快速发展还为公共行政的灵活、高效提供了技术支持。借助于信息技术，政府办公自动化、网络化、电子化成为可能，这就减少了信息处理和传递过程的中间环节，正如奈斯比特所评价的，“电脑将粉碎金字塔：我们过去创造出等级制、金字塔式管理制度，现在由电脑来记录，我们可以把机构改组成扁平式”[②]。这就道出了一个事实，传统的金字塔式、等级制的政府管理制度越来越不适应信息化社会的要求，社会需要新的管理理念，正如沙尔普所指出的那样：“显然，在纯粹的市场、等级制的国家机构以及避免任何一方统治的理论能够发挥作用的范围以外，还有一些更为有效的协调机制，是以前的科学未能从经验数据和理论思维两个方向加以把握的”[③]，这种“有效的协调机制”就是“治理机制”。

---

① ［美］戴维·奥斯本、特德·盖布勒：《改革政府——企业精神如何改革着公营部门》，上海市政协编译组、东方编译所编译，上海译文出版社 1996 年版，第 16 页。

② ［美］约翰·奈斯比特：《大趋势》，新华出版社 1984 年版，第 336 页。

③ 转引自俞可平《治理与善治》，社会科学文献出版社 2000 年版，第 56 页。

（二）治理与国家治理的内涵界定

1. 治理的定义

1989年世界银行在讨论非洲发展时，首次使用了“治理危机”（crisis in governance）一词，此后“治理”这个概念便在学术界很快流行起来。以至于有学者认为，治理一词是“一个可以指涉任何事物或毫无意义的‘时髦词语’”。① 其原因在于，不同的行为主体都从自身的角度出发提出了关于“治理”的概念，这表明给治理下个统一的定义是非常困难的。其中有代表性的观点主要有：

（1）联合国的观点

联合国全球治理委员会于1995年发表了一份题为“我们的全球伙伴关系”的研究报告，对治理做了比较具有代表性和权威性的定义。即治理是各种公共的或私人机构管理其共同事务的诸多方式的总和。它是使相互冲突的或不同的利益集团得以调和并且采取联合行动的持续的过程。这既包括有权迫使人们服从的正式制度和规则，也包括各种人们同意或以为符合其利益的非正式的制度安排。②

（2）治理的五个维度

格里·斯托克（Gerry Stoker）对目前流行的各种治理概念做了一番梳理后提出了理解治理的五个维度，其一，治理意味着一系列来自政府但又不限于政府的社会公共机构和行为者；其二，治理意味着在为社会和经济问题寻求解决方案的过程中存在着界限和责任方面的模糊性；其三，治理明确肯定了在涉及集体行为的各个社会公共机构之间存在着权力依赖；其四，治理意味着参与者最终将形成一个自主的网络；其五，治理意味着办好事情的能力并不仅限于政府的权力，不限于政府的发号施令或运用权威。③

① ［英］鲍伯·杰索普：《治理的兴起及其失败的风险：以经济发展为例的论述》，《国际社会科学杂志》（中文版）1999年第1期。

② Our Global Neighborhood, “The Report of the Commission on Global Governance”，参见俞可平《全球化：全球治理》，社会科学文献出版社2003年版，第176页。

③ ［英］格里·斯托克：《作为理论的治理：五个论点》，参见俞可平主编《治理与善治》，社会科学文献出版社2000年版，第31—49页。

（3）治理的六种用法

罗伯特·罗茨（R. Rhodes）认为：治理意味着政府管理含义的深刻变化，意味着一种新的统治过程，意味着有序统治的条件已经不同于以前，或是作为一种新的管理社会的方式。并且认为，治理主要用于六个方面：第一，作为最小国家的管理活动的治理，它指的是国家削减公共开支，以最小的成本取得最大的效益。第二，作为公司管理的治理，它指的是指导、控制和监督企业运行的组织体制。第三，作为新公共管理的治理，它指的是将市场的激励机制和私人部门的管理手段引入政府的公共服务。第四，作为善治的治理，它指的是强调效率、法治、责任的公共服务体系。第五，作为社会—控制体系的治理，它指的是政府与民间、公共部门与私人部门之间的合作与互动。第六，作为自组织网络的治理，它指的是建立在信任与互利基础上的社会协调网络。①

（4）罗西瑙的定义

罗西瑙（J . N. Rosenau）在其代表作《没有政府的治理》和《21 世纪的治理》中认为，治理与政府统治不是同义语，它们之间有重大区别。他将治理定义为一系列活动领域里的管理机制，它们虽未得到正式授权，却能有效发挥作用。与统治不同，治理指的是一种由共同的目标支持的活动，这些管理活动的主体未必是政府，也无须依靠国家的强制力量来实现。同时，这个目标也不一定出自合法或正式规定的职责与机制，未必需要依靠强制力量克服挑战而使别人屈服。与统治相比，治理的内涵更加丰富，既包括政府机制，同时也包括非正式的、非政府的机制。②

2. 国家治理的内涵

通过对治理的兴起及其内涵的探讨和分析，我们知道治理是对国家失灵和市场失灵的回应，反映着国家与社会之间一定的权利关系。随着理论和实践的发展，治理作为理论工具逐渐被运用到企业、市场和社会网络中去，并形成了企业治理理论、市场治理理论和社会治理理论。同理，治理理论运用到国家层面就会形成国家治理理论。要廓清国家治理的内涵，有

---

① ［英］罗伯特·罗茨：《新的治理》，参见俞可平主编《治理与善治》，社会科学文献出版社 2000 年版，第 86—96 页。

② ［美］詹姆斯·罗西瑙：《没有政府的治理》，张胜军等译，江西人民出版社 2001 年版，第 5—6 页。

必要廓清对“国家”的认识。

据国家兴起的历史文献记载，“国家”一词是由意大利思想家马基雅维利创造的，马基雅维利在其著作中较早使用了 statos 一词，这个词是从拉丁文 status 演化而来的，其本意就是“国家”。并在其著作《君主论》中讨论了一国之君如何根据“国家理由”来行事，可以说，这是较早论述国家治理的著作。那么，真正意义上的“国家”到底指什么呢？美国学者查尔斯·蒂利认为，国家必须具有以下几个特征：其一，控制大片连续的领土。其二，中央集权。国家将民间的许多权力都统统“收归国有”，由国家来统一安排。由于权力集中，国家对其管辖范围内的人口也就负有全面的责任。其三，垄断强制手段。国家垄断了对暴力的合法使用，只有国家可以行使生杀予夺大权。其四，独一无二的政府机构。由于国家垄断了权力和责任，也就需要建立一个政府，将原来政治单位中的权力统统接揽过来。其五，统一的行政安排。① 在对国家的各种定义中，马克思主义的定义最为经典，马克思主义认为，国家是社会陷入了不可解决的自我矛盾，分裂为不可调和的对立面，就需要有一种力量凌驾于社会之上，把冲突保持在“秩序”的范围内。“这种从社会中产生但又自居于社会之上并且日益同社会相异化的力量，就是国家。”② 其实，马克思、恩格斯关于国家属性的论述还有很多。比如：“国家是属于统治阶级的各个个人借以实现其共同利益的形式”③，“国家是以一种与全体固定成员相脱离的特殊的公共权力为前提的”④，“国家是整个社会的正式代表，是社会在一个有形的组织中的集中表现”⑤ 等。通过对国家起源的考察不难发现，国家在人类社会历史发展中大体有着三种不同的治理模式，经历了三个历史阶段：

（1）专制主义阶段，这一阶段的起止时间大体从国家出现到封建社

① See in Charles Tilly ed., *The Formation of the National States in Western Europe*, Princeton: Princeton University Press, 1975，转引自孙关宏、胡雨春等主编《政治学概论》（第二版），复旦大学出版社 2008 年版，第 57 页。

② 《马克思恩格斯选集》第 4 卷，人民出版社 1995 年版，第 170 页。

③ 《马克思恩格斯选集》第 1 卷，人民出版社 1995 年版，第 69 页。

④ 《马克思恩格斯选集》第 4 卷，人民出版社 1995 年版，第 94 页。

⑤ 《马克思恩格斯选集》第 3 卷，人民出版社 1995 年版，第 631 页。

会的解体

在这一阶段，国家治理的显著特点就是公共权力资源配置的单极化和公共权力运用的单向性。在这种治理模式下，社会成员被静态地分为统治者和被统治者，二者之间的角色不能互换。统治者自上而下单向性运用权力，而无须被统治者的同意和参与。国家完全凌驾于社会之上，社会被湮没于国家之中。

（2）民主主义阶段，这一阶段的起止时间大体从封建社会解体到20世纪初

在这一阶段，欧洲大陆封建制度趋于瓦解，资产阶级革命从欧洲蔓延于世界，为了获得统治权，资产阶级启蒙思想家提出了“天赋人权”“主权在民”“生而平等”“契约政府”“权力制衡”等观点，这些观点促成了公民社会的兴起。至此，国家产生丁社会而不是凌驾于社会之上的观点得以形成，人们有了自我管理的权利，有了不受国家约束的自主力量。但是资本主义国家的“私有”本质决定了资本为少数人所占有，而资本又是公共权利的主要来源，所以权力的配置和使用在相当长的时期内仍呈单极化状态，表现为自上而下的单向性特点。

（3）后民主主义阶段，这一阶段大体指从20世纪始直到目前

在这一时期，公民社会发育日益成熟，参与社会管理的热情日益高涨，这就造成公共权力资源的配置日益分化，国家不再是公共事务的唯一决定者，各种社会自治组织也积极参与公共事务的决策，公共权力的配置不再是单极化状态，其运用也不再仅仅是自上而下，而是自上而下和自下而上的双向运行。

至此，我们可以对国家治理做一描述性回答。国家治理就是作为政治统治机器的国家，运用国家政权的力量，通过配置和运作公共权力，实现对公共事务的管理和支配，进而构建国家与社会关系的理想状态，以促进公共利益的最大化。具体而言，它包括以下几层含义：第一，国家治理的主体是政府，其他非政府组织是国家治理主体的有益补充，通过与政府的互动来影响国家权利的有效运行；第二，国家治理的客体是国家权利的配置和使用，对社会公共事务的控制和管理，对政府组织和非政府组织自身的管理；第三，国家治理的方式是政府与公民的互动，通过公民参与来影响政府的决策过程和政策实施效果；第四，国家治理的目的就是国家安全

得以维护、国家利益得以捍卫，社会安定团结、人民安居乐业。总之，作为国家治理主体的政府，在不同社会形态下，政府的功能、定位和组织形式会有所不同，政府对公共权力的控制程度也会不断地变化，因而对于由国家出发的治理，其最关键的就是政府治理。甚至在某种程度上可以说，国家治理等同于政府治理。正如格里·斯托克指出的，“治理是出自于政府的”①。

二 治理与统治的区别

从字面意义上看，“治理”与“统治”似乎差别不大，其实，它们之间有重大区别。二者最本质的区别在于，治理需要的权威并非一定来自政府机关，而统治的权威则必定是政府。从运作机制上来看，与传统的政府统治相比，治理的内涵更加丰富。政府统治的权力运行方向是自上而下的“指导”“命令”，它运用政治权威，通过制定政策、实施政策对社会事务实行单一向度的管理；而治理更多强调建立在认同基础上的合作，包括国家与私营部门的合作，强调的是一个上下互动的管理过程，通过合作、协商、伙伴关系、确立认同和共同的目标等方式实施对社会事务的管理。其权力向度是多元的、相互的，而不是单一的和自上而下的。从主体来看，统治的主体一定是国家权力机关，而治理指的是一种由共同的目标支持的活动，因而其治理主体未必是国家权力机关，也就是说，其治理主体既可以是国家权力机关，也可以是私人机构，还可以是国家与社会的合作、政府与私人机构的合作、强制与自愿的合作。从管理范围来看，政府统治所涉及的范围就是以领土为界的民族国家，一个国家的统治范围如果超越了自己的领土，即是对其他国家构成侵略，为国际法所不允。而治理则不同，由于治理强调合作、协商、伙伴关系，其主体既可以是国家权力机关，也可以是非政府机构，还可以是跨国界的民间组织，因而治理的范围既可以是民族国家，也可以是超越一国领土之外的国际领域。从运作依据来看，由于统治的权威来源于国家，因而其运作依据必定是国家的法律、法规和命令，以强制、控制命令为运作方式，即使没有多数人的认可，其

① 李惠、郭人人主编：《中国政企治理问题报告》，中国发展出版社 2003 年版，第 6—7 页。

统治作用照常发挥。而治理的运作依据建立在多数人的共识和认可之上，如果没有多数人的同意或认可，治理就很难发挥真正的效用。正如罗西瑙所讲："治理是只有被多数人接受（或者至少被它影响的那些最有权势的人接受）才会生效的规则体系；然而，政府的政策即使受到普遍的反对，仍然能够付诸实施。……因此，没有政府的治理是可能的，即我们可以设想这样一种规章机制：尽管它们未被赋予正式的权力，但在其活动领域内也能够有效地发挥功能。"①

三　国家治理的本质及其价值取向

（一）国家治理的本质

马克思主义认为，国家是一个历史范畴，是人类社会发展到一定历史阶段的产物，是阶级社会特有的历史现象。自国家产生以来，国家治理问题就应运而生，尽管不同的历史时期国家治理的方式、手段会有所不同，但由于国家的作用、本质和职能的内在规定性，国家治理的本质并未有根本性的变化，即国家治理的本质仍然是维护统治阶级的意志和利益，实现统治阶级利益的最大化。

马克思主义认为，国家具有二重性：

从社会层面来看，国家首先是指一种社会组织，具有管理社会公共事务的职能，即所谓的"社会国家"，在这一意义上，国家的本质就是国家的社会属性。恩格斯通过对国家起源的分析，指出国家有氏族组织发展而来，经过了氏族→部落→部落联盟→国家的发展历程，并且继承了氏族组织对社会利益的整合和组织管理功能，正是因为国家具有了这两项功能，国家才能作为整个社会的代表而存在。恩格斯说："国家是整个社会的正式代表，是社会在一个有形的组织中的集中表现。"② 就是说在代表整个社会这一点上，国家与氏族组织具有相似的功能。国家以社会代表的身份，管理社会公共事务、维护社会秩序、保障社会发展。恩格斯在谈到雅典国家产生时指出："以前由各部落独立处理的一部分事务，被宣布为共

① 罗西瑙：《世界政治中的治理、秩序和变革》，载罗西瑙等编《没有政府的统治》，江西人民出版社 2001 年版，第 5 页。

② 《马克思恩格斯选集》第 3 卷，人民出版社 1995 年版，第 631 页。

同的事务，而移交给设在雅典的共同的议事会管辖了。”[①] 这就指出了国家是一种社会组织管理体系的本质。随着国家形态的历史演变，国家对社会公共事务的管理职能也随之扩大，渗透到社会生活的各个领域，“既包括执行由一切社会的性质产生的各种公共事务，又包括由政府同人民大众相对立而产生的各种特殊职能”[②]。不言而喻，国家总是与社会公共事务密切相关，即便总是在经济上占统治地位的阶级国家，它也必须履行公共事务的管理职能，否则，国家将失去存在的合理性或合法性。正如恩格斯所说：“政治统治到处都是以执行某种社会职能为基础，而且政治统治只有在它执行了它的这种社会职能时才能持续下去。”[③] 这就明确指出了国家职能的社会性质，即国家的社会公共事务管理职能。

从政治层面来看，国家又是一种政治组织，具有政治统治的功能，即所谓的“政治国家”，在这一意义上，国家的本质就是国家的阶级属性。在马克思主义经典作家看来，“国家权力并不是悬在空中的”[④]，它是依托于社会中的某一阶级的，是一种“特殊的公共权力”。实际上，自国家产生以来，国家权力就掌握在经济上占统治地位的阶级手里，他们运用国家权力，剥削不占有生产资料的阶级以维护社会的正常秩序。显然，这对被剥削阶级是不利的，他们必然起来反抗来改变这种社会秩序，而剥削阶级则要维护这样的社会秩序，这样，剥削与反剥削、统治与反统治便成为社会生活的常态，冲突与失序不可避免。在这种条件下，为了使社会生产和生活能够正常运转，就只有运用国家的政治统治功能来压制或缓和各阶级之间的对立或冲突。马克思主义经典作家通过对比国家与氏族社会的不同，指出氏族社会除舆论外没有任何内部对立，没有任何强制手段。而国家则不同，“由于国家是从控制阶级对立的需要中产生的，由于它同时又是在这些阶级的冲突中产生的，所以，它照例是最强大的、在经济上占统治地位的阶级的国家，这个阶级借助于国家而在政治上也成为占统治地位的阶级，因而获得了镇压和剥削被压迫阶级的新手段。因此，古希腊罗马时代的国家首先是奴隶主用来镇压奴隶的国家，封建国家是贵族用来镇压

① 《马克思恩格斯选集》第 4 卷，人民出版社 1995 年版，第 108 页。

② 《马克思恩格斯全集》第 25 卷，人民出版社 1974 年版，第 432 页。

③ 《马克思恩格斯选集》第 3 卷，人民出版社 1995 年版，第 523 页。

④ 《马克思恩格斯选集》第 1 卷，人民出版社 1995 年版，第 677 页。

农奴和依附农的机关，现代的代议制的国家是资本剥削雇佣劳动的工具”①。显然，国家是在对剥削阶级有利的基础上来维护社会生产、生活秩序的，它只代表了剥削阶级的利益，充当了一个阶级压迫另一个阶级的工具。同时，他们又进一步指出：“国家是文明社会的概括，它在一切典型的时期毫无例外地都是统治阶级的国家，并且在一切场合在本质上都是镇压被压迫被剥削阶级的机器。”② 这就明确指出了国家职能的阶级属性，即国家实质上是代表统治阶级意志的政治组织，是经济上占统治地位的阶级在政治上维护自身利益的工具，“是维护一个阶级对另一个阶级的统治的机器”③。

国家的社会属性和阶级属性是马克思国家理论的核心，这在学界已获得共识。但需要强调的是，资本主义国家和社会主义国家的职能是有区别的。在私有制为基础的资本主义国家，其社会职能是依附于政治职能的，而在以公有制为基础的社会主义国家，由于剥削阶级作为一个整体已被消灭，国家的社会管理职能日益凸显，但由于西方国家“和平演变”危险的存在，再加上国内极少数敌对分子的干扰破坏，国家的政治职能不但不能削弱，在一定程度上还有可能强化。二者既不是依附关系，也不是相互取代关系，在很长时期内应是平行运行的，为了国家发展的需要，在某些时候还可能出现此消彼长的变化。就我国实际情况来讲，自改革开放以来，我国经济快速发展，综合国力显著提升，在国际社会拥有越来越多的话语权，成为维护世界和平的重要力量，任何国家都不能轻视。同时，我国目前处于改革发展的关键期，矛盾凸显期，呈现出来的问题复杂、多样。所以，作为当下中国的学者，应加强对中国国家社会职能的研究，以期给国家治理提供理论支撑。作为职能部门的政府，应转变政府管理理念，就是要凸显国家的社会职能，把社会公共事务的管理作为政府的主要职能。

总之，国家所固有的社会和阶级属性决定了国家治理的两大取向，一种取向是国家发挥其社会管理职能，运用科学的管理方法和手段，通过对

① 《马克思恩格斯选集》第4卷，人民出版社1995年版，第172页。

② 同上书，第176页。

③ 《列宁选集》第4卷，人民出版社1972年版，第48页。

社会公共事务的管理以均衡各方利益博弈，从而缓和矛盾和冲突以维持社会正常秩序。一种取向是国家发挥其政治职能，动用军队、警察、法庭、监狱等暴力机关，加强对敌对分子的镇压来维护国家安全。一言以蔽之，国家的本质规定了国家治理的本质，国家治理的本质内涵于国家的本质。

（二）国家治理的价值取向

何谓价值取向？学界并没有统一的认识。有学者从“倾向性”的角度来界定价值取向。比如，“价值取向是主体在价值选择和决策过程中的一定的倾向性”[①]，“价值取向就是人们在一定场合以一定方式采取一定行动的价值倾向”[②]。有学者从“行为取向”的角度来界定价值取向。毛信德认为，价值取向是指人们按各自的既定价值观念在不同的价值目标中做出符合其价值观念的行为方向之选择的过程。[③] 包国宪、冉敏等认为，价值取向是指具有特定行为倾向的主体以某种特定的价值观为指导，并根据一定的价值标准来对其价值目标进行选择和决策。[④]

考察以上价值取向的定义不难发现，无论从“倾向性”还是从“行为取向”性的角度给出的界定都有其合理性，给我们界定国家治理的价值取向提供了一定的视角。因此，作为国家治理主体的国家，既要有“倾向性”，又要有“行为取向性”，二者不可偏颇。即国家作为整个社会的代表，在处理内部或外部矛盾冲突时所持有的价值立场、态度、倾向及行为。由于国家治理的本质根源于国家的本质，国家治理的价值取向也必然反映着国家的本质，不同类型的国家由于其国家性质的不同也就必然表现出不同的治理取向。

在以私有制为基础的资本主义国家，由于生产资料为资产阶级所占有，无产阶级处于被雇佣、被剥削和被奴役的地位，在这种制度下，国家治理的实质必定是维护资产阶级利益和统治地位，这就必然导致对无产阶级无休止的剥削和压迫，无产阶级为了自身利益必将进行反抗。资

---

① 李顺德：《价值学大辞典》，中国人民大学出版社 1995 年版，第 483 页。

② 袁贵仁：《价值学引论》，北京师范大学出版社 1992 年版，第 350 页。

③ 毛信德：《当代中国词库》，航空工业出版社 1993 年版。转引自蔡潇彬《县级政府绩效评估价值取向研究》，硕士学位论文，南昌大学，2012 年，第 19 页。

④ 包国宪、冉敏：《政府绩效评价中不同主体的价值取向》，《甘肃社会科学》2007 年第 1 期。

产阶级为了维护自己的利益，就必然要建立与之相适应并为其服务的政治法律制度。正如恩格斯指出的：“国家，政治制度是从属的东西，而市民社会，经济关系的领域是决定性的因素。”[①] 为了维护社会秩序和统治地位，把矛盾和冲突控制在“秩序”的范围内，资产阶级就必然动用军队、警察、法庭、监狱等国家所具有的“特殊的公共权力”对无产阶级进行镇压，以实现对整个社会的统治和管理。有时候，为了缓和矛盾和冲突，资产阶级也会给予无产阶级一定的“利益”，也会搞一些民生工程，答应其一定的“民主”诉求，但这只能是在不危害资产阶级根本利益和不危及社会秩序的前提下的统治手段而已。这就体现出国家治理的价值取向和国家本质的一致性，即“资产阶级的利益取向”和“统治取向”。

在以公有制为基础的社会主义国家，由于不存在阶级与阶级之间的斗争，也就根本不存在一个事实上的被统治阶级，国家的阶级属性逐步趋于“消融”。同时，由于无产阶级掌握了国家政权而成为领导阶级，他们代表了广大人民的根本利益，这就标志着国家再也不是某一个阶级的国家，而是全体人民的国家，成为整个社会的“真正”代表，成为人民管理社会公共事务的工具。我国作为最大发展中的社会主义国家，中国共产党的性质和宗旨决定了国家利益与人民利益的一致性，这就决定了执政目的“一维”性，即中国共产党代表中国最广大人民的根本利益。目前，我国正处于全面建成小康社会的关键期，处于改革发展的深水域，如何更好、有效地进行国家治理和建设是摆在执政党面前的大任务和大问题，这就要求国家要有明确的治理取向。中国共产党在对党情、世情、国情深刻把握的基础上，提出了“以人为本”“和谐社会”“公平正义”的社会治理价值取向；提出了“三个代表”重要思想的政党治理取向；提出“科学发展观”的经济发展取向；提出了坚持党的领导、人民当家作主和依法治国有机统一的政治发展取向。由于政党治理取向、经济和政治发展取向都是社会治理取向的题中之义，因而，本书把“以人为本”“和谐社会”“公平正义”“依法治国”作为国家治理的价值取向单独成章，以期给国家治理以理论支撑。

---

① 《马克思恩格斯选集》第4卷，人民出版社1995年版，第251页。

四 中国语境下的国家治理内涵诠释

（一）中国治理理论兴起的社会背景分析

第一，市场经济发展的要求。（1）在计划经济体制下，国家对社会实行的是单向度的管理，社会完全被湮没于国家之中，整个社会如同铁板一块，社会的生产、分配、交换、消费完全由国家掌控，个人的生老病死、婚丧嫁娶都由国家按照阶级分类的逻辑来操作，社会体制是对政治逻辑的适应和附庸。[①]而市场经济的核心是资源的优化配置由市场决定，各市场行为主体之间的自由沟通和协商是市场机制运行的基础，这就要求政府必须转换行政职能，由原先的控制转换到服务和协调上来。我国学者在20世纪90年代引进的西方治理理论恰恰适应了市场经济发展的要求，引发了中国治理理论的研究热潮。（2）在市场经济下，公民个人都有利益诉求，都有着对资源占有的欲望。但市场经济鼓励人们追求利益最大化的同时崇尚契约精神和权利意识。只有公民个人具有了契约精神和权利意识，在市场逐利中才能合理合法，其所得财产才能受到国家保护。也正是这种权利意识和契约精神，各市场行为主体的平等、自愿、等价和有偿交往才有了保证。而平等、自愿、协商正是治理理论的核心要素。

第二，中国公民社会兴起的要求。在计划经济时代，中国社会被国家湮没。改革开放以来，我国公民社会获得新生，各种非政府组织、行业协会组织、社区组织、自愿性社团、利益团体等如雨后春笋发展起来。截至2013年第四季度末，我国共拥有各类社会团体28.6万个，民办非企业单位25.1万个，基金会3496个。[②] 随着公民社会的兴起，公民的利益诉求日益多元，权利意识日益增强，这就要求政府从传统的国家本位治理理念转到以公民为本的治理理念上来。其主要原因在于：（1）公民社会的兴起必然滋生更多的利益主体，多元、多样成为公民社会的总体特征。公民社会自身，以自己特有的力量、用自己特有的方式承担起公共管理的责任。从我国的实际来看，新中国成立后我国一度形成了党政一体化治理格

---

① 李友梅：《关于社会体制基本问题的若干思考》，《改革与探索》2008年第8期。

② 中华人民共和国民政部规划财务司（统计季报）（http：//files2. mca. gov. cn/cws/201301/20130128174655179. htm.）。

局，社会所有资源几乎被国家垄断，社会空间非常狭小。改革开放以来，尽管国家进行了一系列政府机构改革，界定了政府职能，社会自主能力和活动空间得以提升和扩展，政府也逐渐退出社会微观领域，但由于计划经济体制下形成的惯性思维在短时间内难以消除，政府一元化治理模式仍是国家治理的主要方式，这与日益壮大的公民社会越来越格格不入，必然导致矛盾冲突不断，这就给政府提出了新的治理要求。（2）公民社会的兴起要求国家治理方式和手段转变。传统的国家治理方式是自上而下的单向运行，国家控制了整个政治权利，居于政治权利的中心，民众没有任何政治参与的权利。公民社会的兴起和壮大不断培育着公民的权利意识、参与意识和民主意识，这势必造成公民参与国家事务管理的动力逐步增强，公民通过积极主动参与国家事务的管理，对国家政策及其实施情况提出批评和建议，这也就对国家治理提出了新要求，政府只有积极改变管理方式和手段进行回应。（3）由于公民社会本身固有的独立性和自主性特征，必然要求享有法律许可范围内的自由广泛的活动空间，这与传统的国家治理模式必然发生强烈冲突。新中国成立后，我国参照苏联经验建立起中央高度集权的政治体制，国家治理完全依靠中央和各级政府，这不仅造成了政府部门机构的过度膨胀，也造成了权利的滥用和腐败的滋生。政府的合法性受到挑战的同时，其治理能力也受到消减。随着公民社会的兴起，公民参与国家治理能力的增强，其独立性要求越发强烈，要求摆脱国家政治力量的控制，独立自主地表达自己的意愿、维护自己的利益并且监督政府的行政行为。所有这些都要求政府治理从全能政府向有限政府转变。

第三，中国社会转型的要求。20 世纪 90 年代以来，“社会转型”这一概念逐渐进入中国学者的学术话语体系中，但对于什么是社会转型，学者们并未给出一个统一的定义，但基本的共识还是有的，“意指社会从传统型向现代型社会转型的过程，说详细一点，就是从农业的、乡村的、封闭的半封闭的传统型社会，向工业的、城镇的、开放的现代型社会的转型”[①]。但就今天中国的社会转型来讲，却是在改革开放背景下提出的，

① 郑杭生：《转型中的中国社会和中国社会的转型》，首都师范大学出版社 1996 年版，第 1 页。

指的是由计划经济体制转向市场经济体制，从农业社会转向工业社会，从威权政治向民主社会的转型。但中国在转型的过程中所呈现出的一些缺陷向中国传统国家治理提出了挑战，这些缺陷是：（1）渐进性转型所带来的缺陷。中国在改革的过程中并没有实行迅速摧毁社会主义结构并立即实行市场经济的做法，而是采取了相对稳健的、逐步推进的方式。即在保持政治经济结构稳定的同时，采取“软着陆”的形式，逐步确立了社会主义市场经济体制，并稳步推进政治体制改革，社会主义民主有序扩大。但这种渐进性改革也带来了较高的制度转换成本，主要在于计划经济向市场经济转轨的过程中，由于两种体制的差别，再加上人为因素的制约，转轨时间大大超过了预期，不但带来了较高的制度转换成本，而且引发了一系列的社会冲突与矛盾。比如，分配、教育、就业等问题，甚至一部分人价值观沦丧等。同时，由于过度“维稳”所造成的政治体制改革远远滞后于经济体制改革，“人治”现象在社会、政治生活中比比皆是，国家公务员参与“经济生活”的现象屡见不鲜；“买官卖官”已成为社会生活的常态；持有我爸是“省长”“市长”“局长”“县长”的官本位思想的大有人在；国家制度还处于演进状态，制度供给远远滞后于社会的发展。再者，“市场经济+公有制为主体+社会主义制度”中国式发展道路是世界各国都未曾尝试过的，面对暴露出的冲突、矛盾和问题也无成功的经验可资借鉴，这就要求中国政府积极面对。（2）转型引发的社会不公正问题有急剧蔓延趋势。中国转型的一个突出表现就是人口流动性加快，改变着中国传统的城乡二元结构。但由于中国社会保障体系建设还处于摸索实验阶段，并未完全普及，一部分人还处于体系之外；中国户籍制度改革仍未有根本性突破，“农民工”阶层在城市未得到应有的权利保障，处处受制于城市规则的限制；“下岗工人”再就业问题并未有根本的政策保障，直接推向社会自谋职业，致使一部分老弱病残者无职业可寻、生活岌岌可危；等等。再加上中国本身自然环境决定的区域发展不平衡问题日益加剧，所有这些不公正问题的凸显，不但加剧了各利益主体之间的矛盾与冲突，也直接影响了社会的均衡发展和稳定。（3）转型引发的腐败问题已成社会的顽疾，动摇着执政党的合法性。由于国家权力大都掌握在政府公务员手里，因此，权力腐败问题已成为当下中国国家治理的顽疾，各种腐败问题呈现出一些新的特点。比如，权力利益最大化。一些政府官员借用手中的权力在房产开发、建筑工程、国企改制、城市拆迁、招商引资、干部任用、政府采购等领域设置人为障碍，为个人寻租增加利益砝码等。因为腐败，大量国有资产被个人侵吞，政府公信力下降，人们心态失衡，必将引发社会危机。（4）转型导致公民信仰缺失、道德沦丧。伴随计划经济向市场经济的转型，“拜金主义”“享乐主义”“功利主义”成为人们追逐的趋向，制假售假、弄虚作假、偷税漏税、商业欺诈等严重侵蚀着社会的肌体，这就导致了公民价值观念的扭曲，削弱了对国家和集体的认同感，社会的伦理道德面临前所未有的冲击。因此，构建一套能够凝聚精神、鼓舞人心的核心伦理道德价值与信仰体系成为国家治理的当务之急。

（二）中国共产党在国家治理体系中居于领导地位

毋庸置疑，中国共产党是中国国家治理的领导者，在中国国家各治理主体中居于领导地位，是中国国家治理成败的关键，如果抛开中国共产党来谈中国的国家治理则毫无意义。在中国的政治发展逻辑中，中国共产党与西方政党有着不同的发展逻辑。考察政党产生的历史我们不难发现，西方政治制度的核心在于国家而非政党，政党产生于国家体制之内，而我国则不同，我国是先有政党后有国家，是政党领导国家。按照西方经典政治学者的表述，政党是“国家与市民社会、政府机构与社会内部团体和利益之间必不可少的纽带”①。这就表明，政党虽然是政治制度的一部分，但却不是国家体制的一部分，而只是国家与社会之间的连接纽带，西方政党制度运作的逻辑也证实了这一事实。众所周知，西方各国大多实行两党或多党竞争的政治制度，各政党如想执政国家权力必须通过竞选进而赢得竞选上台执政，因而，一党长期执政的情况并不常见，这种情况说明了西方国家治理体系的核心在于国家而非政党。而中国的情况则不同，由于旧中国以皇权帝制作为政治制度的运作逻辑，国家依附于皇帝一人，皇帝就是国家，国家就是皇帝，事实上国家权力是缺失的，中国共产党的出现改变了这一现状，中国人民在党的领导下，推翻了三座大山，取得了新民主主义革命的伟大胜利，建立了新中国，并建立起一套崭新的政治经济制度。在这种政治框架中，中国共产党作为唯一的执政党获得社会各阶级、

① ［英］安德鲁·海伍德：《政治学》，张立鹏译，中国人民大学出版社 2006 年版，第 293 页。

阶层的认同，其领导地位载入宪法。在现实的政治运作中，党通过党委制、党组制、党管干部制度、归口管理制度等对国家权力进行政治领导、思想领导和组织领导。正因于此，我们说，中国共产党在国家治理体系中既是国家体制的一部分，又是政治体系的核心，担负着国家治理的首要职责。

（三）中国语境下的治理理论的应用性分析[①]

第一，价值理性和工具理性的统一。通过对治理内涵的解读和分析不难发现，国内外专家学者的解读大都比较宽泛，所给出的概念比较模糊，让人很难把握。具体到操作层面更是让人无所适从，因为，新公共管理理论、全球公民社会理论、公共选择理论、新制度主义等都内涵“治理”，给人的印象是治理无所不在，是包治百病的良药，正如鲍勃·杰索普（Bob Jessop）说的那样：“过去15年来，它（治理）在许多语境中大行其道，以至成为一个可以指涉任何事物或毫无意义的‘时髦词语’。”[②] 但对于“治理”到底是工具理性还是价值理性莫衷一是，偏重工具理性者有之，偏重价值理性者亦有之。

国外学者多偏重工具理性，比如，罗茨认为，治理指的是一种新的管理过程，或者是一种新的管理社会的方式。很显然，这里的治理就是一种管理社会的工具。而国内学者多偏重价值理性，比如，毛寿龙就认为，治理就是对公共事务的管理，这就体现了一种价值关怀。综合国内外学者的观点，本书认为，“治理”作为一个外来词，在中国语境下应该体现工具理性和价值理性的统一，如果只讲工具理性，治理也会失败（这已经被专家学者们论证），如果只考虑价值理性，社会便会出现“利益”需求的膨胀而导致“无序”，国家利益被剥夺。因此，只有两者兼而有之，我们才能达到治理的目标——“善治”，任何偏颇都会出现不良后果。

第二，多元治理和政府治理的统一。“治理”并不是万能的，也存在失败的可能，中外学者对这一点已达成共识。为了有效应对治理失败问

① 参见吴家庆、王毅《中国与西方治理理论之比较》，《湖南师范大学社会科学学报》2007年第2期。

② ［英］鲍勃·杰索普：《治理的兴起及其失败的风险：以经济发展为例的论述》，《国际社会科学杂志》（中文版）1999年第2期。

题，鲍勃·杰索普提出了“元治理”的概念。“元治理”理论的实质是，政府承担制度设计和提出远景设想，促进各领域自组织之间的协调，使不同的自组织安排得以实现。但治理理论的核心理念就是多元合作治理，国家只是多元治理体系中的一员，各治理主体在治理框架内平等协商，都没有超越任何一方的特权。如此一来，国家在治理框架中就没有权威，但国家又要在治理失败时负责“最后一招”的补救措施来协调和规制其他治理主体，这与传统的治理理论就发生了悖论，对于主张民主化思潮的西方国家不能不说是两难的选择。“元治理”的提出，虽然有效弥补了这一两难，但在西方语境下国家最多只不过是“同辈中的长者”，而不是最高权威。

但“元治理”理论的提出，给我们进一步借用治理理论提供了有益的启示。我国作为后发现代化国家，“封建主义”遗毒远远没有消除，“专制”“人治”思想还有滋生空间。再者，中国的经济改革和政治改革的不同步性，所引发的问题远远超过顶层设计者的预期。其典型表现就是社会结构、阶层分化不平衡，贫富差距急剧拉大，腐败问题愈演愈烈，环境问题日益凸显等。同时，中国公民社会发展并不成熟，即使在比较发达的城市社区公民与国家互动中所表现出来的素质远没有达到双方共赢的结果。因此，作为对中国国家治理负有领导责任的中国共产党，就有必要加大制度建设，既不能让政府处于与其他治理主体同等地位（要是那样的话，国家的权威性将不复存在，后果将不堪设想），又不能让政府的权力过度膨胀而侵蚀公民的利益。所以，最合理的设计就是以政党政府①作为治理主体，其他社会组织作为补充，在制度的框架下明确二者的界限，平等协商合作。

第二节　马克思主义国家治理思想

马克思主义并未有完整意义上的国家治理思想，但马克思主义的国家理论内涵却是极其丰富和深刻的，在《共产党宣言》《法兰西内战》《家庭、私有制和国家的起源》《马克思致约·魏德迈》《哥达纲领批判》

① 这里的政党政府即中国共产党领导下的中央及地方人民政府。

《反杜林论》《国家与革命》等一系列著作中，经典作家们对国家的本质内涵及其政权建设进行了可贵的理论探索和经验总结，发展出诸如无产阶级专政理论、生产力理论、人的解放理论、政党理论等一系列理论，这些理论的提出无不内含了丰富的国家治理思想。

一 马克思主义关于无产阶级专政的思想

早在《德意志意识形态》和《哲学的贫困》中，马克思主义创始人就有了关于无产阶级专政思想的萌芽。在为共产主义者同盟第一次代表大会起草的文件《共产主义信条草案》中，恩格斯在回答如何才能从资本主义财产私有过渡到共产主义财产公有时指出，“实行财产公有的第一个基本条件是通过民主的国家制度达到无产阶级的政治解放”①，这就点出了一个基本事实，人民要真正成为国家和社会的主人，改变其受压迫、受奴役的地位，就要建立民主的国家制度。在《共产主义原理》中，恩格斯进一步指出：“无产阶级革命将建立**民主的国家制度**，从而直接或间接地建立无产阶级的政治统治。”② 这里的政治统治比起前面的政治解放有了更深层的内涵，即政治解放只要求某种程度上的民主权利，而政治统治则凸显了无产阶级掌握国家政权的要求。后来，这一思想在《共产党宣言》中有了更为明确的表述，即“工人革命的第一步就是使无产阶级上升为统治阶级，争得民主”③。这就从根本上了论证了无产阶级革命的目的并不是单纯地夺取国家政权、变化政权的“掌控者”，而是要从根本上摧毁旧政权，建立民主的无产阶级专政。“这种专政是达到**消灭一切阶级差别**，达到消灭这些差别所由产生的一切生产关系，达到消灭和这些生产关系相适应的一切社会关系，达到改变由这些社会关系产生出来的一切观念的必然的过渡阶段。”④ 1852 年马克思在致约·魏德迈的信中写道：“我所加上的新内容就是证明了下列几点：（1）**阶级的存在**仅仅同**生产发展的一定历史阶段**相联系；（2）阶级斗争必然要导致**无产阶级专政**；

① 《马克思恩格斯全集》第 42 卷，人民出版社 1979 年版，第 379 页。

② 《马克思恩格斯选集》第 1 卷，人民出版社 1995 年版，第 239 页。

③ 同上书，第 293 页。

④ 同上书，第 462 页。

（3）这个专政不过是达到**消灭一切阶级**和进入**无阶级社会**的过渡……”①这一概括，即指出了阶级的出现是生产发展到一定历史阶段的产物，又指出了阶级斗争的实质和无产阶级专政的发展方向，即无产阶级专政只是向无阶级社会的一个过渡阶段。后来，马克思在《哥达纲领批判》中进一步阐述了这一思想，丰富和发展了无产阶级专政的国家学说，从而形成了完整意义上的无产阶级专政理论。

马克思主义无产阶级专政理论内含了丰富的国家治理思想：从工具层面上讲，无产阶级专政首要的国家职能就是“阶级专政”，就是打碎旧的资产阶级的国家政权，剥夺剥夺者，建立自己的无产阶级专政的国家。因为，“现代工业的进步促使资本和劳动之间的阶级对立更为发展、扩大和深化。与此同步，国家政权在性质上也越来越变成了资本借以压迫劳动的全国政权，变成了为进行社会奴役而组织起来的社会力量，变成了阶级专制的机器。每经过一场标志着阶级斗争前进一步的革命以后，国家政权的纯粹压迫性质就暴露得更加突出”②。因而，无产阶级“要在资产阶级共和国**范围内**稍微改善一下自己的处境只是一种**空想**，这种空想只要企图加以实现，就会成为罪行”③。所以，无产阶级只有依靠“阶级专政”这个手段，才能从根本上摧毁旧的资产阶级的国家机器，建立起自己的国家，广大劳动人民才能成为真正意义上的国家主人。在这个基础上，无产阶级借助于政权的力量建立起自己的生产和生活方式，大力发展生产力以尽可能地增加生产力的总量，为向无阶级社会（共产主义社会）过渡积聚物质财富。同时，不断推动生产力和生产关系、经济基础和上层建筑的变革，消灭一切阶级和阶级差别，发展社会主义民主政治，建设社会主义精神文明，为最终过渡到共产主义创造经济、政治、文化和社会基础。因此，作为无产阶级专政的国家治理，就要发挥“阶级专政”职能，以确保国家政权掌握在无产阶级手里。从价值层面上讲，无产阶级专政国家治理的价值根基在于人民民主，就是赋予人民以充分的民主权利，就是无产阶级及人民大众的政治解放和当家作主，充分享有管理国家事务的权利。

① 《马克思恩格斯选集》第4卷，人民出版社1995年版，第547页。

② 《马克思恩格斯选集》第3卷，人民出版社1995年版，第53页。

③ 《马克思恩格斯选集》第1卷，人民出版社1995年版，第400页。

马克思在总结巴黎公社革命实践经验的基础上指出，公社给共和国奠定了真正民主制度的基础，“这是社会把国家政权重新收回，把它从统治社会、压制社会的力量变为社会本身的生命力；这是人民群众把国家政权重新收回，他们组成自己的力量去代替压迫他们的有组织的力量；这是人民获得社会解放的政治形式，这种政治形式代替了被人民群众的敌人用来压迫他们的假托的社会力量”[①]。这就在本质上揭示出，无产阶级专政的本质特征在于人民性。在社会主义制度下，广大人民群众参与社会管理，正是人民群众自己解放自己的生动体现，也是国家权力不断社会化和民主化的过程。列宁指出，无产阶级专政是新型民主和新型专政的结合，这种新型的专政就是“为了粉碎资产阶级的反抗，为了使反动派恐惧，为了维持对付资产阶级的武装人民这个权威，为了使无产阶级能够对敌人实行暴力镇压”[②]。但是，无产阶级专政并不意味着“取消民主”，并不意味着“不受任何法律约束的个人独裁”，无产阶级掌握国家政权后，就要大规模地扩大民主制度，使广大劳动群众都能够平等地、普遍地参与国家和社会事务的管理，当社会全体成员或者大多数成员自己学会了管理国家的时候，对任何管理的需要就开始消失。民主愈完全，国家愈民主，民主和国家越会成为多余的东西而自行消失。因此，“胜利了的社会主义如果不实行充分的民主，就不能保持它所取得的胜利，并且引导人类走向国家的消亡”[③]。这又从另一个层面说明，无产阶级专政的目的在于消灭任何形式的国家，消灭任何形式的“民主”，这就进一步论证了无产阶级专政工具理性和价值理性的统一。因此，作为无产阶级专政的国家治理，首要的价值目标是实现无产阶级及广大劳动人民的民主，以实现“人的自由而全面发展”为旨归。

二　马克思主义关于发展生产力的思想

恩格斯曾说：“一切社会变迁和政治变革的终极原因，不应当到人们的头脑中，到人们对永恒的真理和正义的日益增进的认识中去寻找，而应

---

① 《马克思恩格斯选集》第3卷，人民出版社1995年版，第95页。

② 《列宁选集》第3卷，人民出版社1995年版，第610页。

③ 《列宁全集》第28卷，人民出版社1990年版，第168页。

当到生产方式和交换方式的变更中去寻找；不应当到有关时代的**哲学**中去寻找，而应当到有关时代的**经济**中去寻找。”[①] 这就道出了一个道理，生产力是决定任何社会形态发展的力量，事实上，从原始社会到今天的社会主义社会，其社会发展阶段的每一次变革无不与生产力的发展相联系。因此，大力发展社会生产力是社会由低级阶段过渡到高级阶段的唯一手段，这不仅是历史唯物主义的基本原理，也是马克思主义一贯坚持的基本观点。

在《共产党宣言》中，马克思、恩格斯指出：无产阶级夺取政权后，就应当“利用自己的政治统治，一步一步地夺取资产阶级的全部资本，把一切生产工具集中在国家即组织成为统治阶级的无产阶级手里，并且尽可能快地增加生产力的总量”。[②] 马克思还强调指出：对于社会主义来说，“生产力的这种发展（随着这种发展，人们的世界**历史性的**而不是地域性的存在同时已经是经验的存在了）之所以是绝对必需的实际前提，还因为如果没有这种发展，那就只会有**贫穷**、极端贫困的普遍化；而在**极端贫困**的情况下，必须重新开始争取必需品的斗争，也就是说，全部陈腐污浊的东西又要死灰复燃”[③]。列宁在十月革命胜利后指出：“无产阶级取得国家政权以后，它的最主要最根本的需要就是增加产品数量，大大提高社会生产力。”[④] “在任何社会主义革命中，当无产阶级夺取政权的任务解决以后，随着剥夺剥夺者及镇压他们反抗的任务大体上和基本上解决，必然要把创造高于资本主义的社会结构的根本任务提到首要地位，这个根本任务就是：提高劳动生产率。”[⑤] 在列宁看来，新制度最终战胜旧制度，社会主义战胜资本主义，发展生产力、提高劳动生产率是最主要的手段，不重视这个手段，苏维埃俄国就会葬送一切。从马克思主义经典作家对发展社会生产力的论述不难看出，高度发达的社会生产力是社会主义最终战胜资本主义的物资技术手段，是社会主义本质的内在规定，是人类社会迈向更高级社会的物资技术力量。因此，作为以公有制为基础的社会主义国家，

① 《马克思恩格斯选集》第3卷，人民出版社1995年版，第741页。

② 《马克思恩格斯选集》第1卷，人民出版社1995年版，第293页。

③ 同上书，第86页。

④ 《列宁选集》第4卷，人民出版社1995年版，第623页。

⑤ 《列宁选集》第3卷，人民出版社1995年版，第490页。

国家治理的首要任务就应当是大力发展社会生产力，因为，“不发展生产力，不提高人民的生活水平”①，既不符合马克思主义的基本原则，也不符合社会主义的要求，所以，社会主义国家的国家治理一定要讲发展生产力。

三　马克思主义关于人的全面发展的思想

马克思人的全面发展思想不仅仅是一种美好理想，而且是一种未来国家治理的价值目标。共产主义作为一种理想的社会形态，其核心价值目标就是实现“每个人”的自由而全面发展。在生产力极其低下或比较低下的社会里，由于旧式分工的存在，人们的活动受制于各种客观条件的限制，“使得人们的发展只能具有这样的形式：一些人靠另一些人来满足自己的需要，因而一些人（少数）得到了发展的垄断权；而另一些人（多数）经常地为满足最迫切的需要而进行斗争，因而暂时（即在新的革命的生产力产生以前）失去了任何发展的可能性。由此可见，到现在为止，社会一直是在对立的范围内发展的”②。这就说明，在私有制和阶级对立的社会里，由于生产力的低下和狭小的交往范围，人类的发展是片面的、畸形的发展，多数人被排除在发展的范围之外，少数人靠多数人来满足自己的需要并取得了发展的垄断权的发展。在现代资本主义社会，虽然经济发展和社会文明程度都取得了巨大成就，个人也摆脱了自然经济条件下的人身依附，获得了形式上的独立性。但由于私有制和阶级对立的存在，人对人的依赖性减少的同时，物对人的主宰和支配却越来越明显了，工人阶级沦为机器的附庸，劳动成为被动的谋生手段。这样，人们为满足一时的“渺小和粗鄙的快乐”和“可怜的舒适”，不再有更高的目标，不再感觉有某种值得以死相趋的东西，渐渐地人们就蜕变为既平庸又狭隘的一具“没有思想的肉体”，缺少对他人的关爱和社会的关心。③ 这种意义上的人的发展就是片面的发展。

因此，要实现人的全面发展，实现人对物的真正占有，只有消灭私有

① 《邓小平文选》第 3 卷，人民出版社 1993 年版，第 116 页。

② 《马克思恩格斯全集》第 3 卷，人民出版社 1960 年版，第 507 页。

③ 参见袁贵仁《论人的全面发展》，广西人民出版社 2003 年版，第 69—70 页。

制。正是在这个意义上，马克思主义经典作家在创立科学社会主义学说时，就把人的全面发展与社会主义统一起来。在马克思看来，共产主义社会是人类社会发展的理想境界，也是得以实现人的自由而全面发展的阶段。马克思、恩格斯充满信心地预言："只有在未来的共产主义社会里，人的全面发展才会在真正的意义上实现，根据共产主义原则组织起来的社会，将使自己的成员能够全面地发挥他们各方面的才能"[①]，"代替那存在着阶级和阶级对立的资产阶级旧社会的，将是这样一个联合体，在那里，每个人的自由发展是一切人的自由发展的条件"[②]。在《资本论》等著作中，马克思对人的自由而全面发展这一思想做了更为科学的论述。因而，无产阶级掌握国家政权，消灭了阶级对立和剥削得以为继的私有制基础，为人的全面发展开辟了现实土壤。但这并不意味着在社会主义社会里，人的全面发展就能自然而然地实现，并不意味着社会主义社会已经是人的全面发展的社会。因为，我们还远没有达到人的全面发展的生产力水平。所以，把人的全面发展作为一种价值目标，既是人类孜孜以求的价值理想，也是社会主义国家治理的价值取向。正如江泽民指出的那样："推进人的全面发展，同推进经济、文化的发展和改善人民物质文化生活，是互为前提和基础的。人越全面发展，社会的物质文化财富就会创造得越多，人民的生活就越能得到改善，而物质文化条件越充分，又越能推进人的全面发展。社会生产力和经济文化的发展水平是逐步提高、永无止境的历史过程。人的全面发展程度也是逐步提高、永无止境的历史过程。这两个历史过程应相互结合、相互促进地向前发展。"[③] 不言而喻，作为社会主义国家的国家治理，物质文明、精神文明、政治文明和生态文明的建设，其最终的价值旨归都是促进人的全面发展。

四　马克思主义关于无产阶级政党的思想

当今世界，政党政治已是现代国家政治发展的重要一环，以政党为核心的现代政治已是世界各国的政治形式，我们已处于"政党政治的时代"

---

① 《马克思恩格斯选集》第 1 卷，人民出版社 1995 年版，第 243 页。

② 《马克思恩格斯选集》第 4 卷，人民出版社 1995 年版，第 730 页。

③ 江泽民：《论"三个代表"》，中央文献出版社 2001 年版，第 180 页。

已是不争的事实。即使在一些国家，虽然宪法并没有明确规定政党在国家政治生活中的地位，但事实上，政党作为现代政治制度的实际“操作者”已成为实际的政治权力中心。因此，无论资本主义国家还是社会主义国家，政党治理国家乃是国家治理的核心。无产阶级政党作为无产阶级国家的领导核心和执政力量，当仁不让地成为国家治理的主导者，这也是马克思主义政党理论的基本原则。尽管在马克思时代，没有建立一个真正意义上的无产阶级专政的国家，无产阶级政党也并未成为哪一个国家的执政党，但马克思主义的政党学说为当今社会主义国家党建理论的重要组成部分是确定无疑的，政党治理国家的事实是客观存在的。

作为马克思主义执政党，要想掌好权、执好政并且永葆执政地位不动摇，首要的一条就是要加强党自身的建设，马克思主义政党学说给我们提供了很好的借鉴，也为无产阶级政党治理国家提供了理论前提。这在马恩的《共产党宣言》中有着很好的阐述。比如：“共产党人不是同其他工人政党相对立的特殊政党。他们没有任何同整个无产阶级的利益不同的利益。”“他们不提出任何特殊的原则，用以塑造无产阶级的运动。”“在无产阶级和资产阶级的斗争所经历的各个发展阶段上，共产党人始终代表整个运动的利益。”“共产党人的最近目的是和其他一切无产阶级政党的最近目的一样的：使无产阶级形成为阶级，推翻资产阶级的统治，由无产阶级夺取政权。”① 这就很清楚地表明了党的性质、宗旨、目的和斗争策略。但是，在马克思时代，由于没有无产阶级政党执政的事实，所以无产阶级政党治理国家的实践是缺失的。虽然巴黎公社取得了名义上的无产阶级掌权，由于没有无产阶级政党的领导，没有明确的纲领和奋斗目标，存在了72天便归于失败，留下的只是深刻的教训。列宁领导的俄国十月社会主义革命的胜利，开辟了无产阶级政党执政的新时代，也开辟了无产阶级政党治国理政的新时代，很好地诠释了政党治国的内涵。“对于共产党来说，党的性质就是无产阶级的先锋队。党的宗旨是争取无产阶级和全人类的解放和自由、实现共产主义。党的地位和作用是团结和带领人民群众建立无产阶级专政、实现建设社会主义及管理国家的职能。这就要求共产党执政后的执政基础必然是无产阶级及广大的劳动群众；其执政理念必然以

① 《马克思恩格斯选集》第1卷，人民出版社1995年版，第285页。

马克思主义为指导，其执政体制必然是与无产阶级专政相适应的国体和政体；其执政的根本任务必然是要解放和发展生产力，为实现社会主义和共产主义而积累充分的物质文化条件；其执政目标必然是团结和带领人民群众为实现社会主义和共产主义目标而奋斗。”①

一般来讲，政党治理国家就是执政党运用国家权力，动用国家资源服务于自己的政治目的。由于无产阶级政党和人民利益的一致性，无产阶级政党治理国家的内涵就是执政党运用国家权力，动用国家资源服务于人民的过程。在这一过程中，以下五个问题值得关注：一是执政党自身的治理问题；二是执政党如何运用国家政权问题；三是执政党与群众的关系问题；四是执政党与国家的关系问题；五是执政党与其他党派及社会团体或组织的关系问题。如果执政党能够很好地处理以上五个问题，我们就可以说政党治理国家基本上是成功的。如果没有很好地处理以上五个问题，造成社会纷争和动荡，我们说政党治理国家就是不成功的，也就是说是失败的。因此，对于执政的无产阶级政党特别是中国共产党来说，其性质、宗旨、目的都与资本主义国家的执政党有着本质的不同，这突出表现在执政理念、执政基础、执政体制、执政方式、执政资源、执政环境和执政方略上。面对资本主义在经济、军事、科技、文化乃至综合国力方面仍然强于我国的竞争压力，社会主义中国能否顶住压力、经受住考验；抓住机遇、发展自己，关键要看中国共产党。

第三节　中国传统的国家治理思想

在中国传统的国家治理思想中，儒家、道家、法家代表了三种不同的国家治理观，即儒家的礼治、德治思想，道家的无为而治思想，法家的法治思想。

一　儒家的治国思想：礼治和德治

（一）儒家的礼治思想

儒家礼治思想的核心理念是无论贵贱、尊卑、长幼、亲疏各有其特殊

① 孙应帅：《马克思主义政党学说的当代阐释》，《马克思主义研究》2008 年第 7 期。

的行为规范，即各有其礼。在儒家看来，“礼”是社会中各种行为规范的总和，用礼治国，也就是用规范治国，用礼来规范和约束人们的行为。正如孔子所言，人们的一切行为都应“齐之以礼”[①]，即人们的所有行为都应置于“礼”的规范和约束之下，做到“非礼勿视，非礼勿听，非礼勿言，非礼勿动”[②]。这里实际上包含了一种潜在的“法”的形式。

儒家礼治思想的核心在于：一是竭力维护宗法伦理观念。儒家思想的核心理念在于维护宗法伦理观念，这也是“礼治”的最核心要素。在中国的皇权统治中，君臣父子关系是主要的构成要件，在宗法制度下，君臣、上下、长幼、贵贱都有严格的等级序列，礼就是用来维护这种等级序列的最有效的工具，因为“非礼无以辨君臣、上下、长幼之位也，非礼无以别男女、父子、兄弟之亲，婚姻疏数之交也”[③]。礼治就是借君臣、上下、长幼之规则，来维护以君权、父权、夫权为中心的国家、家庭、家族伦理关系和社会秩序。二是宣扬“性善论”。儒家相信人性本善，崇尚道德修养，重德教。主张“养民”以“宽”为主，宽猛相济。孔子曰：“为政以德”，孟子倡导“仁政”，认为“不以仁政，不能平治天下”。这就是说，儒家认为掌权者是道德至善的化身，“统治者布德于九州、牧民于四海，对臣民进行礼德教化，臣民要修身养性、尊尊尚德、休浴圣化，老老实实依‘礼’行事，做统治者的顺民”[④]。三是主张贤人治国。礼治思想主张“贤人政治”，即统治者都是真龙、天子，是真理的化身，是圣人、贤人，是“替天行道”者，亦即要用贤能之士治理国家，而绝不能让恶人当道，从事政治。

总之，儒家的“礼治”国家治理思想在维护古代中国社会秩序和社会稳定方面发挥了积极作用，历代统治者都非常重视“礼”的治理作用。从历史上看，每当战乱过后，新兴王朝所做的第一件大事就是整顿礼乐，以此理顺社会关系，实现有效的统治。

（二）德治思想

从中国五千年的文明史来看，“德主刑辅”“为政以德”为历朝历代

---

① 《论语·为政》。

② 《论语·颜渊》。

③ 《礼记·哀公问》。

④ 李瑜青：《中国共产党治国理政研究》，上海人民出版社 2011 年版，第 90 页。

统治者所推崇，尤以儒家的德治思想最为典型，其“修身、齐家、治国、平天下”的德治观念奠定了中国传统国家治理的理论框架。其思想要点有：其一是为政以德。即作为最高统治者的君主，必须具有高尚的道德，只有具有高尚的道德，才能为天下人认同，并被天下人效仿，正如孔子所言：“为政以德，譬如北辰，居其所而众星共之”，即是讲为政者若具有高尚的道德，以道德原则治理国家，人民就会拥戴他。孔子又说，“其身正，不令而行；其身不正，虽令不从”，“政者，正也。子帅以正，孰敢不正”等，这些都说明了儒家治国思想中的“道德”的示范功能。其二是以德治吏。如果说“为政以德”是对统治者（君主）提出的要求的话，对于如何治理官吏，儒家也有着自己的理论主张，即“以德治吏”，即是说用道德去教化、感化官吏，通过道德的感召力量培养一大批有高尚道德情操、仁德爱民的官吏来辅佐君主治理国家。其三是以德惠民。“为政以德”“以德治吏”的最终目的是富国裕民，治国安邦，这也是儒家德治思想的核心所在。就是要求统治者要以广大人民的利益和诉求作为治国的着眼点，正如孔子所言，要满足“民之所欲”，“因民之所利而利之”。其四是以德教民。前文已述，对于统治者本身的治理而言，孔子提倡“以德治吏”，不言而喻，对于普通民众而言，选择“以德教民”则是题中之义。正如孔子所言，“道之以政，齐之以刑，民免而无耻；道之以德，齐之以礼，有耻且格”。也就是说统治者既可以用严刑峻法来治国安民，也可以用道德礼教，但严刑峻法只能使人民害怕而不敢犯罪，而没有真正使其认识到是非羞耻，相反，以道德礼教教化人民，就能使人们意识到是非羞耻，人民就能自我规范，自我约束，一心向善。

毋庸讳言，儒家的礼治、德治思想的本质是为封建统治阶级服务的，但在一定程度上也不乏合理因素的存在，并为历代统治者所重视。在社会主义现代化建设的今天，伟大的中国共产党人将“依法治国”与“以德治国”相结合，赋予儒家德治思想新的内涵，既体现了中国共产党人的理论自觉，又丰富了马克思主义的国家治理理论。

二　道家的治国思想：无为而治

道家以“无为而治”作为治国的核心理念，这一治理理念在封建社会的政治治理实践中发挥过举足轻重的作用，如汉唐盛世、明仁宣盛世、清康乾盛世都曾借用过道家的无为政治。这一学派由封建没落贵族所创，在翻天覆地的社会变革中，部分封建贵族丧失了政治经济特权，他们对社会变革无能为力，只能听命于自然的摆布，提出了“无为而治”的政治主张。

（一）道法自然，无为而治

道家的开创者老子，开创了自然主义的价值观，认为道是宇宙的本源，以自然道作为治国的最高价值取向。老子说：“人法地，地法天，天法道，道法自然。”[①] 这里的自然即指天、地、人的组合，实际上都是“法道”，“道法自然”其实就是最高法则是自然而然。正因为“道法自然”，所以基本的方法论就是无为，因而，用这种理念来治理国家，就是要顺应自然之道，要清心寡欲，即要无为而治，让百姓休养生息。

无为而治是道家学说中最著名的政治理论，也是道家治国思想的核心，道家的一整套治国理念都是围绕这一治国思想展开。正如老子所言：“圣人处无为之事，行不言之教”，亦即用“无为”去处事，用“不言”去教导人。但这里的无为并不是不作为，并不是什么也不做，而是不可妄为，不要强为，要顺其自然，作为最高统治者的君主要知民意、顺民心，让百姓自然发展。

（二）以民为本

在道家的治国理念中，“民”“百姓”占有很突出的地位。老子说：“贵以贱为本，高以下为基”，这里的“贵”与“高”指王侯之类的统治者，“贱”与“下”指被统治的广大百姓，老子以广大百姓作为王侯之“本”之“基”，充分说明了道家以民为本的治国情怀，如果没有这里的“本”和“基”，我们说，便没有国家政权的存在。因而，老子指出：“圣人常无心，以百姓心为心”，意思就是说，君主治理天下没有固定模式，应以百姓的需要作为施政的逻辑前提。

（三）以道治国

前文已述，无为而治是道家治国思想的核心，究竟如何实行无为而治，老子提出了“道法自然，以道治国”的治理理念，就大国而言，老

① 《老子》第二十五章。

子就曾“以道莅天下”作为其治国主张，其含义就是无为而治，对内，以自然无为的原则治理，对外，则以柔顺谦下的态度对待他国。对于如何进行无为治理，老子以“治大国若烹小鲜”做了形象的比喻，意思就是说，治理大的国家就像煎小鱼一样，不可以多搅动，否则，鱼就会烂掉。为政治国也是同样的道理，作为统治者，就要轻徭薄赋，减少繁文缛节，让百姓感受不到统治者的压迫，人人相安无事，各遂其生。

“以道莅天下”体现了道家在处理同其他国家关系时的行事原则，即在处理国际事务时应本着柔顺和谦下的姿态，他曾提出“柔弱胜刚强”的治国策略，他说：“大邦者下流，天下之牝，天下之交也；牝常以静胜牡，以静为下。故大邦以下小邦，则取小邦；小邦以下大邦，则取大邦。故或下以取，或下而取。大邦不过欲兼畜人，小邦不过欲入事人；夫两者各得所欲，大者宜为下。”[①] 意思就是说，无论是大国或是小国，都应该以谦下自守为原则。尤其是大国，更应该谦下，应像江海那样，自居于下流，大国率先谦让不争，小国自然会乐从之，各国之间和平相处，平等相待，互相谦让，小国也根本用不着“欲入事人”而仰人鼻息，这样天下就会臣服于大国，天下自然就“大道”融融了。

（四）以正治国

“以正治国”是老子对古代执政经验的总结，也是道家无为治国思想的精华。老子曾经就说：“以正治国，以奇用兵，以无事取天下。”[②] 根据老子自己的解释，这里的“正”即“清静无为”，即治理国家应行不言之教，轻徭薄赋，休养生息。这种治国思想至少要包含两层意思：第一，人人平等，一视同仁。道家认为，天、地、人三者是平等的，人不是上天的奴隶，应自己主宰自己的命运，同时要主动认识规律，适应自然。封建社会划分亲疏贵贱，各有其礼，贵族因贵而享特权，刑不上大夫等是不公正的。第二，反对以智治国。所谓“智”，即智巧伪饰，亦即有为。老子认为，如果以仁义礼智之类的有为办法来治理国家，国家就会陷入混乱状态，所以他说：“夫礼者，忠信之薄而乱之首。”[③]老子认为，礼仪中过多

① 《老子》第六十一章。

② 《老子》第五十七章。

③ 《老子》第三十八章。

的繁文缛节不仅浪费了钱财，荒废了农业，降低了收入，而且造成财物分配不均，导致社会贫富悬殊，所有这些都是不公正的。所以，老子说："古之善为道者，非以明民，将以愚之。民之难治，以其智多。故以智治国，国之贼，不以智治国，国之福。"①

道家"无为"的治国思想为我国国家治理提供了理论借鉴，改革开放以来，我国实行"放权""让利"的改革，企业获得了经营自由权；农村实行家庭联产承包制，农民获得了生产自由权；社会主义市场经济体制的改革路向确立后，市场自由配置资源得以体现，所有这些改革均体现了道家的"无为而治"的治国理念。目前，中国共产党人正以高度的理论自觉践行以人为本、公平正义、依法治国、和谐社会的治国取向，倡导人与自然的和谐，实现可持续发展，也在一定程度上反映了道家"无为而治"的治国理念。

三　法家的治国思想：法治

顾名思义，"法治"就是依法治理国家，是法家治国思想的核心。与儒家宣扬"人性善"不同，法家信仰"人性恶"。在法家看来，人是自私的，在"人民众而货财寡，事力劳而供养薄"的社会历史条件下，用儒家的礼治、德治思想来治理国家是不足以制止纷争、维护社会稳定的。因而，法家主张必须用法来约束人们的行为，"法治"是治国的最好办法。

首先，"法治"是治理国家的必然选择。法家认为，"好利而恶害"是人的本性，因而，用儒家的德治思想治理国家无济于事，只能用法令刑赏才能奏效，实行"法治"是适应人性的必然选择。商鞅认为，人类社会历经上世、中世、下世、今世四个阶段，每个阶段治民的方法都不尽相同，对于处在"强国事兼并，弱国务力守"的今世，需"秉权而立，垂法而治"。② 韩非子认为，"有名主忠臣产于今世而善领其国者，不可以须臾忘于法。破胜党任，节去言谈，任法而治矣"（《商君书·慎法》），并进一步指出，治国最有效的办法就是实行"法治"。

① 《老子》第六十五章。

② 参见田晓娜主编《四库全书》（子部），国家文化出版公司1996年版，第333—334页。

其次，“法治”比“礼治”“德治”具有更大的优越性。主要体现在：(1) 法治比礼治公平。法家主张在法律适用上一律平等，“君臣上下贵残皆从法”，在法律适用上“不别亲疏，不疏贵贱，一断于法”（《史记·论六家要旨》），这与儒家所推崇的“礼治”治国思想有着很大的不同，“礼治”主张礼不下庶人、刑不上大夫，制礼的目的是“定亲疏、决嫌疑、别同异、明是非”。显然，法治更能体现公平正义的价值理念。(2) 法治比德治有效。儒家“德治”要求统治者具有高尚的道德，主张“道之以德，齐之以礼”，主张“以德治国，以德服人”；法家认为，“法治”是最有效的治国方法，主张“以力服人”。(3) 法治比人治更能实现社会稳定。儒家强调“为政以德”，把对国家的治理寄托于少数具有高尚道德的圣名君主身上，主张实行“人治”，“其人存，则其政举；其人亡，则其政息”。[①] 法家则不同，法家认为，有了好的法律，即使比较平庸的君主也能治理好国家，即“使中主守法术，拙匠执规矩尺寸，则万不失矣”[②]。

最后，法家具体描绘了“法治”的蓝图。一要尚法尊法。即“言不中法者，不听也；行不中法者，不高也；事不中法者，不为也”[③]。二要明法。强调立法要分明，即法定界限要明确、具体。三要任法。即要严格按法律办事，执行法律，全国的一切思想和行为都应以法律为准绳。四要从法。在法家看来，虽然君主具有立法权，但君主也不可以任意践踏法律，法律一经制定，君主即不能随意更改，更应该恪守法律。

总而言之，法家顺应时代的需要，在总结各派治国思想的基础上，提出了法治国家思想的主张，尽管深深烙上了封建时代的烙印，具有明显的封建性，但在当时，这些思想无不显示着理性的光辉。基于此，正确认识法家的“法治”理论，对于我国正在进行的法治国家建设具有重要的理论意义和借鉴作用。

---

① 参见田晓娜主编《四库全书》（经部），国家文化出版公司 1996 年版，第 290 页。

② 参见田晓娜主编《四库全书》（子部），国家文化出版公司 1996 年版，第 463 页。

③ 同上书，第 343 页。

第四节　西方的民主政治思想

自1840年起，在西方资本主义国家隆隆炮火的打击下，中国国门大开，中国陷入全面的社会危机。为寻求国强民富的救国良方，一部分先进知识分子开始游学西方，西方的民主自由思想开始在中国闪亮登场，并逐步成为先进的中国人改造世界的思想武器。中国共产党在领导国家建设中积极吸收了西方国家的民主、自由、平等、人权等先进的治国理念，并赋予其鲜明的中国特色，成为当今中国国家治理不可或缺的思想资源。

“民主”是当下人们使用频率很高的政治学术语，既是现代西方国家的标志性口号，也是用的最泛滥的一个概念，理论家对此从各个不同的角度进行了分类。亨廷顿指出，“理论家越来越注重在民主的概念之间作出区分，一种是理性主义的、乌托邦的和理想主义的民主概念，另一种是经验的、描述的、制度的和程序的民主概念”①。前者为理想主义民主，后者为现实主义民主，二者对当代中国的国家治理都有着不可或缺的影响。

一　西方的理想主义民主：人民统治与直接民主

“民主”一词来源于希腊文两个字，一个是“人民”（demos），另外一个是“民主”（kratos），合起来的含义就是“统治归于人民”或者人民主权，或者人民的统治。民主的这一理念直接来源于古希腊的政治实践，正如美国政治学家 Robert A. Dahl 所指出的：“近代西方民主理论和制度来自于古希腊民主、罗马和中世纪以及文艺复兴时期意大利等城市国家的共和传统、欧洲代议制的思想和制度以及政治平等的逻辑。”② 在古希腊，人民大众和许多政治家相信，民主是一种理想的统治方式。正如伯利克里描述雅典民主的景象时说，“我们的制度之所以被称为民主政治，因为政权是在全体人民手中，而不是在少数人手中。解决私人争执的时候，每个人在法律上都是平等的，让一个人负担公职优于他人的时候，所考虑的不

---

① ［美］赛缪尔·亨廷顿：《第三波——20世纪后期民主化浪潮》，刘军宁译，上海三联书店1998年版，第5页。

② 燕继荣：《民主理念的演变》，《学习时报》2005年第88期。

是某一个特殊阶级的成员，而是他们有的真正才能”①。古希腊之后，西方社会的政治发展一直采取着君主制和贵族制的政体形式。直到16世纪，古典民主理念才得以复活。到18世纪，随着社会政治结构的变迁以及哲学领域的革命，有关主权、合法性、公民权利、政治参与等观念得以彰显，民主思想则得到了进一步的明确表达。卢梭认为，国家是通过契约产生的，国家的权威源于公意，应以“公益”为旨归。主权是公意的运用，主权属于人民，民主政府只不过是主权者的执行人。既然人民主权是基于人民的共同意志，不能转让、不能分割，也不能代表，提出应该实行直接民主，让人民直接参与政治，参与立法与管理国家的事务。

现代激进民主主义者也沿用了“人民统治”这一民主传统，拉米斯就认为，“民主曾经是一个属于人民的词、一个批判的词、一个革命的词。它被那些统治人民的人所盗用，以给他们的统治提供合法性”②。当代参与民主理论者肯定了古典民主的传统，卡罗尔·佩特曼认为，真正的民主是所有公民直接、充分参与公共事务决策的民主，从政策的制定到执行都应该有公民的参与。本杰明·巴伯提出了“强势民主”的概念，其核心要义是公民对政治的直接参与，追寻“社群”和“共识”理念，试图将市场中的个人重新连接到一起。

综上，西方的理想主义民主是以人民统治和直接民主为其理念，以公意、平等、人民主权、多数人统治和直接参与为核心要件，这种民主如同自由、公正、平等一样是一种普世价值，是人类追求的终极目的。尽管真正的民主制从来就没有过，而且永远不可能有，但这种民主观体现的却是最理想、最规范、最实质的民主。

二 西方的现实主义民主：代议制民主与政治方法

“民主”作为治理人类社会的一种工具、一种方式，经历了从古典到现代的演进过程。17世纪末18世纪初，代议制民主开始出现，历经300多年的发展，成为世界范围内普遍采用的一种政治制度，被越来越

① ［古希腊］修昔底德：《伯罗奔尼撒战争史》，谢德风译，商务印书馆1985年版，第130页。

② ［美］道格拉斯·拉米斯：《激进民主》，刘元琪译，中国人民大学出版社2002年版，第15页。

多的国家接受，对人类社会生活发展起着非常重要的作用。作为代议制民主的理论奠基者洛克认为，“人的自然自由，就是不受人间任何上级权力的约束，就是除经人们同意在国家内所建立的立法权以外，不受其他任何立法权的支配；除了立法机关根据对它的委托所制定的法律以外，不受任何意志的统辖或任何法律的约束”。美国著名政治思想家托马斯·潘恩在其名著《人权论》中，论证了代议共和制是最理想的民主形式，提出了“简单民主制”的概念。他指出，“代议”就是由人民选举出的代表去商议和处理国家事务；在代议制共和政府下，政府由人民选举产生，人民是主权者。人民委托自己的代表，行使自己的权力。在民主选举基础上建立的代议制政府，将代议制同民主制结合起来，成为“一种能够容纳并联合一切不同利益和不同大小领土与不同数量人口的政府体制”①。潘恩关于代议制民主理论，为资产阶级找到了一条比较现实的民主共和制度。

继潘恩之后，英国思想家约翰·密尔在其著作《代议制政府》中，认为只代表多数的民主制还不能算作真正的民主制度，制度的设计应当要让全社会的智力和利益两方面因素都能得到全面的代表。他从民主制的优点出发，主张主权在民，指出，“能够充分满足社会所要求的唯一政府是全体人民参加的政府；任何参加，即使是参加最小的公共职务也是有益的；这种参加范围的大小应达到和社会一般进步程度所允许的范围一样；只有容许所有的人在国家主权中都有一份才是终究可以期望的。……所有人参加公共事务是不可能的”，因此，“理想上最好的政府形式一定是代议制政府了”。②

此外，洛克、孟德斯鸠、托克维尔、康德等思想家也认为，在现实的政治生活中，人民的直接统治是不可能实现的，实现人民统治的最好方式就是代议制，代议制民主理论极大改变了民主的原初含义，使民主由直接变成了间接。尽管代议制民主论和直接民主论存在很大区别，但无论是直接民主还是间接民主，民主的本质含义都没有改变，即“人民的统治”或“多数人的统治”。

---

① 《潘恩选集》，马清槐译，商务印书馆 1987 年版，第 246 页。

② ［英］约翰·密尔：《代议制政府》，王瑄译，商务印书馆 1982 年版，第 35 页。

然而，在以帕累托、莫斯卡、米歇尔斯、韦伯和熊彼特等为代表的精英民主论者看来，一切社会都存在着统治者与被统治者。属于统治者的永远是少数人，他们行使各种政治职能，垄断国家权力。米歇尔斯认为，现代人虽然建立了民族国家、工会、政党或教会等组织机构，但是不得不将有效的权力转交给那些处于这些机构顶端的少数人。韦伯认为，民主不是人民的统治，而是政治精英的统治，是职业政治家集团的统治；现代代议制民主只不过是一种“公民投票的领袖民主”，其主要功能就在于选举政治领袖。熊彼特在《资本主义、社会主义与民主》中指出，古典民主观的缺陷就是把民主从一种政治方法抬高为一种价值目标——“人民的统治”或“多数人的统治”，而选择代表只居于次要地位。于是，他将民主定义为一种政治方法，即“民主方法就是那种为作出政治决定而实行的制度安排，在这种安排中，某些人通过争取人民的选票取得作决定的权力”①。由此，“民主”完成了从“人民统治”向“人民选择统治者”的转型。

美国著名政治学家达尔改进了熊彼特的精英民主理论，提出了“多元民主论”，其核心观点是民主政体的权力是多元的和分散的，不是始终集中于一个精英集团手中，而是分散在多个精英集团手中。在多元主义者看来，民主最应该被定义为“多重少数人的统治”，即民主不是人民的主权，不是多数人的统治，也不是“单一”的少数人的统治，而是“多重”少数人的统治。一个政体的民主性质是由多重的集团或多重的少数人来决定的。

综上，代议制民主、精英民主和多元民主都否定了民主的本来意义和人民主权说，变“人民统治”和“直接民主”为“间接民主”“人民选择统治者”“少数人统治”，从而使民主理想屈服于社会现实，是民主的实质和价值屈服于民主的程序和经验。

三 西方民主两大思想对中国共产党人的影响

新中国成立后，规定国家的一切权力属于人民，在基本制度的架构

① ［美］约瑟夫·熊彼特：《资本主义、社会主义与民主》，吴良键译，商务印书馆1999年版，第395页。

中，人民民主专政的国体和人民代表大会制度的政体成为社会主义民主政治的核心内容。国体体现了主权在民的思想，即人民的统治；政体体现了代议制民主思想。也就是说，中国的民主兼具理想主义和现实主义民主的内涵。

从实际情况看，我国民主较好体现了这两种民主的优势。西方的民主思想从形式上看具有全民性，但实质上具有鲜明的阶级性。“金钱”权重了资产阶级与无产阶级民主权利的大小，资产阶级享有对国家政权的占有和控制，无产阶级只是在形式上拥有民主参与的权力，但绝对无法染指国家政权。我国的人民民主专政表明我们的民主是大多数人的民主，而不是少数人的民主，人民通过代表大会行使国家权力。消灭私有制，建立公有制保证了人民的经济平等和政治平等。所以，我们的国家是人民的国家，党领导下的民主是真正人民的民主。

但我们也有“扬弃”。党深刻认识到两种民主的局限，因而，党在推进民主化的进程中，为避免权力的异化，特别重视法治建设，着力推进民主的制度化、法律化，强调社会主义民主必须坚持党的领导、人民当家作主和依法治国的有机统一。为防止人民民主变成精英民主，党不断强调要从各个层次、各个领域扩大公民有序政治参与，最广泛地调动人民参与国家和社会事务的管理，管理经济和文化事业。强调依法治国首要的就是以宪治国，积极推动法治政府、法治国家、法治社会一体建设。加强宪法和法律实施，维护社会主义法制的统一、尊严、权威，形成人们不愿违法、不能违法、不敢违法的法治环境。要推进决策的科学化、民主化，完善决策信息和智力支持系统，增强决策透明度和公众参与度，制定与群众利益密切相关的法律法规和公共政策时，原则上要公开听取意见。发展基层民主，保障群众享有更多更切实的民主权利。

为了更好发挥代议制民主的优势，使选出的代表更好代表人民的利益，党和国家不断修改和完善我国的选举法，不断完善选举制度、选举程序。60 多年的实践表明，我国的选举制度改革取得重大进展，享有选举权的主体从有限发展到普遍，选举权的价值不平等逐步缩小并向完全平等方向发展，从记名投票发展到无记名投票，人大代表选举实行城乡“同票同权”，直接选举范围从基层扩大到县级，并逐步向高层迈进，从等额选举发展到差额选举等。

第二章　他山之石：中国国家治理的经验借鉴

新中国成立后，如何建设和治理国家，中国共产党缺乏经验，苏联模式初期的成功实践，给予以毛泽东为核心的中国共产党人以极大的鼓舞，加之当时严峻的国际国内环境，学习苏联成为中国共产党人治理国家的不二选择，苏联模式成为中国共产党人治理国家的最初样板。自20世纪50年代中后期起，随着科技革命不断发展，治国理论的不断丰富、发展和完善，苏联模式的弊端日益显现，中国共产党人开始探求独立自主的自我发展之路，不仅开始反思苏联模式，而且向西方国家学习，其治理国家的经验教训给予中国共产党人更多的理性思考。

第一节　苏联国家治理的经验和反思

苏联作为社会主义阵营的“老大哥”，其建国初期所取得的巨大成就成为其他社会主义国家学习的榜样，在20世纪二三十年代形成的苏联模式（斯大林模式）曾被苏联及其他国家奉为治理国家的样板模式。但随着二战后世界新科技革命的兴起及其苏联的社会发展，其内在弊端开始暴露，最终成为导致苏联解体、东欧剧变的重要原因。

一　苏联治理模式的基本特征

苏联治理模式的主要特征就是高度集权。

（一）经济体制

苏联模式治理下的经济体制是单一社会主义公有制，以指令性计划为主，优先发展重工业为重点，实行所有权与经营权相统一的计划经济体制。

1. 单一公有制

斯大林上台后，由于对社会主义认识的偏差，认为单一公有制是社会主义的基本原则。他曾经指出，社会主义“决不能无止境地即过于长期地建立在两个不同的基础上，建立在规模最大的联合的社会主义工业的基础上和最分散最落后的小商品农民经济的基础上”。因此，经济层面的治理以建立单一公有制为中心工作，从20世纪20年代末起，苏联开始逐步排挤、取缔私有经济成分，开展大规模的国有化运动和农业集体化运动。到1936年苏联宣布建成社会主义，实际上已经建立起包括国家所有制和集体所有制两种形式的单一公有制。苏联宪法规定，国家所有制是社会主义公有制的最高形式，集体所有制则因其国有化程度低于全民所有制，因此被视为社会主义公有制的低级形式。虽然宪法规定个体农民及手工业者允许有小规模的私有经济，但只能自己经营，不能剥削他人。但实际上，个体经营基本上从未在苏联合法存在过。

2. 高度集中的中央部门管理体制

1922年成立苏维埃社会主义共和国联盟后，苏联对工业实行分级管理制度，实行两级（部—企业）或三级（部—总管理局—企业）管理制。斯大林时期，为了集中力量发展重工业，加快实现社会主义工业化，把经济管理方面的权力高度集中于中央各部，形成了高度集中的中央部门管理体制。在这种管理体制下，一方面，国家通过各个部对全国企业实行垂直领导，经济管理权限高度集中于中央；另一方面，中央及其下属管理机构的管理权，又主要是通过管理机构的行政首长来行使，各级行政首长拥有管辖范围内单独解决一切业务上问题的权力。

3. 指令性计划

斯大林时期，在中央部门的高度集权下，整个国家的经济运转和资源的分配都被置于中央机构的控制之下。国家机关有权指挥企业的一切经营活动，企业只有听从上级机关的命令，以完成下达的计划任务为主，也只有在完成国家计划任务的前提下才被赋予一定权限。在这种体制下，指令性计划的范围具有广泛性，生产、流通、分配、消费都被置于计划体制之下；指令性计划的实施具有强制性，计划一经批准便成为法律，企业必须无条件执行；指令性计划排斥商品、货币和市场，排斥价值规律和市场调节等。

4. 优先发展重工业的发展战略

斯大林时期，苏联处于帝国主义包围的环境中，承受着政治孤立、经济封锁和战争威胁。为了摆脱困境，尽快提升国家经济实力，从农业国变为工业国，摆脱落后挨打的局面，保卫苏维埃政权，从1926年起，苏联采取了重点发展重工业的发展战略。

（二）政治体制

苏联模式治理下的政治体制是高度集权的一党领导体制，这种政治治理体制集中表现为权力过度集中于苏共，苏共权力过度集中于党的中央机构，党的权力又更多集中到书记处，而书记处的权力又过度集中于党的领袖。

1. 高度集权的一党领导治理体制

共产党一党执政是苏联历史的产物。斯大林时期，针对各种政党是否有存在自由的观点给予了明确说明，他指出："政党自由，只有在有利益敌对而不可调和的对抗阶级的社会里，……才会存在。可是，在苏联已经没有资本家、地主、富农等等阶级了。在苏联只有两个阶级，即工人和农民，这两个阶级的利益不仅不彼此敌对，相反地，是互相友爱的。所以，在苏联也就没有几个政党存在的基础，也就是说没有这些政党自由的基础。在苏联只有一个党，即共产党存在的基础。"① 这就使得其他党派没有了存在的合法性。实践中，一党执政的领导治理体制又过分集权：一是集中表现为以党代政，苏联党的领导机关在各个级别上都是治理主体，是国家权力机关、行政机关、司法机关的直接指挥者，而国家权力机关、行政机关和司法机关则成为党的领导机关的执行机关。二是党行使了属于全体人民和全体党员对于国家机关公职人员的选举权和监督权，建立起了由党的机关代行选举、代行监督的体制。三是党过多干预社会团体事务，直接管理国家和社会生活的具体事务。这样，权力高度集中的一党领导治理体制得以形成。

2. 党的领袖高度集权

在一党领导治理体制下，党的权力又过度集中于中央委员会和政治

---

① 《斯大林文选》，人民出版社1962年版，第100页。

局。在斯大林时期，苏联党内民主逐步缺失，民主集中制遭到破坏，党的权力更多集中到书记处，在实际工作中往往能够行使政治局的部分决策和执行权，是党的重要权力机构。而处于书记处核心的总书记可以拥有高度集中的国家权力。这样，总书记—书记处—政治局—中央委员会—党代会和全党组织的金字塔式治理结构得以形成。由于党代会和中央委员会不能按时召开，使得斯大林集党、政、军权于一身，由党内个人集权发展到对党和国家生活的全面集权。

（三）文化体制

与高度集中的经济治理体制和高度集权的政治治理体制相适应，苏联模式在文化方面实行的是行政干预、高度集权的管理体制。

1. 牢牢掌控意识形态领域的话语权

斯大林时期，以马克思列宁主义作为文化建设的主导，主张意识形态的一元化领导。为此，苏共采取以下措施加强对意识形态领域话语权的掌控：一是通过设立统一的专门机构、任免一些文化领导机构的干部，制定统一的政策、控制舆论宣传工具等来对思想文化建设实行集中领导。二是对为数不多的群众性学术文化团体进行大规模改组，它的主要领导人由上面委派，机构设置和活动方式上都仿照党政机关，采取行政管理程序，没有群众组织所应有的那种机动灵活和生动活泼。三是学术活动政治化，各种文化学术研究和争论都必须遵循党性标准。四是在新闻领域实行严格的审查制度，在教育和科学领域只准许官方认可的学派存在。五是在科学领域确立起哲学的支配地位，哲学强行干预自然科学，自然科学研究经常被插上党性的标签。

2. 党的最高领导人是思想文化领域的最高仲裁者

斯大林作为党的最高领导人，是真理的化身，是各个学科的最高权威和真理的最后仲裁者。于是苏联出现了一种前所未有的特殊现象，即某一学术艺术流派、学术团体、杂志及作品能否合法存在和出版印行，皆取决于最高领导人的意见。政治上经常干预学术讨论，以与当权的最高领导人的思想观点保持“完全一致”的政治上的党性标准作为社会科学研究中的唯一标准，从而实现了对科研的严格控制。在这样的背景下，领袖的爱好、口味和理论成了审美和评判作品的唯一标准。

二　苏联治理模式的历史作用及其弊端

苏联作为第一个社会主义国家，在特定时期形成的苏联治理模式，曾经对苏联乃至世界经济政治格局的变化发挥了巨大的历史作用。但随着历史的发展，这一治理模式暴露出严重的弊端，严重阻碍了社会生产力的发展，国家权力、机构与职能的膨胀导致官僚主义滋长，严重弱化了国家的治理效能。

（一）历史作用

1. 高度集中的计划经济治理模式，在较短时间内改变了苏联的面貌，彰显了社会主义制度在经济方面的优越性

苏联治理模式下优先发展重工业的发展战略，使苏联用十多年时间实现了20世纪50年代欧洲水准的工业化，完成了西方资本主义国家要用上百年甚至数百年才能实现的工业化目标。正是由于工业化的完成，苏联迅速实现了从木犁到核武器的飞跃，在教育、科学、文化和社会领域均取得巨大进步。也正是由于优先发展重工业所积累的强大的物质基础，才使苏联能够最终打败德国法西斯，取得卫国战争的胜利。尽管今天我们可以说，苏联高度集中的计划经济体制并非生产力高度发展的结果，指令性计划制约了社会经济的发展，制约了各种社会组织的活力，但是我们必须承认，在当时，能有这样的创举确实是难能可贵的。

2. 高度集权的政治和思想文化治理模式，从法律和制度上形式为广大人民行使管理国家的权力、享受民主、自由和人权等提供了基本保障

依宪法规定，全体苏联人民按照普遍、平等、直接和无记名的方式选举产生各级苏维埃，由各级苏维埃代表人民行使管理国家的权力；宪法规定一切公民都有劳动权、休息权、受教育权和物质保障权，以及信仰自由、宗教仪式自由、言论自由、出版自由、集会自由、游行示威和结社自由、不被任意逮捕的自由、住宅和通信不可侵犯的自由等。在实践中，苏联也建立了比较完整的司法、检察体系，制定了一些具体法律，从而为广大人民享受宪法规定的民主、自由和人权进一步从法律和制度形式上提供了保障。在社会主义民主制度的建设上，苏联也在借鉴资本主义民主制度的具体形式（如普选制、集会、结社、出版和言论自由等）方面走出了第一步。而所有这些，无疑都代表了一种历史的进步性。

（二）历史弊端

1. 高度集中的计划经济治理体制不利于生产力的发展和人民生活水平的提高，缺乏创新和活力

第一，以国家所有制为主的单一公有制与千差万别的生产力发展水平不相适应，不能有效解决生产者与生产资料相结合的问题，从而制约了企业及其劳动者的主动性和创造性的发挥。第二，国家以行政手段管理经济，排斥市场，以指令性计划为主，资源配置效率低下。第三，片面追求高速度，以粗放型经济增长方式为主，主要依靠政府的巨大投入和资源的巨大浪费来实现经济的高增长，发展潜力有限。第四，片面发展重工业特别是军事工业的发展战略，造成农、轻、重比例严重失调，农、轻发展缓慢直接影响了人民的生活。第五，高度集中的计划经济体制，由于管得过多、统得过死，严重扼杀了地方、企业的积极性，且分配中平均主义严重。

2. 高度集权的政治治理体制，使党组织国家化与党和国家机关官僚化，使人民作为社会主义国家和社会主义建设的主体地位客体化

高度集权的政治治理体制，权力过于集中，国家权力集中于党，党的组织日益国家化，党组织间接或直接行使国家权力机关、行政机关、司法机关的职能，日积月累，党的干部和各级官员由人民的公仆变为主人，官僚机构日益膨胀，官僚主义盛行，官僚作风严重，一个脱离实际、脱离群众的官僚特权阶层逐渐形成，人治取代法治，社会主义民主和公民权利遭到践踏，伤害了人民群众的感情，人民国家治理主体地位客体化，党和政府威信受到质疑。

3. 高度集中的文化治理体制严重阻碍了文化事业的发展，使苏联社会陷入思维单一、思想封闭的状态。在高度集中的文化治理体制下，个人迷信和个人崇拜大行其道，使苏联共产党走向思想僵化和行动保守

斯大林时代，文化成了隶属于专制政治的工具，领袖成了真理的化身，以是否有利于集权统治为标准来审视和取舍本国民族传统文化，排斥外国文化，阻碍了先进文化的发展，也窒息了文学艺术研究的生机，压缩了科学精神和自我发挥创造的空间，使得苏联社会思维单一、思想封闭，也间接使国家的各种决策丧失了进行论证和自动纠错的机制。

三　苏联国家治理失败的教训和反思

20 世纪 90 年代前后，苏联解体、东欧剧变，引起世界各国对苏联治理模式的反思。今天，苏联模式已不复存在，但我们绝不能把苏联模式看作仅仅是属于历史的、已经过时了的存在，从历史记忆中把它抹去；我们应该以理智的态度，合乎历史和逻辑地把它当作社会主义国家治理的前车之鉴，从它的过去得到有利于当前我国国家治理的鉴戒。

（一）国家治理要从本国实际出发

我们知道，实事求是是马克思主义科学方法论，社会主义国家的治理理当遵循一切从本国实际出发的原则。因为各国的国情不同，各个国家在取得政权后，在经济模式和政治结构上各有其特点。能否从本国国情出发，施以符合本国情况的治理策略，直接影响着一国国家治理的成败。

在苏联模式化之前，列宁以马克思主义的世界观和方法论为指南，从实际出发，不断摸索经济文化落后的俄国走向社会主义的经验，并用新鲜经验不断丰富和发展科学社会主义理论，其治理国家的理论和实践是成功的。后来，斯大林时期，长期奉行一条主观脱离客观的“左”的思想路线，把马克思主义教条化，过高估计苏联所处发展阶段，过分夸大苏联模式的正确性和代表性。诚然，苏联的治理模式在其社会主义建设初期取得了极大的成功，促进了生产力的发展，改善了人民生活，对于战胜法西斯，维护和巩固政权，使苏联成为唯一能够与美国相抗衡的社会主义强国应该说意义重大。但没有一种模式是放之四海而皆准的，每一种模式都应该随着生产力的发展和国情的变化而改变自己的具体形式。恰恰相反，1936 年苏联通过宪法把这种高度集权的国家治理模式固定下来，没有与时俱进，从而僵化的体制束缚了生产力的继续发展，问题和矛盾日益突出，积重难返，最终走向解体。

因此，社会主义的国家治理必须在学习外来经验的基础上，结合本国实际，走具有本国特色的国家建设之路。新中国成立初期，我国基于国内外环境因素，借鉴了苏联模式。但很快，中国共产党人便意识到苏联模式的弊端，结合本国实际，开始“以苏为鉴”探索自己国家建设新路径，提出了很多适合我国国情的国家治理新理念，诸如中国工业化道路的思想，正确处理人民内部矛盾的思想，社会主义的矛盾学说等，为新中国的国家治理指明了方向。后来，由于党的领导人毛泽东认识出现偏差，导致“文革”的悲剧。十一届三中全会开启了我国国家建设新篇章，中国共产党人结合国情、党情、世情不断变化的实际，不断调适着国家治理理念，不拘于形式、不拘于常规，突破苏联模式，逐步走上有中国特色的国家治理之路。

（二）社会主义的国家治理应把发展生产力放在首位

生产力和生产关系的矛盾运动推动社会历史不断向前发展，这是马克思主义的基本观点。苏联国家治理失败的根本原因就是没有把发展生产力放在首位，没有把提高人民的生活水平作为工作抓手，失去了党心民意，其解体在所难免。

首先，在苏联治理模式下，一味强调对生产关系的改造，把单一公有制看作社会主义是否建成的衡量标准，忽视了生产关系与生产力自身发展的内在逻辑。盲目地排斥商品货币关系，排斥市场，把计划经济当作经济建设的唯一手段。只推行一种分配方式，忽视了各生产要素参与分配的积极性。其次，受教条主义和实用主义的影响，把阶级的消灭和国家的消亡作为社会主义建设的目的。殊不知，阶级的消灭和国家的消亡是以生产力的高度发展和人的全面发展为前提的。苏联为消灭阶级和国家所做的努力，就是搞残酷的阶级斗争，强化国家政权，加强暴力机关。结果，民主法制遭到破坏，生产者身心受到摧残，极大抑制了生产力的发展。最后，苏联党长期把公有制、按劳分配、计划经济等体现社会主义特征的某些东西看作社会主义的本质，忽视发展生产力这一社会主义的最深刻、最主要的本质。正是对社会主义本质问题没有搞清楚，使苏联在如何治理国家问题上出现手段和目的的理论模糊。

在对社会主义本质问题的认识上，邓小平发展了马克思主义有关发展生产力的思想，指出社会主义国家的治理就应该把发展生产力作为根本任务，以“三个有利于”的标准来判断改革的成败，其关于社会主义本质的崭新论断，从理论上廓清了苏联治理模式的重大弊端。这是中国共产党在国家建设中吸取国内外两方面的经验教训得出的真正符合马克思主义的结论。在实现两个百年奋斗目标，致力于实现中华民族伟大复兴中国梦的今天，要继续把发展生产力作为第一要务，为推进国家治理现代化提供物质基础。

（三）意识形态领域应坚持一元主导与多元发展

斯大林时期，过分强调与资本主义世界的对抗和斗争，对资本主义一概否定，而没有看到社会主义也是在继承吸收资本主义文明成果中成长壮大起来的，犯了形而上学的错误。特别是在意识形态领域，政治第一、学术活动政治化、舆论高度一律等，严重压抑和束缚了人们的思想，可以说，这是对马克思主义一元意识形态的误读。在30年代大饥荒和大清洗时期，苏联人民开始对马克思主义信仰有了某种程度的质疑。赫鲁晓夫时期，因为对斯大林的批判致使整个国家信仰基础开始坍塌。戈尔巴乔夫时期，提出“人道的、民主的社会主义”，从理论上放弃了马克思主义的指导地位，致使全党、全国思想混乱、社会动荡、民族分裂，这一历史教训是深刻的。

当下，在我国意识形态建设中，处理好一元主导与多元发展的关系，实现主流意识形态与其他意识形态的共存、共生、共进，共同服务于国家发展战略，必须把握新形势下意识形态发展的内在逻辑，以“一元”引领“多元”，坚持马克思主义意识形态的开放性，扩大主流意识形态的包容性，推进马克思主义大众化，扩大主流意识形态认同，掌握舆论话语权。

第二节 新加坡国家治理的经验借鉴

当今新加坡辉煌的治理成就令世人惊叹。然而在1965年新加坡建国时，经济还是相当落后的，人均GDP不足320美元。而到了2012年，在国际货币基金组织公布的世界各国人均GDP排名中，新加坡以人均49922美元超过了美国。新加坡历经不到半个世纪的发展，迅速跻身于世界最发达国家的行列，基本实现了全民就业、住房、教育、医疗和养老。除了巨大的经济发展成就之外，如今的新加坡也是全球公认的法治严明、社会和谐、文明优雅的现代国家。新加坡成功有效的国家治理经验，值得现代化转型之中的中国加以借鉴。[①]

① 周少来：《国家治理：中国能从新加坡学习什么?》，《青海社会科学》2014年第6期。

一 新加坡国家治理的基本理念

（一）强化国家意识，确立共同价值观

新加坡是一个移民国家，是一个拥有多种族、多语言文字、多宗教信仰、多元文化习俗的复杂国家，缺乏统一的国民信仰，国民对国家的认同度很低。这种独特的社会结构加上小国寡民，资源贫乏，使得新加坡政府非常重视对公民进行国家意识的培养和教育。如 1991 年吴作栋任总理时提出的五大核心价值观：国家至上，社会为先；家庭为根，社会为本；关怀扶助，尊重个人；求同存异，协商共识；种族和谐，宗教宽容。[①] 这五大核心价值观是新加坡立国的基石，是国家治理的基本遵循。新加坡政府采取多种举措打破民族之间的隔阂，引导人民超越狭隘的宗族观念，用集体利益和国家利益把国内各民族结合在一起，促进新加坡民族的融合，形成统一的国家意识。[②] 这种国家意识的培植，使得公民产生强烈的归属感、责任感，从而认同国家，愿意为国家奋斗。

（二）强调法治思维，奉行“依法治国”

新加坡以法治严明著称世界，自建国之初就将秩序与法律作为治理国家的基石，在国家治理的各个方面始终强调法治思维，奉行法律至上的原则。李光耀说：“今天的新加坡，是多年法治的结果；若没有严格的社会法规，不会有今天的新加坡。”[③] 新加坡政府充分吸纳并发扬西方法治精神，把社会生活的方方面面都纳入到法律的治理之下，且从“严刑峻法”做起，一步一步扎实推进法治国家与法治社会的进程，在全社会树立起对宪法和司法的崇高权威和威信。奉行法律面前人人平等，法律之上没有权威。在新加坡一旦触犯法律，便毫无私情可循，不论是职位显赫的高管还是普通平民百姓都一样受到严惩，从而建立起一个高度法治化的国家治理体系。

（三）建立廉政文化

在全球清廉指数排行榜中，新加坡官员的勤政廉洁举世公认，多年来

---

① 李路曲：《新加坡“共同价值观”评析》，《晋阳学刊》1997 年第 4 期。

② 狄奥、王俊松：《将反腐融入国家治理体系——新加坡的基本经验及对我国的启示》，《江西社会科学》2016 年第 4 期。

③ 吴元华：《新加坡良治之道》，中国社会科学出版社 2014 年版，第 147 页。

新加坡政府的清廉指数世界排名前五，亚洲第一。新加坡清廉指数如此之高，其成功的治理经验就是在全社会推行“零容忍”的廉政文化。一是严格反腐立法，防止公职人员腐败。如新加坡1960年颁布的《防止贪污法》“对报酬（贿金）未作最低金额的规定。就是说，在一定的情况下，给予或接受1元钱，都可以算作行贿或受贿。行贿受贿10元就要坐牢，就可能失去数十万元的退休金”[①]。二是建立独立而强大的反腐廉政机构——“贪污调查局”。贪污调查局享有法律赋予的广泛和特别的权力，只对总理（或总统）负责，不受任何人管辖或干涉，贪污调查可以至任何人。三是加强廉政文化教育。新加坡的廉政文化教育不光针对公职人员，教育的触角已经延伸到社会的每一个角落。在新加坡，廉洁勤政不仅是公职人员的自觉行为，而且是民众评价政府及其公务员的基本标准，零容忍已经从国家政策变成全社会的共识。

（四）精英治国

精英治国是新加坡国家治理的核心理念，从执政之初，新加坡人民行动党就把人才精英作为国家最宝贵的战略资源。新加坡历经李光耀、吴作栋和李显龙三代政府，无论是政府首脑和高级阁员，还是执政党领导团队，往往都是新加坡的“政治精英”，他们绝大多数毕业于西方名校，都是社会各个领域富有成就的知名人士。李光耀多次指出：“国家的兴衰，关键在于有没有一个好的领袖以及团结在他周围的一批精英人才。”[②] 为保证精英人才的源源不断，新加坡实行精英人才的培养战略，从小学到大学，针对学生的不同特点和社会需求，因材施教，实行梯次教育。与此同时，政府还敢于打破精英的刚性规律，引入竞争机制，推动领导者能力的自我革新，保持执政骨干团队的活力，为精英治国提供了人才准备。

（五）实用主义的治理标准

在一个多元种族、语言和宗教的国家和地区，如何确保民众和谐共处，促进社会经济发展，保持政治稳定和有效治理，各个国家和地区都有探索和实践。新加坡充分尊重本国的社会历史发展，以“功效至上”或“有用”作为政府政策制定和执行的法则。在这里，不受任何意识形态的

① 吕元礼：《新加坡治贪为什么能？》，广东人民出版社2011年版，第90页。

② 《李光耀四十年政论选》，现代出版社1994年版，第264页。

束缚，所有的办法只要行得通，能够促进社会的健康持续发展，都被视为好办法。正如李光耀说的，他所领导的人民行动党，没有僵化的意识形态教条，甚至没有一个特定主义，在不同时期对意识形态做不同评估与诠释，以适应新加坡的社会与经济现实，政党的意识形态是非常弹性的。[①]

二 新加坡国家治理经验的检视和反思

新加坡国家取得了令人瞩目的治理成就，这是不争的事实。但对于取得成就的经验分析，仁者见仁，智者见智，各家说法不一，并没有一个共识的结论。有人说，新加坡的成功得益于一个高效、廉洁，具有奉献精神的好政府；也有人说，新加坡的奇迹在于人才的挖掘培养和科学化的制度设计与安排；还有人说，新加坡的成功跨越在于将“西方文化”经验与“东方文明”的精妙结合，从而开启特色的“新加坡式社会主义”。[②] 笔者以为，任何一个国家都有着自身的发展逻辑，新加坡亦不能置身事外。

首先，强烈的危机意识是新加坡成功的内在动力。由于新加坡是一个没有资源的岛国，与周边邻国关系特别是与马来西亚的关系比较紧张，加之国民是来自不同民族、不同信仰和宗教、不同语言和习惯的移民等这些不利因素，使新加坡这个岛国从领导人到普通民众都有着强烈的危机意识。其次，灵活务实的公共政策是新加坡成功的外在力量。建国之初，新加坡面临的内外环境极其复杂，生存的压力迫使新加坡选择了理性、务实的实用主义的治理准则。摈弃“主义”思维，从本国实际出发，以国家发展、民生改善、社会安定作为公共政策选择的依据。再次，精英人才的选拔和培养机制是新加坡成功的智力保障。新加坡政府始终坚持“精英治国”的理念，完善的公务员选拔培养制度帮助新加坡建立了一支廉洁、高效、训练有素的公务员队伍。通过积极的人才政策选拔、引进和挖掘了一大批廉洁正直、开拓创新、与时俱进、不受意识形态束缚的精英充实到国家管理部门。这些都为新加坡的经济发展、社会稳定、政治开明、决策正确提供了智力保障。再次，“密切联系群众”的制度设计是新加坡成功

① 郜良：《李光耀的实用主义、亚洲式民主理念和法治方略》，《领导科学》2009 年第 15 期。

② 倪明胜：《如何学习新加坡治理经验》，《学习时报》2012 年 1 月 12 日第 4 版。

的内在机制。新加坡人民行动党自 1959 年执政以来，为了保障行政人员的高效廉洁，人民行动党及其政府制定了一系列制度性规定，确保执政党高官和执政党议员扎扎实实地密切联系群众。表现在：（1）人民行动党议员必须接受选区选民五年一次的“检验”；（2）议员必须每周一次到选区接待选民，了解情况并解决问题。通过这一制度设计，较好实现了社会底层与上层精英的良好互动与沟通，从而实现了社会各阶层的利益表达。这也是人民行动党长期执政，保持民意支持的根本制度保障。最后，执政党的严格自律是新加坡成功的组织保障。新加坡是一个一党独大多党并存的国家，人民行动党长期执政的秘诀就是始终把清廉视为“一种生存需要”，通过党自身的廉洁带动廉洁政府和廉洁社会的构建。为此，新加坡制定了诸如《公务员守则和纪律条例》《防止贪污法》《财产申报法》等反腐败法律，并制定相关的辅助制度，从制度上建构起“不敢腐”“不能腐”“不易腐”的钢丝网。

基于以上对新加坡国家治理经验的审视，我们认为，新加坡治理模式对于新加坡来说无疑是成功的，新加坡所取得的巨大成就也为新加坡国家治理模式带来广泛的声誉。但这种模式是否适用中国，值得我们反思。

中国与新加坡国情不同，学习、借鉴新加坡国家治理的先进经验，将其做法直接运用到中国国家治理实践中去未必适合。正是基于这种经验的适应性考量，长时期里，在“使用逻辑”的驱动下，我们在尝试借鉴和学习运用新加坡经验的过程中，一直都在做“制度”和“政策”层面上的“移植”或“复制”，我们说这种借鉴有其可取性，是先在的经验供给。但殊不知，每一种经验都有其内在的逻辑存在，如果不对其后的逻辑生成进行深度追问，就会对新加坡经验形成一种模式化认识，出现“南橘北枳”的困局。

新加坡经验是基于新加坡的国情而形成的治国良方，其他国家无法完全复制这是不争的事实。但是基于新加坡模式形成的“正视危机、务实求新、勇于求变、以民为本、砥砺奋进”的精神是任何时候都不过时的，可以说这也是国家有效治理的“普世价值”。依循这些精神，结合中国的制度和社会发展实际，去挖掘制度和政策背后的形成逻辑，特别是其后的价值张力，是当下中国借鉴、学习、吸收新加坡经验的理性选择。

三 基于新加坡国家治理经验的理性选择

（一）要转变理念，从管理走向治理

传统的国家治理应叫“管理”或者说“管控”，以权力和权威为中介的以暴制暴。这种手段，不能有效化解社会矛盾，反而会加剧社会矛盾的激化。优良的治理应是政府、市场、公民社会三者的良性互动，它应建构在“以民为本、服务为先”的政府治理理念之上。新加坡之所以取得举世瞩目的巨大治理成就，人民行动党之所以能够自1959年以来长期执政，其根本原因就在于新加坡政府始终将“以民为本、服务为先”作为政府行政的根本理念，全力关注于就业、住房、教育、医疗和养老等民生问题。同时，积极培育社会组织，鼓励公民有序政治参与，推进政府信息公开等。因此，作为当代中国的国家治理，应继续转变治理理念，把“以人为本”的口号变成“为民”的行动，充分认识和审视当前国家面临的重大问题和人民的重大关切，完善治理网络，为民众提供个性化与人性化服务，确保实践成效。

（二）要转变方法，从控制走向协商

传统的国家管理方法偏重于行政控制，依靠国家机器的力量来对社会进行管控，有时也会借助一些经济手段来进行调节。实践表明，行政控制手段需要的成本会很大，并且往往容易引起矛盾冲突和群体性抗争，时而会引起局部的社会失序。经济手段遵循的是“人民内部矛盾人民币解决”的逻辑，往往造成“老实”的吃亏，“闹事”的沾光，结果“理不顺”，“正气”压不住“邪气”。新加坡的治理经验表明，最有效的治理方法是协同治理或协商式治理。因此，作为当代中国的国家治理，应进一步扩大协商民主的领域，以协商民主推进各方面改革，要更加注重用教育、劝解、协商、疏导的方式来化解社会矛盾，以法律为规范，辅之以必要的道德善，确保社会安定和谐。

（三）创新国家治理机制

无须质疑，社会的安定和谐靠人的自觉是无法维系的，要有一套科学合理的制度化安排作保障。中国传统国家管理机制是计划经济时代下的产物，是以高度集权、计划经济、文化控制为特征的，人们没有任何权利而言。现代国家治理是以市场经济为条件的，是“利益”话语下的各种制

度化安排，它关乎政府、市场、民众（社会）三方利益，是三方利益协商的制度安排。新加坡有不少工会组织，在政府、雇主之间充当着“调解员”的角色；新加坡人民协会负责向公众宣传和解释政府各项政策的制定和执行情况；社区组织一方面收集基层意见反映给政府部门，另一方面是建立和管理社会的各种基金，开展各种社区活动和社区服务；政府非常重视与商会的关系，赋予商业组织监督政策落实、为本行业制定行业规范，协助政府管理等权利。所有这些，都有益于在协商机制下对各阶层利益冲突的化解与整合。因此，当代中国的国家治理，应以完善和创新国家治理机制为突破口，构建各方利益诉求机制、利益均衡机制、矛盾化解机制以及应急管理机制、社会公共安全机制等制度体系，提升国家治理能力。

（四）重塑核心价值观

核心价值观是时代精神的体现，是国民意识的引领，是国家认同的基础，是推动国家发展的内在动力。有效的国家治理能构建政府、市场、民众（社会）良好的互动机制，让人们活得更加幸福、更有尊严，让社会更加公正和谐为目标，这就要求必须有积极向上的文化土壤为支撑，核心价值便是这种文化的最高提炼。它有益于人们形成良好的职业操守，养成规则意识、公德意识。长久以来，新加坡政府非常重视国家核心价值意识培养，汲取儒家思想精髓，将“国家至上、社会为先，家庭为根、社会为本，关怀互助、同舟共济，自力更生、不懈奋斗，种族和谐、宗教宽容，选贤举能、讲求实效，典型示范、循循诱导”作为新加坡特色的核心价值观，打造“敬业乐群、勤劳进取、廉洁奉公、讲求效率”的新加坡精神，为构建国家治理体系现代化累积民心。因此，当代中国的国家治理，应更加关注核心价值的生成和培育，要不断创新文化管理机制，发扬传统文化优势，以中国优秀的传统文化为载体，着力构建中国的核心价值观，且通过不同核心价值的对比增进对中国国家核心价值的认同，增强道路自信、理论自信、制度自信、文化自信。

第三章　历史再现：新中国成立以来国家治理的演变

1949年新中国的成立，标志着党从领导革命的党转变为执掌全国政权的党，从此担负起领导中国现代化的历史重任，开始了国家治理的新时期。可以这么讲，中国现代化的进程就是中国国家治理的过程，从毛泽东开始的历代中央领导集体，由于面临的国内外环境不同，国家治理中的社会矛盾和根本任务不同，其治理国家的侧重点也不尽相同，形成了不同的治理模式。对新中国成立以来的国家治理做一历史回顾，总结党的历代领导集体国家治理的得失、反思其教训，对构建新的国家治理模式具有重大理论和现实意义。

第一节　政治导向型：计划经济时期的国家治理

自新中国成立到1978年党的十一届三中全会前，整个国家基本上处在一种泛政治化的氛围中，国家以政治为中心，一切工作都要服从和服务于政治，国家的阶级统治职能被突出和强化，其他职能则被弱化。国家权力高度集中于中央，地方各级党委政府只是中央政策不折不扣的执行者和传声筒。国家通过城乡隔离的户籍制度把人们严格限制在单位体制内，整个社会铁板一块，人们生活在高度政治化状态中。执政党不仅成为政治生活的核心，同时成为整个社会经济、文化和伦理生活的核心，执政党的组织网络成为国家治理的主要载体，国家的一切工作都服务于建设伟大的社会主义国家这一政治目标，一切以政治为中心。因而，本书把这一时期的国家治理归纳为政治导向型的国家治理。

一　政治导向型国家治理形成的原因

（一）新中国成立后国家面临的国内外环境

新中国成立前后，以美苏对抗为核心的两极格局已初具雏形，世界笼罩在战争的乌云之下，随时都有爆发战争的可能。基于对国际形势的估计，出于维护国家利益的需要和意识形态安全的考虑，再加上当时党的领导人刚从战争的阴霾中走出，战争思维仍是其考虑问题的首选方式，所以，中国选择了“另起炉灶”“打扫干净屋子再请客”和“一边倒”的三大外交政策，这三大外交政策的确立对于当时的中国来讲是有着极大的积极意义的，但这也为中国与以美国为首的西方国家关系的恶化埋下了隐患。新中国成立后不久，1950 年 6 月朝鲜战争爆发，美国参战支援韩国，中国参战支援朝鲜，致使中美关系走向全面对抗，在很长一段时间内，两国在朝鲜半岛、印度支那半岛和中国台湾海峡处于敌视状态。战争结束后，美国公然开始实施一系列的对华遏制政策，包括经济制裁、军事打压、外交孤立、政治施压、意识形态渗透等，致使中国周边环境恶化，台海局势紧张，国内政局动荡。

苏联方面，由于在处理国与国、党与党之间关系时推行大国沙文主义，对外推行“美苏合作、主宰世界”的争霸战略，完全不顾中国的国家利益，不尊重中国的主权，从 50 年代后期起，两国关系逐步趋于恶化。随着两国关系的恶化，苏联从经济、军事、政治、外交等方面也开始了对中国的打压，比如，撤走援华的全部苏联专家，并带走了全部图纸、计划和资料，撕毁全部经济技术合同，停止供应中国经济建设急需的重要设备，给中国造成了重大损失；在意识形态领域与中国进行大论战；在中国新疆伊犁、塔城地区进行大规模颠覆和分裂活动，公然主张台湾独立；不断挑起边界争端，进行武装挑衅；在中苏边境和中蒙边境陈兵百万，威胁中国。

中国与美苏两大国关系的交恶，以及中国周边关系的紧张局势，使党的领导人认识到帝国主义亡我之心不死，捍卫国家主权和领土完整、保卫社会主义祖国的安全应是党和政府义不容辞的责任。因此，中国党和政府把国家的工作重心调整到备战的轨道上来，不断强化战争意识，在国内大搞“阶级斗争”，防止中国“变修变资”，结果错失了经济发展的良机。

在国内，形势同样不容乐观。首先，新中国成立时，解放战争还没有完全结束，国民党尚有上百万军队屯聚在华南、西南和沿海岛屿进行负隅顽抗，西藏还处在封建领主的统治之下，大陆还潜伏着上百万的武装土匪、特务、反动党团骨干分子等国民党残余势力，他们对新生的共和国政权构成严重的威胁。其次，土地改革还不彻底，全国约有70%的农民仍受着封建地主的剥削和压迫，国家财政千疮百孔，再加上需要救济灾民和安置失业人员及其庞大的军需开支，使得财政入不敷出。此外，投机商人兴风作浪，更加恶化了国民经济状况。整个社会交通阻塞、流通阻滞、生产萎缩，百业凋敝、人民生活困苦。所有这一切都直接威胁到新生的国家政权。

因此，作为党的第一代领导集体，面临内忧外患的国内外形势，只能把巩固新生的人民政权作为国家治理的中心任务，党和国家只有运用和强化政治统治职能作为主要的治理手段，国家建设和其他社会管理职能等也都被赋予了强大的政治功能，毛泽东就认为："政治工作是经济工作和其他一切工作的生命线"，"只要我们的思想工作和政治工作稍微一放松，经济工作和技术工作一定会走到邪路"，① 这就为党和国家的工作思路定了基本的方向，即政治工作优先，一切都为政治服务。

（二）斯大林模式的影响

新中国成立初期，一方面出于政治和历史的原因，另一方面也是为了实现从新民主主义革命向社会主义革命过渡的需要，中国共产党选择了"一边倒"的国际外交战略，即直接倒向"苏联"，这也就导致了中国国家治理模式难免带有苏联的特点。当时，苏联在斯大林的领导下，社会主义建设取得了巨大成就，仅以十多年时间就初步完成了工业化，成为欧洲第一、世界第二的工业强国，成为落后国家学习的样板，中国当然也不例外，"苏联的今天就是我们的明天"成为国人的普遍共识。新中国成立后，由于新生政权处于国内外反动势力的包围和封锁下，很不稳固，再加上中国共产党治理国家没有经验，学习苏联的经验就成为中国新政权的自然选择。

① 《建国以来毛泽东文稿》第7卷，中央文献出版社1993年版，第53页。

斯大林模式的实质[1]在于执政党和政府对国家政治、经济、思想文化及其社会生活进行高度集中的管制。经济上实行单一公有制和计划经济体制，以行政手段来管理经济、配置资源，排斥市场，实行高度集中的部门管理；政治上实行权力高度集中的一党领导制度，权力高度集中于中央，集中于斯大林，并不断开展对异己的大清洗；文化思想上搞个人（即斯大林本人）崇拜，通过政治批判构筑了高度集中的意识形态，否定思想理论、学术文化和艺术创作上的多样性；社会生活上搞指导思想的一元化。

斯大林模式是一种高度中央集权的"后发跃进型"社会发展模式，其最大优势在于能够集中力量办大事，高效地推进了落后国家的现代化进程。但这种模式的致命之处在于：执政党及其政府的行动目的首先不是为了人民的生活，而是为了自己的政治目的，因而执政党运用强力迫使整个社会为实现执政党的理想目标服务。因此，尽管苏联工业化取得了巨大成就，但人民生活并不幸福，收入不高，整个社会生活物质品缺乏，人民缺乏自由等。所以，中国学习苏联模式进行国家治理必然带有苏联模式的某些特点，其优缺点必然会在我国国家治理模式中显现出来。[2]

（三）党的指导思想严重失误

新中国成立之初，如何让广大人民尽快从旧社会的丑恶阴影中解脱出来，是新生政权的紧要任务。在以毛泽东为核心的党中央领导下，用了不到三年的时间就完成了恢复国民经济和土地改革等民主革命遗留下来的历史任务，这大大激发了党和人民一鼓作气过渡到社会主义的政治热情。依据苏联的经验，毛泽东提出了"改造先行"的思想路线，于是过渡时期的总路线得以诞生，希冀通过生产关系的改造来促进生产力的迅速发展，这就违背了生产关系一定要适应生产力发展状况的规律。这也就抛弃了以前的适合中国国情的新民主主义的路线，党的指导思想开始"左"转。

在批"小脚女人"的强大政治压力下，三大改造只用了三年的时间就迅速完成，到 1956 年，社会主义制度基本在我国建立起来，我国开始

---

① 参见卢汉龙等《新中国社会管理体制研究》，上海人民出版社 2009 年版，第 31 页。

② 参见褚添有《嬗变与重构：当代中国公共管理模式转型研究》，广西师范大学出版社 2008 年版，第 122 页。

了国家建设的全面探索期。同年，中共八大召开，做出了我国社会主要矛盾的正确判断，提出了国家治理的主要任务是集中力量发展社会生产力，实现工业化，满足人民的经济文化生活的需要。然而，这一正确路线并未得到贯彻执行。翌年，整风运动开始，由于极个别人提出多元政治论、社会主义不合国情论，企图否定党的领导和社会主义制度，[①] 这引起了毛泽东的政治敏感，于是，整风运动演变为全国范围的反右派斗争。伴随反右斗争在全国范围内的展开，党对社会主要矛盾做出了错误判断，在 1958 年 5 月召开的党的八大二次会议上，提出了我国社会的主要矛盾仍然是无产阶级同资产阶级的矛盾，社会主义道路同资本主义道路的矛盾，这就为阶级斗争扩大化提供了理论依据。此后，以阶级斗争为主要内容的"左"倾运动不断涌起，比如，1958 年的大跃进运动、1959 年的反右倾运动、1963 年的四清运动等，这些运动一波又一波，愈演愈烈，不断升级，终于导致了"文化大革命"的发生，党的"左"倾指导思想走向极致。

二　政治导向型国家治理的逻辑进路

新中国成立初期，新生政权面临着国内外阶级敌人的严重威胁，对此，毛泽东有着清醒的认识，所以过渡时期的治国方针以巩固政权为首要考虑。为此，党和政府发起了一系列巩固新政权的运动，这些运动包括土改、镇压反革命、"三反""五反"、社会主义改造等。土改运动使全国 3 亿无地或少地的农民获得了 7.4 亿亩土地和大量生产资料及其他财产，免除了过去每年向地主缴纳的 700 亿斤粮食的苛重地租，广大农民真正获得了解放，[②] 农村中的地主阶级基本被消灭，这赢得了广大农民对新生政权的认同和支持，也大大提升了中共对农村的影响，为后来的社会主义改造奠定了社会基础和政治基础。镇压反革命运动基本上扫除了国民党遗留在大陆的反革命势力，并清除了一批帝国主义间谍，曾经猖獗一时的匪祸也被基本肃清，使我国的社会秩序获得了前所未有的安定。"三反"运动清除了党和政府机关内的腐化分子，教育和挽救了一大批干部，纯洁了党的

---

① 参见王蔚《现代化视野中的当代中国政治运动研究》，中国社会科学出版社 2010 年版，第 202 页。

② 参见刘国新《中国共产党治国社会方略研究》，中国人民大学出版社 2011 年版，第 21 页。

队伍，提升了干部素质。“五反”运动则打退了城市资产阶级的进攻，巩固了工人阶级与民族资产阶级的联盟。社会主义改造运动实际上是一场深刻的政治和社会改造运动。由于在实际的操作中出现了偏差，片面强化无产阶级和资产阶级的矛盾，过度关注生产关系的变革而淡化工业化建设这“一体”，这次运动也不免带有阶级斗争的倾向。但不管怎么讲，这次运动在没有引起大的社会动荡的情况下，一举把国家经济活动完全掌控在政府手里，建立起大一统的公有制经济和计划经济体制，也标志着中国已经建立起社会主义的国家制度。通过这一系列运动，新生共和国政权得以巩固，社会经济秩序得以恢复，社会主义国家制度得以建立，国家运行平稳。

与此同时，为了有效配合新政权的运行，国家建立起一套政治治理体系，即中央政府实行两级治理体制：中央人民政府委员会及其领导的政务院、人民革命军事委员会、最高人民法院和最高人民检察署；以《中国人民政治协商会议共同纲领》作为施政方针；地方政权分为省、市、县、区、乡各级。把全国分成东北、华北、华东、中南、西南和西北六个大区，并分别设立党、政、军机构进行管理。[①] 随着新生政权在全国的巩固，召开全国人民代表大会的时机已经成熟，到 1954 年，中华人民共和国第一次全国代表大会顺利召开，结束了中国人民政治协商会议全体会议代行人民代表大会职权，以《共同纲领》代替国家根本大法的过渡状态，通过了中华人民共和国第一部宪法，成立了国务院，废止了 1949 年建立的地区党政军机构等，通过这次会议，新中国的国家治理机构基本确立。

在新政权得以巩固和国家治理机构基本确立的前提下，党和政府开始了社会主义国家建设的探索，在这一过程中，由于缺乏经验，我们在取得伟大成就的同时也伴有探索的失误。比如，《论十大关系》（1956 年 4 月）提出的在社会主义建设中必须处理的十个方面的关系；八大（1956 年 9 月）对社会主义社会主要矛盾的判断，提出的文化建设方针，执政党自身建设，民主法制建设等方针；《关于正确处理人民内部矛盾的问题》（1957 年 2 月）等都可以看作这一时期国家治理的重要指针。但这一局面并没有持续下去，1957 年整风运动后，党的领导人毛泽东对国内形

① 参见李侃如《治理中国：从革命到改革》，中国社会科学出版社 2010 年版，第 107 页。

势做出了错误估计，“左”倾思想不断发展，直接导致了1958年的“大跃进”运动，“人民公社化”运动。这两次运动的主导思想就是试图以精神为动力，依靠广大群众的政治热情实现社会主义现代化的高速发展，但由于违背了客观的经济规律，致使整个国家陷入全面危机之中。

大跃进和人民公社化运动所带来的后果就是把刚走上正规发展道路的中国经济带向崩溃的边缘，因此，1959年8月在庐山召开的纠“左”会议变成了反右和进一步推动“大跃进”的会议，这就导致党内民主遭到破坏，经济问题变成政治问题，党的领导变成了党政不分、党的“一元化”旗帜下的个人领导，为“文化大革命”的发生预设了理论前提。庐山会议后，毛泽东对中国社会问题发生了严重误判，认为在党内已形成一个官僚主义阶级，再加上中苏论战引发的一系列矛盾，使毛泽东认为中国存在“变修”的可能。因此，1962年八届十中全会后，毛泽东把主要精力放在了抓阶级斗争上，把“反修防修”“防止资本主义复辟”当作国家社会政治生活的主题。1963年2月，毛泽东又进一步提出了“阶级斗争一抓就灵”的观点，[①] 随后“以阶级斗争为纲”的阶级斗争理论成为国家解决社会矛盾和问题的唯一路径，这就导致了“文化大革命”的发生。

总之，在新中国成立后到改革开放前的这一历史时期，国家治理基本围绕“政治”而展开，以群众运动、阶级斗争为治理路径，政治挂帅，政治主导一切，国家整个经济、社会文化生活都刻有政治的烙印，一次次的政治运动成为国家治理的重要组成部分。当然，我们不能够说执政党和政府不重视抓经济建设，只不过是把经济建设纳入到政治的轨道上来运行，这就违背了政治建设的初衷和经济运行的规律，不但没能摆脱国家贫穷落后的面貌，而且也阻碍了官僚体系的制度化和理性化过程，其表现就是以党代政，党政不分，尽管当时在党内分管政法工作的董必武多次指出：“党领导着国家政权，但这绝不是说党直接管理国家事务，绝不是说把党和国家政权看作是一个东西。”[②] 但这一问题一直没有得到很好的解决，这就导致国家权力集中于执政党自身，政府完全沦为执政党组织体系中的一个部分，成为贯彻执政党意志的工具。

① 参见李瑜青《中国共产党治国理政研究》，上海人民出版社2011年版，第19页。

② 《董必武选集》，人民出版社1985年版，第307—308页。

三　政治导向型国家治理的主要特征

（一）党政一体化高度集权的治理体制

新中国成立后，在如何正确处理执政党与国家关系方面曾进行过积极探索。比如，1949 年 10 月 30 日，在中宣部和新华社联合发布的《关于凡属政府范畴内的事由政府颁发的通知》一文中指出："在中央人民政府成立后，凡属政府范畴内的事，应由政府讨论决定，由政府颁布实施。其属于全国范围者应由中央政府颁布。不要再如过去那样，有时以中国共产党的名义向人民发布行政性质的决定、决议或通知。"[①]周恩来也曾经讲道："由于过去长期处于战争条件，使我们形成一种习惯，常常以党的名义下达命令，尤其在军队中更是这样。现在进入和平时期，又建立了政权，就应当改变这种习惯。"[②] 但这些思想和原则在后来的治国实践中并没有得到很好的贯彻，在社会主义三大改造完成后，党和政府基本上重叠在一起，具体表现在，"一是党政不分，党既是国家基本路线、方针和政策的制定者，又是具体的执行者、监督者和实施者，党的各级领导人既是党内事务的最高决策者，又是实质上的政府领导人；二是以党代政，即使政府内部事务的决策乃至国有企事业单位的具体管理和经营行为也由各级党组织包办代替，政府的功能和职责被彻底虚化"[③]，到 1958 年，整个国家形成了"大政方针在政治局，具体部署在书记处。只有一个'政治设计院'，没有'两个政治设计院'。大政方针和具体部署，都是一元化，党政不分"[④] 的局面。与此同时，地方上也建立了以党组织为核心的党政一体化治理体制，党组织权力触及社会的各个领域，实现了对政治资源和社会资源的完全控制，由此形成了共产党组织的国家化，形成了以党治国，党权高于一切的权力配置格局。[⑤] 这样，中央高度集权的一元化领导体制得以形成，在"文化大革命"期间，这种体制继续得

① 陈至立主编：《中国共产党建设史》，上海人民出版社 1991 年版，第 652 页。

② 《周恩来统一战线文选》，人民出版社 1984 年版，第 174 页。

③ 刘杰：《党政关系的历史变迁与国家治理逻辑的变革》，《社会科学》2011 年第 12 期。

④ 《建国以来毛泽东文稿》第 7 册，中央文献出版社 1993 年版，第 268 页。

⑤ 参见褚添有《嬗变与重构：当代中国公共管理模式转型研究》，广西师范大学出版社 2008 年版，第 136 页。

到强化。

（二）以政治运动作为治国的主要路径

中华人民共和国成立，标志着中国走上了自身的成长、发展之路。对于1949年至改革开放前中国国家治理路径的研究，学界均有不同的认知。比如，“威权国家”说、“党治国家”说、“全能国家”说等，这些表述从不同的理论视角来讲都是有其依据的。但从考察毛泽东时代国家治理的逻辑演化中不难发现，政治运动是其国家治理的主要运作方式，正如林尚立指出的：“新中国是通过政治革命确立的，新中国的社会主义社会是通过以政治动员为动力的社会主义改造实现的；而新中国现代化的全面实践，则是在赶超英美、并向共产主义过渡的理想目标下激发的群众运动中展开的。”① 据中国学者胡鞍钢统计，从1949年到1976年的27年间，中国共发动了67次运动。②美国学者马德森在《毛泽东时代的中国群众动员》一文中也认为，“在毛泽东领导下的中国，没有什么现象比群众动员运动更独特、更重要（至少对局外人来说）、更令人迷惑不解的了。他认为从建国到毛泽东逝世的26年中，这种全国性的运动计有70多次（地方一级的运动则要多十倍）”③。因此，笔者认为，把“政治运动”理解为毛泽东时代治国的主要路径是客观的。

（三）重人治轻法治

毋庸置疑，毛泽东和我们党是非常重视民主法制建设的。早在1945年7月，毛泽东在回答著名民主人士黄炎培提出的“历史周期律”问题时，就曾经明确指出：“我们已经找到新路，我们能跳出这周期律。这条新路就是民主。只有让人民起来监督政府，政府才不敢松懈。只有人人起来负责，才不会人亡政息。”④新中国成立一直到50年代中期，由于我们党高度重视民主法制建设，我国民主法制建设上取得了一定成就。其最突出的成就是建立起新中国的国家制度，包括人民代表大会制度、中国共产党领导的多党合作和政治协商制度、民族区域自治制度等。1954年，在

---

① 林尚立：《当代中国政治形态研究》，天津人民出版社2000年版，第277页。

② 吴太胜：《从群众政治运动到公民政治参与》，《甘肃理论学刊》2011年第6期。

③ 转引自孙培军《运动国家：历史和现实之间——建国60年以来中国政治发展的经验和反思》，《理论与改革》2009年第1期。

④ 黄炎培：《八十年来》，文史资料出版社1982年版，第148—149页。

第一届全国人民代表大会期间，毛泽东亲自主持制定了《中华人民共和国宪法》，特别是在党的八大会议上，更是提出了依法治国的思想。党的八大通过的政治报告的决议指出："由于社会主义革命已经基本上完成，国家的主要任务已经由解放生产力变为保护和发展生产力，我们必须进一步加强人民民主和法制，巩固社会主义建设的秩序。国家必须根据需要，逐步地系统地制定完备的法律，一切国家机关的国家工作人员必须严格遵守国家的法律，使人民的民主权利充分地受到国家的保护。"[①] 但令人遗憾的是，由于毛泽东对于八大后国内外形势的判断失误，这一良好局面并未持续下去，从1957年反右斗争开始，党的法制建设开始逐步偏离八大制定的正确轨道，党内法律虚无主义思想蔓延，人治思想上升，法治思想削弱。1958年8月，在北戴河召开的协作区主任会议上，毛泽东说，"不能靠法律治理多数人。民法刑法那么多条谁记得了？宪法是我参加制定的，我也记不得。……我们的各种规章制度，大多数、百分之九十是司局级搞的，我们基本上不靠这些，主要靠决议、开会，一年搞四次，不靠民法、刑法来维持秩序。刘少奇同志提出，到底是法治还是人治？看来实际靠人，法律只能作为办事的参考"[②]。翌年，司法部、监察部、国务院法制局均被撤销。此后不久，各地的司法、监察和政府法制机构也随之撤销。这样，这种重人治轻法治的思想愈演愈烈，直接导致了"文化大革命"的发生，至此，国家的法制建设受到干扰和破坏，其结果就是各种冤假错案林立，社会秩序动荡，人民生活水平急剧下降，党和人民的事业遭到重创。

（四）以管制作为治理的主要手段

新中国成立后，国家治理的中心任务是巩固和维护新生政权、建设理想中的社会主义国家。为了实现这一目标，执政党和政府通过单位制、人民公社制和严格的户籍制获得了对社会资源的垄断权，形成了"国家—单位—个人"的社会管理格局。各个单位尽管存在规模不同、行业不同、地域不同、所有制不同、隶属关系不同、社会功能不同等不同之处，但都

① 《中共中央文件选编》，中共中央党校出版社1992年版，第92—93页。

② 全国人大常委会办公厅研究室：《人民代表大会制度建设四十年》，中国民主法制出版社1991年版，第102页。

有如下共同点：一是实施对人的管理——管人，管思想，管工作，管教育，管单位职工的生活福利和生老病死，直至其婚姻、家庭、养老扶幼等一切社会责任的完成；二是接受上级领导，完成上级交给的任务（生产、业务、工作等），对上级负责；三是按同样的模式管理下级。①

这种管理体制，归纳起来，具有以下特点：一是整个社会的管理系统都是以执政党和政府为中心，社会中的一切单位、组织、党派、社会团体和个人都必须围绕它运转；二是社会的资源分配都是按照执政党和政府的设计在单位内部进行流动，单位构成了最基本的社会调控单元和资源分配单元；三是为了便于对社会的管理，执政党及其政府构建了中央、省、市、县、公社五级党政管理系统，使得国家能够通过自上而下、层级森严的单位体系控制社会成员的行为，“控制”成为这一治理体系的最高原则；四是执政党及其政府治理国家不是依靠法律，主要依靠执政党的政策，依执政党的各种指示、指令、命令作为治理国家的主要依据。这样，在计划经济体制下，国家控制了一切社会资源，执政党成为国家治理的唯一主体，整个社会被高度政治化，社会和市场的功能严重衰退。

四　政治导向型国家治理评析

政治主导型的国家治理模式的形成和发展有其特定的社会历史环境。新中国成立后，在严峻的生存环境挑战面前，中国共产党积极应对，在没有引起大的波动的情况下，迅速巩固和发展了国家政权，并实现了党对整个社会的领导，确立人民代表大会制度、中国共产党领导的多党合作和政治协商制度、民族区域自治制度为我国的基本政治制度，形成了我国国家治理的基本体制，其功绩不容否定。

这种治理体制的积极作用主要在于：（1）有利于国家集中全部力量开展现代化建设。如集中力量进行重点项目建设，奠定了中国现代化的工业基础；进行国防尖端技术攻关，取得了“两弹一星”的科技成就，奠定了中国的核大国地位，维护了国家的安全。（2）有利于巩固新生政权，维护社会稳定。党政一体化的治理体制使得执政党掌握了国家一切权力和

① 郭虹：《从单位到社区——社会管理体制的变革》，《经济体制改革》2002年第1期。

垄断了一切社会资源，执政党凭借其无所不在的组织化网络全面嵌入社会，实现了对社会的高度整合，整个社会生活高度政治化，全国上下一盘棋，巩固了新生政权，维护了社会稳定。（3）使国家平稳度过了短缺经济时代，维护了社会公平。如面对物资极度短缺的情况，采取了分配上的平均主义，平稳度过了短缺经济时代；提出解放妇女、男女平等，积极发展教育医疗卫生事业，提出教育公平、卫生公平等。

但不容否认的事实是，由于受苏联模式的影响和战争年代根据地工作传统经验的局限，党和政府在实际工作运行中，有些方式和方法，在当时看来是可行的，而在以后的发展中，就不断显示出了这种治理机制的弊端。一是执政党和政府掌握了社会的一切资源，社会的自主权得不到发挥，束缚了社会成员的生产积极性，阻碍了生产力的发展；二是导致社会主义民主和法治不彰，人治大于法治，特别在“文革”时期，党的领导全部瘫痪，现行制度全部坏死，无法无天、物欲横流，意识形态一片混乱，社会限于全面危机；三是党虽然获得了对乡村治理的绝对权威，获得了强大的社会动员能力，度过了短缺经济时代，能够集中力量进行国家工业化建设，但同时，严重挫伤了农民的积极性，致使中国社会长期处于缓慢发展中；四是频繁的政治运动使得国人思想混乱、精神空虚，道德沦丧、信仰失落。

总之，政治导向型的国家治理在新中国成立初期新生政权极不稳定的情况下，对于巩固新生政权、稳定社会秩序、度过短缺经济时代是起了极大积极作用的。但由于以毛泽东为核心的党的第一代领导集体对于“什么是社会主义，怎样建设社会主义”缺乏清晰的认识，再加上苏联模式的影响，致使这一时期探索出的好的治国政策和思想未能延续，并最终导致“文革”的发生，造成整个国家治理的失败。因而，寻求一种新的国家治理模式是“文革”结束后的当务之急。

第二节　经济导向型：从计划经济到市场经济转轨时期的国家治理

以 1978 年十一届三中全会的召开为转折，国家工作重心实现了战略转移，从以阶级斗争为纲转到以经济建设为中心的轨道上来，以此为标志，中国全面进入了改革开放和社会主义现代化建设的新时期。从十一届三中全会到党的十六大，国家治理紧紧围绕经济增长，GDP 成为各级政府的追求目标，也成为考核、评定、晋升各级官员的唯一标准。特别是在党的十四大上提出建立社会主义市场经济体制的改革目标后，此后几乎所有的改革都围绕“市场”进行，政府成为经济建设的主导力量，社会管理、公共服务等职能发挥极为有限。因而，本书把这一时期的国家治理归纳为经济导向型的国家治理。

一 经济导向型国家治理形成的原因

（一）执政党的合法性面临严峻挑战

从政治学的意义上来讲，执政党的合法性就是统治权力得到民众的认可，民众对于执政党所推行的政治制度和政治秩序高度认同、服从和支持，乐于接受执政党的领导。合法性是国家治理的前提，舍此，国家必将陷入动荡与不安，国家治理也就无从谈起。一个执政党要建立起自己的合法性，唯一的标杆就是执政党和政府要关注社会公众的利益表达，不断满足社会公众的理性需求。因为社会的每一个公众都希望过上富裕、自由、民主、文明、和谐的生活，都希望得到他人的承认和尊重，都希望过一种体面的、有尊严的生活。作为执政党和政府如果不能对此与公众构成良性的互动，那么，执政党和政府的合法性危机就来临了。

考察中国共产党由革命党成为执政党的整个历史进程，我们无须质疑，中国共产党成为中国的执政党，是历史的选择、人民的选择。正是中国共产党领导中国人民推翻三座大山，取得了新民主主义革命的伟大胜利，建立了新中国，实现了国家和民族的独立，从而在人民心目中树立起极高的政治威信。“跟党走，听毛主席的话”成为全国人民的一种集体无意识心理。[①] 然而，这种政治红利随着 1957 年反右斗争的开展而逐步衰减，“文革”使得执政党的合法性危机达到顶点。其终极原因在于执政党

① 褚添有：《嬗变与重构：当代中国公共管理模式转型研究》，广西师范大学出版社 2008 年版，第 160 页。

在政治压力面前没有与民众的现实诉求形成一种良性的互动，在政治挂帅、政治统率一切的治理体制下，党和政府的一切工作都纳入政治的轨道，希冀通过阶级斗争的方式推动我国经济和社会的快速发展和变革，推动生产力的发展。结果就是在不断强化阶级斗争的理念下，整个国家经济发展停滞、社会动荡不安、文化凋敝、人民生活普遍贫困。由于连年不断的阶级斗争，使得人与人之间的关系变成了一种斗争关系，“人斗人、人整人、群众大会、批斗大会”成为社会生活的常态，各级国家机关不同程度受到冲击，一时间整个社会陷入无政府主义状态。由于执政党以政治统率一切，在经济发展上忽视了生产关系一定要适合生产力发展的规律，在大跃进、人民公社化运动的热潮中，人民生活水平不升反降，这就客观上给人民造成一种假象，社会主义等于贫穷，从而引发了人们对马克思主义和社会主义的信仰危机，这种危机的直接后果就是人们对共产党的领导产生怀疑，使得执政党和政府陷入严重的合法性危机。

因而，为了化解危机，执政党和政府就必须做出抉择，无疑，唯一的做法就是放弃以“阶级斗争”为纲的治理路径，转到经济建设上来。

（二）十一届三中全会国家工作重心的转移

严重危机必然促使执政党的觉醒，并进行深刻反思，进而促使执政党的理论自觉，重塑执政党和政府的合法性。1978 年 12 月召开的中共十一届三中全会正是执政的中国共产党理论自觉的积极回应，全会全面深刻总结了新中国成立以来国家治理的得失，纠正了“文化大革命”及其之前的“左”倾错误，果断停止了“以阶级斗争为纲”的治理路径，把国家工作重点转移到以“经济建设”为中心的轨道上来，把解放和发展生产力作为国家的中心任务，把不断改善人民生活作为国家治理的核心环节；为了打破传统观念的束缚，把人们从“文革”禁锢的思想中解放出来，这次会议冲破了教条主义和个人崇拜的束缚，重新确立了解放思想、实事求是的思想路线；为了解放和发展生产力，提出了改革开放的伟大决策，指出我国传统治理体制的最大缺点就是权力过分集中，政企不分、党政不分，严重束缚了企业的生产积极性，全会要求要大胆地下放权力，尊重客观经济规律，改变与生产力发展不适应的生产关系和上层建筑，变革一切不适应生产力发展的管理方式、活动方式和思想方式；对于“文革”造成的法制不彰的表现，全会提出要加强民主和法制建设，人人平等，不允许任何人有超越法律之上的特权；为了加强党的领导，全会决定加强党的领导机构建设，在党和国家的政治生活中加强民主，健全党的民主集中制，健全党规党法，严肃党纪。

总之，党的十一届三中全会开启了中国现代国家建设的新篇章，是中国党和政府寻求自变的新开端，以此为契机，中国国家治理开始全面转型。

二 经济导向型国家治理的演化过程

以1978年十一届三中全会的召开为标志，国家工作重心实现了战略转移，从以阶级斗争为纲转到以经济建设为中心的轨道上来，自此，中国全面进入了改革开放和社会主义现代化建设的新时期。这一时期又可分为两个阶段：改革开放初期到1992年的十四大为第一阶段。从经济形态上看，这一阶段的最初目标是要建立公有制基础上的有计划的商品经济，因而，本书把这一段的国家治理称之为“有计划商品经济时期”；1992年十四大到2002年的十六大为第二阶段。党的十四大提出了建设社会主义市场经济体制的改革目标，到十六大召开前，社会主义市场经济体制基本建成，本书把这一阶段称之为“市场经济体制建设时期”。

（一）有计划商品经济时期

第一，重建政社分开的乡村治理体制。十一届三中全会后，随着国家工作重心的转移，我国的改革逐步展开。改革首先从农村开始。1983年，中央发布1号文件《当前农村经济政策的若干问题》，正式以“家庭联产承包责任制”确认了发源于安徽凤阳县的“包干到户、包产到户”，使之合法化。[①] 随着家庭联产承包责任制在全国的推广，农村人民公社体制的弊端愈来愈暴露无遗，大大动摇了人民公社制度赖以存在的经济基础；通过承包，农民获得了生产经营自主权，人民公社时期的集中经营、集中劳动、统一分配的经营管理方式丧失效力，导致人民公社的管理功能迅速虚化。[②] 这就表明，人民公社体制愈来愈不适应商品经济的发展，严重阻碍

① 参见李君如《中国共产党执政史概要》，上海人民出版社2011年版，第187页。

② 参见项继权《从“社队”到“社区”：我国农村基层组织与管理体制的三次变革》，《理论学刊》2007年第11期。

了生产力的发展。1982 年，中央决定废除人民公社，重建乡镇政权。1982 年 12 月，五届全国人大五次会议通过的《中华人民共和国宪法》规定，废除人民公社体制，把乡列为一级行政单位并建立人民政府，实行政社分开。同时也赋予了“村民委员会”以法律地位。1983 年 10 月，中共中央、国务院发布了《关于实行政社分开 建立乡政府的通知》，要求把政社分开、建立乡政府作为当前的首要工作，并按乡建立党委与符合生产需要和群众意愿的经济组织。由此人民公社体制改革在全国陆续展开。到 1985 年春，建乡工作全部完成。原先的 56000 多个人民公社、镇，改建为 92000 多个乡（包括民族乡）、镇人民政府。农村在废除了原先的生产大队和生产小队后，建立了 820000 多个村民委员会。这样，全国省区的大多数农村形成了区—乡镇—村委会三级基层治理体制。[①]

第二，加强民主法制建设。在国家治理体系中，是“人”的作用大，还是“法”的作用大，无论在西方还是东方都是重大的理论和实践问题。古希腊的哲学家柏拉图重视“人”的作用，而亚里士多德则重视“法”的作用，并就人治做出过严厉批评，他说：“让一个人统治，这就在统治中混入了兽性的因素。”孟德斯鸠更是对人治做了入木三分的分析：“如果国王是在酒醉或是在精神失常时做出这个决定的话，他的敕令依然要执行的。”[②] 并认为，“一切有权力的人都容易滥用权力，这是万古不易的一条经验”[③]。我国古代儒家比较看好“人”的作用，主张“贤人政治”。法家则比较重视“法”的作用，主张“以法治国”。

总结“文化大革命”期间民主和法制都遭到严重破坏的教训，十一届三中全会后，我们党提出了把“发展社会主义民主，健全社会主义法制”作为治国方针的主张。在 1979 年 3 月召开的党的理论工作务虚会上，邓小平明确提出了“没有民主就没有社会主义，就没有社会主义现代

① 参见项继权《20 世纪晚期中国乡村治理的改革与变迁》，《浙江师范大学学报》（社科版）2005 年第 5 期。

② 转引自谢高仕《邓小平民主法制思想的理论内涵与实践价值浅析》，《探求》2002 年第 2 期。

③ 安立志：《权力别有“兽性”，社会不能成丛林》（http://gd.people.com.cn/GB/123935/162700/13293313.html）。

化”[①] 的科学论断，这就肯定了民主在社会主义社会中的战略地位和重要作用。那么如何才能保障民主的实现，邓小平提出了必须加强法制的主张，他说：“为了保障人民民主，必须加强法制，必须使民主制度化，法律化，使这种制度和法律不因领导人的改变而改变，不因领导人的看法和注意力的改变而改变。”[②] 1980 年 12 月在中央工作会议上，他又强调说：“我们的民主制度还有不完善的地方，要制定一系列的法律、法令和条例，使民主制度化、法律化。”[③]

正是基于对民主和法制重要性的认识，十一届三中全会后，我党就开始了大规模的民主法制建设。这期间法制建设取得的主要成就有：1979 年 6 月五届全国人大二次会议通过的《中华人民共和国地方各级人民代表大会和地方各级人民政府组织法》《中华人民共和国全国人民代表大会和地方各级人民代表大会选举法》《中华人民共和国人民法院组织法》《中华人民共和国人民检察院组织法》《中华人民共和国刑法》《中华人民共和国刑事诉讼法》《中华人民共和国中外合资经营企业法》七部重要法律，这标志着我国人民民主开始走向制度化、法律化，开始走上以民主法制治国的道路。

第三，政治体制改革。我国的政治体制是在 20 世纪 50 年代形成和确立的。研究中国共产党的历史不难发现，在革命战争年代，无产阶级要推翻反动阶级的政治统治，首要的问题就是必须武装起来进行斗争，建立党政军合一的高度集权的政治体制也就成为必然的选择。新中国成立后，由于国内外敌人亡我之心不死，新生政权极不稳固，社会秩序极不稳定；整个国家千疮百孔、百废待兴，国民经济与民众生活已到了崩溃与破产的边缘。因此，面对经济政治的严峻挑战，再加上苏联的影响，我国选择了中央高度集权的政治体制。

实践证明，这种体制，对于短期内集中全国的人力、物力、财力进行以工业化为中心的现代化建设，对于巩固新生政权、医治战争创伤都发挥了极大作用。但是，这种体制使国家担负了过多的微观经济管理活动，抑

① 《邓小平文选》第 2 卷，人民出版社 1994 年版，第 168 页。

② 同上书，第 146 页。

③ 同上书，第 359 页。

制了社会各方面的活力，阻碍了生产力的发展。尽管党的领导人毛泽东、董必武等曾经意识到这个问题，也曾尝试过一些改革，但都没有触及党政不分、以党代政的问题，且在"文革"期间这种体制得以强化。"文化大革命"充分暴露了我国政治体制的弊端，其最突出的现象在于权力过分集中。在一元化领导的口号下，把一切权力集中于党委，特别是第一书记，这就必然造成官僚主义。正如邓小平指出的："党和国家现行的一些具体体制中，还存在不少的弊端，妨碍甚至严重妨碍社会主义优越性的发挥。……主要的弊端是官僚主义现象，权力过分集中的现象，家长制现象，干部领导职务终身制现象和形形色色的特权现象。"[①] 这种体制，必然要损害各级党委和政府的民主生活、集体领导、民主集中制、个人分工负责制等。因此，"文革"结束后，随着党和国家执政主题的转型，伴随改革开放的推进，这种体制越来越不适应中国社会发展的要求，所以，对这种政治体制，包括党和国家领导制度必须加以改进。

正是基于对政治体制改革重要性的认识，我党开始了政治体制包括党和国家领导制度改革的探索。1980 年 8 月 18 日，邓小平在中央政治局召开的扩大会议上做了《党和国家领导制度的改革》的重要讲话，就政治体制改革的目的、意义和主要内容做了较为完整的论述，正式拉开了我国政治体制包括党和国家领导制度改革的序幕。依据这篇讲话精神，党就我国的政治体制和党和国家领导制度进行了初步改革，并取得了一定的进展。主要表现在：1982 年 2 月 20 日，中共中央颁布了《关于建立老干部退休制度的决定》，决定废除实际存在的干部领导职务终身制；1982 年 9 月通过的十二大新党章以"党的根本大法"的形式对领导干部离职、退休制度做了规定，并就党政职能分开的问题进行了初步探索；1982 年 11 月五届全国人大五次会议通过了新的《中华人民共和国宪法》《中华人民共和国全国人民代表大会组织法》《中华人民共和国国务院组织法》《中华人民共和国地方各级人民代表大会和地方各级人民政府组织法》等重要文件。这些文件按照党政分开的原则，提出了党和国家领导制度改革的办法和措施。[②] 依据这些文件，在 1985 年 9 月召开的党的全国代表会议

① 《邓小平文选》第 2 卷，人民出版社 1994 年版，第 327 页。

② 参见李君如《中国共产党执政史概要》，上海人民出版社 2011 年版，第 191 页。

上，决定64人不再担任中央委员、候补中央委员，36人不再担任中央顾问委员会委员，31人不再担任中央纪律检查委员会委员。这标志着中国共产党退休制度的正式启动。

与此同时，中国共产党领导的多党合作制度得到进一步发展，在中国共产党的领导下，各民主党派积极参加国家政治生活，与中国共产党通力合作、民主协商，作用日益加强。期间，精简党政机构工作也取得了重大进展，下放了干部管理权限，缩小了中央管理干部的范围，干部管理权限由原来下管两级改为只管下一级主要领导干部；在部分国营和乡镇企业以及一些事业单位中实行了干部任期制和选聘合同制。[①] 为了更好地推进政治体制改革，不致半途而废或迷失方向，邓小平为不同时期或不同阶段的政治体制改革设计了不同内容和目标，并就政治体制改革的推进设计了一个时间表。他在1986年9月，就曾对政治体制改革的内容提出了具体设想："首先是党政要分开，解决党如何善于领导的问题"；"第二个内容是权力要下放，解决中央和地方的关系，同时地方各级也都有一个权力下放问题"；"第三个内容是精简机构"。[②] 并进一步指出：政治体制改革"要有一个期限，不能太迟，明年党的代表大会要有一个蓝图"。[③] 根据邓小平的倡议和要求，1986年9月，党的十二届六中全会把坚定不移地进行政治体制改革确定为我国社会主义现代化建设总体布局的重要内容之一。1987年10月20日，十二届七中全会通过了《政治体制改革总体设想》，规划了政治体制改革的基本蓝图。十三大就政治体制改革的总目的、长远目标和近期目标、基本内容等又进一步做了明确规定，这就为我国政治体制改革指明了方向。

第四，转变政府职能。我国的计划经济体制是在20世纪50年代形成和确立的。这种体制对于集中全国的人力、物力和财力进行大规模的社会主义建设是起了极大作用的，中国工业化的基础正是在这个时期初步建立起来的。然而，这种高度集中的、以行政管理为主并主要依指令性计划来配置社会资源的体制，极大束缚了各生产经营单位和劳动群众的积极性、

---

① 参见陈述等《中国共产党执政历程》第3卷，人民出版社2011年版，第111页。

② 《邓小平文选》第3卷，人民出版社1993年版，第179—180页。

③ 同上书，第177页。

主动性和创造性。在这种体制下，无论企业还是个人都把完成任务作为唯一目的，企业被剥夺了独立组织生产的权力，个人被剥夺了自由选择权。中央享有绝对的权威，地方各级政府只是中央政府的政策执行机关。表现在政府与社会、政府与企业的关系上，社会、企业只是政府履行国家意志的工具。十一届三中全会后，伴随执政主题的转换，以经济建设为中心的各项改革逐步推进。改革首先在农村启动，家庭联产承包责任制的实行，极大提高了农民的生产积极性，大大解放了农村生产力，农业生产迅速发展。与此同时，随着我国国民经济的调整，改革从农村向城市拓展。

在试点并取得成效的基础上，1984 年 10 月，中共十二届三中全会正式通过了《中共中央关于经济体制改革的决定》，《决定》就改革的性质、方向、目标、任务做出了明确部署，至此，我国经济体制改革全面展开，城市经济体制改革正式启动。城市经济体制改革以国有企业的企业体制改革为重点，目的是让企业真正能够成为市场的主体。为此，这一阶段国家围绕企业在自主权、所有制、股份制、用工制、厂长责任制等方面展开治理。在这期间，国家分阶段发布了一些规定和条例对企业治理进行指导。比如：1985 年 9 月，国务院颁布了《关于增强大中型国营企业活力若干问题的暂行规定》，明确提出了搞活国营企业、发挥企业自主功能等十四条措施，有力推动了国营企业扩大自主权的改革。1986 年 12 月，颁布了《关于深化企业改革　增强企业活力的若干规定》，依据《规定》，承包经营制在国营大中型企业逐步发展起来。1987 年 8 月，国家经委等五部委（局、署）联合颁布了《全民所有制工业企业承包经营责任制暂行条例》，促进了企业承包责任制的进一步发展。依据这些《规定》《条例》，到 1987 年年底，全国预算内国营企业已绝大部分实行了各种形式的承包制，大大促进了生产力的发展。另外，对于小型国营企业，国家采取了资产经营责任制、租赁经营等方式进行了改造。同时，还在一些企业进行了股份制改革尝试。在企业的经营管理上，实行厂长（经理）负责制。在分配方式上，打破了原先的固定工资制，实行了与劳动成本挂钩的各种分配方式。

随着城市经济体制改革特别是国家对国营大中型企业的体制改革的不断推进，企业自主权不断扩大，原先的政府管理职能越来越不适应企业社会发展的要求，转变政府职能，重新构建新型的党政企关系势在必行。为此，政府就转变职能问题进行了一系列改革。首先就计划管理而言下放管理权限，为此，1984 年 10 月，中央政府批准了《关于改进计划体制的若干规定》。其次从 1985 年起实行了“划分税种、核定收支、分级包干”财政管理体制。从 1985 年 1 月起，实行“统一计划、划分资金、实存实贷、相互通融”的金融管理体制。第二年，国务院颁布了《中华人民共和国银行管理暂行条例》，就银行及其他金融机构管理做出专门规定。这样，通过各项体制的改革，国家对国民经济的管理就有原先的直接管理转变为间接调控，从以行政手段为主转为以经济手段为主，政府治理理念得到初步转变。

第五，政党治理。新中国成立后，中国共产党建立了一套严密的政治组织体系，这一体系在“文化大革命”中遭到严重破坏，因而，十一届三中全会后中国共产党的首要工作就是要恢复经过实践检验的党的好的组织路线，同时根据新时代的要求创新党的组织机构与制度。

十一届三中全会，为党的组织建设提出了一系列正确的基本原则，根据这些原则，大会审查和解决了历史遗留的一批重大问题和一些重要领导人的功过是非问题；决定在党的生活和国家政治生活中加强民主，健全党的民主集中制，健全党规党法，严肃党纪；为了维护党规党法，切实搞好党风，全会选举产生了以陈云为第一书记的中央纪律检查委员会；会议强调党中央和各级党委的集体领导，要求全国报刊宣传和文艺作品多歌颂工农兵群众，多歌颂党和老一辈革命家，少宣传个人；要大力加强实现现代化所必需的科学和教育工作。[①] 根据大会的部署，十一届三中全会后，中国共产党花了很大的气力进行冤假错案的平反工作，解决了一些历史遗留问题，与此同时，进行组织方面的调整工作。这些方面的措施主要有，取消了原先设置的中共中央主席和副主席的职位，恢复中央书记处，由中央总书记代行其职能；设置中央和省一级顾问委员会和各级纪律检查委员会；另外，十二大通过的《中国共产党章程》对于党员个人和组织的关系，都做了许多相应规定，使得党的民主集中制有了比较严格的保证；同时，为了适应党的领导方式和执政方式的转变，中央决定，各级党委不再

① 吴杰明、齐彪：《中国共产党六十年执政的理论与实践》，国防大学出版社 2009 年版，第 184 页。

设立不在政府任职但又分管政府工作的专职书记、常委，撤销了一些与政府机构重叠的部门和各级政府中的党组，规定纪律检查委员会不再处理法纪和政纪案件，应集中力量管好党员，协助党委管好党风；由上级行政部门党组织垂直领导的企事业单位的党组织，逐步改由所在地方党委领导等。[①] 这样，经过一段时期的恢复和重建工作，中国共产党的组织运行逐渐恢复正常化，为进一步加强和改善党的领导提供了组织保障。

（二）市场经济体制建设时期（1992—2002）

1. 建立社会主义市场经济体制

党的十四大确立了建立社会主义市场经济体制的改革目标，围绕这一目标，十四大进行了总体框架设计：一是在所有制结构上，以公有制为主体，多种所有制经济共同发展；在分配制度上，以按劳分配为主体，其他分配方式为补充，兼顾效率与公平；在宏观调控上，更好地发挥计划与市场两种手段的长处。按照中央建议，1993 年 3 月，八届全国人大一次会议把市场取向改革纳入宪法，并于同年 11 月做出了《关于建立社会主义市场经济体制若干问题的决定》，把十四大提出的经济体制改革目标和基本原则具体化，制定了社会主义市场经济体制的具体框架。1994 年 4 月，在充分调研和论证的基础上，国家出台了《关于 1994 年经济体制改革实施要点》，“一是转换国有企业经营机制，积极探索建立现代企业制度的有效途径；二是加快财税、金融、外贸、外汇体制改革”[②]。

随着改革的不断深化，到 1997 年十五大召开前夕，国有企业改革进入攻坚阶段，为了给国有企业改革指明方向，党的十五大在总结前几年改革经验的基础上，对国有企业改革进行了全面部署，指出公有制为主体、多种所有制经济共同发展，是我国的基本经济制度，股份制是现代企业的一种资本组织形式，没有“姓社姓资”的区别，公有制经济不仅包括国有经济和集体经济，还包括混合所有制经济中的国有成分和集体成分，公有制实现形式可以而且应该多样化等。1998 年提出国有大中型企业三年脱困的目标，1999 年提出国有企业有进有退，[③] 根据十五大的部署以及此

---

① 吴杰明、齐彪：《中国共产党六十年执政的理论与实践》，国防大学出版社 2009 年版，第 212 页。

② 《十四大以来重要文献选编》上，人民出版社 1996 年版，第 813 页。

③ 谢春涛：《中国共产党如何治理国家》，新世界出版社 2012 年版，第 231 页。

后的改革攻坚，到2000年年底，国有企业基本上实现了三年脱困目标，国有企业组织结构明显优化，现代企业制度基本建立。至此，我国成功实现了计划经济体制向市场经济体制的转变，社会主义市场经济体制初步建立。

2. 探索新型党政关系

在党政关系的认识上，江泽民指出，“按照我国宪法的规定，各级组织，包括人大、政府和司法机关，都必须接受共产党的领导。凡属方针政策的重大问题，都要经过党委讨论，然后分头执行。这些政权机构中的党组，应该对同级党委负责；在这些政权机构中任职的党员，应该执行党的决议，接受党的监督”①。这就表明，党不仅要对政权机构进行领导，而且应在政权机构内部来领导。因而，各级政权机关都必须接受党的领导，而且各级政权机关内部要建立党组织，这就保证了党对国家政权的绝对领导，维护了社会稳定。

关于“党政分开”，江泽民对此有着自己的独到认识，他认为，“党政分开”就是党政机关职能分开，“党不是政权本身，不能取代政权机关的职能”②。“党与政权机关性质不同，职能不同，组织形式和工作方式也不同，党不能代替人大行使国家权力。”③ 这就表明，党政分开，绝不是不要党的领导，而是在党的统一领导下，明确各级党组织及其政府机关、企事业单位行政组织的各自职能、职权和责任。在如何坚持党对政权的领导，又要坚持党政职能分开的问题上，提出关键在于改善党的领导方式和执政方式，党委在处理与同级政权机关的关系时要遵循“总揽全局、协调各方”的原则。也就是说，在党政关系这一治理结构中，既要保证各级党委在同级各种组织中发挥领导核心作用，又要保证国家的立法、司法、行政机关、各种社会组织、人民团体等积极主动、独立负责、协调一致地工作。这样，在这一时期，通过对党政关系的合理架构，国家治理结构进一步科学化，党政关系在这一治理结构中的定位进一步清晰。

3. 国务院机构改革

这一时期主要进行了两次大的国务院机构改革，即1993年和1998年

① 《江泽民文选》第1卷，人民出版社2006年版，第92页。

② 同上。

③ 同上书，第112页。

的国务院机构改革。

1993 年国务院机构改革的最大特点是按照建立社会主义市场经济体制的目标去设计，重点就是转变政府职能。这次机构改革取得的主要成就有："一是调整了职能配置，促进了政府职能转变；二是协调解决了一些部门之间职责交叉、重复的问题；三是精简了机构和人员。"① 但这次机构改革的领域重点集中在经济部门，传统官僚式治理体制与市场经济的运行机制依然存在很大冲突，大量计划经济体制下的各管理部门依然存在，与"治理"理念下的政府还有很大差距。

1993 年的国务院机构改革并未从根本上解决机构臃肿的问题，与市场经济体制的要求还有很大的差距，对此，江泽民在十五大报告中指出："机构庞大，人员臃肿，政企不分，官僚主义严重，直接阻碍改革的深入和经济的发展，影响党与群众的关系。……要按照社会主义市场经济的要求，转变政府职能，实现政企分开，把企业生产经营管理的权力切实交给企业；根据精简，统一，效能的原则进行政府机构改革，建立办事高效，运转协调，行为规范的管理体系，……把综合经济部门改组为宏观调控部门，调整和减少专业经济部门，加强执法部门，培育和发展社会中介组织。"② 按照这一要求，1998 年国务院机构改革取得了较大突破，主要表现在："一是明确界定了政府与企业的关系；二是明确限制了专业经济管理部门的职权，规定了它们今后不再直接管理企业；三是按照依法治国、依法行政的要求，加强了行政体系的法制建设，以实现政府机构、职能、编制和工作程序的法制化。"③ 通过这次改革，政府职能转变有了突破性进展，政府机关及其工作人员依法行政理念得到初步彰显，社会公众利益得到一定重视。

4. 德法并治与政党治理

不论何种类型的社会形态，都是一定的经济、政治和文化的统一体，相应地，社会也是由物质文明、政治文明和精神文明所构成的统一体。因而，发展社会主义民主，健全社会主义法制历来是党治理国家的重要内

① 罗许成：《全球化与当代中国马克思主义国家理论的新发展——一种国家治理的视角》，浙江大学出版社 2009 年版，第 134 页。

② 《十五大以来重要文献选编》上，人民出版社 2000 年版，第 33 页。

③ 罗许成：《全球化与当代中国马克思主义国家理论的新发展——一种国家治理的视角》，浙江大学出版社 2009 年版，第 135 页。

容，然而，由于种种原因，改革开放前，这种很好的治理理念并未得到根本贯彻，法制不健全，以言代法、以权压法、有法不依等现象是治理国家的常态。改革开放后，作为“文革”受害者的邓小平，对民主法制不彰的状况有着切肤之痛，提出大力加强社会主义民主、法制建设的思想，但是，由于改革开放初期的形势所迫，发展经济成为一切工作的首要，虽然国家加大了立法进程，但只是“法制”理念得到强化，“依法治国”理念并未得到很好贯彻。

党的十四大，确立了社会主义市场经济体制的改革目标，随着改革的不断深入和发展，经济领域的违法乱纪现象不断发生，迫切需要建立健全维护市场经济运行的法制体系，对此，江泽民在1996年2月8日中央举办第三次法制讲座时，亲自为这次讲座拟定了题目——“关于依法治国，建设社会主义法制国家的理论和实践问题”，并在这次讲座上指出：“依法治国是社会进步、社会文明的一个重要标志，是我们建设社会主义现代化国家的必然要求。”[①] 同年3月，八届全国人大四次会议肯定了“依法治国”的提法，并将其作为我国政治体制改革的目标和方向写进了会议通过的《中华人民共和国国民经济和社会发展“九五”计划和2010年远景目标纲要》。

1997年党的十五大第一次把“依法治国”作为一项治国方略提了出来，并对依法治国的内涵做了高度概括，会议强调指出：“依法治国，是党领导人民治理国家的基本方略，是发展社会主义市场经济的客观需要，是社会文明进步的重要标志，是国家长治久安的重要保障。”[②] 1999年3月，九届全国人大二次会议通过的宪法修正案把“依法治国，建设社会主义法治国家”写进宪法，至此，“依法治国”成为我国国家治理的基本原则具有了法律依据。十五大后，在“依法治国，建设社会主义法治国家”治国方略的指引下，我国的法制建设进程加快，截至2001年，除宪法外，全国人大及其常委会制定法律284件、有关法律问题的决定117件、解释2件，共403件；国务院发布或者批准部门发布行政法规913件，[③] 这些法律、法规的制定和执行，有效推动了国家治理的法治化

① 《江泽民文选》第1卷，人民出版社2006年版，第513页。

② 《江泽民文选》第2卷，人民出版社2006年版，第28—29页。

③ 《中国共产党治国社会方略研究》，中国人民大学出版社2011年版，第327页。

进程。

随着社会主义现代化建设实践的不断发展，党的理论探索不断深入，以江泽民为核心的党的第三代中央领导集体又提出了“以德治国”方略，致力于把“依法治国”与“以德治国”结合起来，根据江泽民的有关论述，“德治”就是“以马列主义、毛泽东思想、邓小平理论为指导，以为人民服务为核心，以集体主义为原则，以爱祖国、爱人民、爱劳动、爱科学、爱社会主义为基本要求，以职业道德、社会公德、家庭美德的建设为落脚点，建立与社会主义市场经济相适应的，与社会主义法律体系相配套的社会主义思想道德体系，并使之成为全体人民普遍认同和自觉遵守的行为规范，通过建立与社会主义市场经济发展相适应的思想道德体系，为社会主义法治国家建设奠定坚实的伦理道德基础”①。

在构建中国现代国家的过程中，以江泽民为核心的中国共产党人，在总结国内外政党治国理政经验教训的基础上，明确提出把“依法治国”与“以德治国”结合起来，不仅是对共产党执政方式的创新，而且构建了中国国家治理的逻辑指向。

随着理论探索和实践的不断深入，中国共产党对自身的建设和治理对国家治理的有效性有着越来越清晰的认识，因而，以江泽民为核心的共产党人提出了“治国必先治党、治党务必从严”的政党治理理念，并把党的治理提到新的伟大工程的高度。党的十五大明确指出，“把党建设成为用邓小平理论武装起来、全心全意为人民服务、思想上政治上组织上完全巩固、能够经受住各种风险、始终走在时代前列、领导全国人民建设有中国特色社会主义的马克思主义政党”②。为此，围绕这一目标，一是从1998年11月到2000年年底，全党在县级以上党政领导班子、领导干部中分期分批地开展“讲学习、讲政治、讲正气”为主要内容的党性党风教育；二是推进干部人事制度改革，中央先后颁发了《深化干部人事制度改革纲要》《党政领导干部选拔任用工作条例》《关于加强专业技术人才队伍建设的若干意见》《西部地区人才开发十年规

① 罗许成：《全球化与当代中国马克思主义国家理论的新发展——一种国家治理的视角》，浙江大学出版社2009年版，第169页。

② 《江泽民文选》第2卷，人民出版社2006年版，第43页。

划》等文件；三是加强党的基层组织建设，中央先后颁发了《中国共产党和国家机关基层组织工作条例》《中国共产党农村基层组织建设工作条例》等文件；四是开展廉政建设，惩处了一大批贪污腐败分子；五是开展“三个代表”重要思想学习活动。[①] 通过这些措施，极大提升了党治国理政的能力和水平。

三　经济导向型国家治理的主要特征

（一）在治国方式上，逐步由“人治”走向“法治”

新中国成立后，不可谓不重视法制建设，在毛泽东的领导下，通过了新中国第一部《宪法》及其他相关法律，并建立起社会主义的国家治理体制，但由于历史的惯性和文化积淀，国内外环境的影响，过分强调领袖的权威，形成事实上的“人治”社会，其结果就是国家法制遭到破坏，导致“文革”的发生。

邓小平作为“文革”的受害者，对这一切有着切肤之痛，因而，十一届三中全会果断停止了“以阶级斗争为纲”的路线，实现了国家工作重心的转移，“以经济建设为中心”成为治国的首要，并积极寻求新的国家治理方式，期间最大的成就就是通过了1982年《宪法》，重新恢复了党的各级组织，并对党的各级组织职能做出新的规定。鉴于“文革”的教训，邓小平提出了“为了保障人民民主，必须加强法制”的思想。随之，法制建设逐步展开，制定出了一大批法律制度。事实上，这一时期，党的领导人已经认识到“法制”的重要性，但由于经济发展水平的限制，并没有实现真正意义上的“法治”，正如有些学者所言，“民主化与法制化进程都需要以相应的社会发展水平为基础。1978—1992年的中国，正处于计划经济体制向市场经济体制的转型期，无论是生产力水平还是社会发展程度都不足以支撑如此重大的转变。中国共产党在摒弃了传统的以阶级斗争为核心的治理机制之后，尚未能找到新的治理方式来替代”[②]。

---

① 参见李君如《中国共产党执政史概要》，上海人民出版社2011年版，第282—283页。

② 唐亚林、郭林：《从阶级统治到阶层共治——新中国国家治理模式的历史考察》，《学术界》2006年第4期。

十四大后，随着社会主义市场经济体制改革的不断深入和发展，迫切需要健全法律体系以确保市场经济的平稳运行，为此，以江泽民为总书记的中央领导集体提出了“依法治国”的治理理念，并在十五大上作为一项治国方略提了出来，至此，“法治”成为我国国家治理的新路径，尽管在现实层面上，有法不依，法制不彰还在各地不时呈现，但“依法治国”治理理念的确立，毕竟体现了我国由“人治”向“法治”的逐步转型。

（二）以经济的高增长作为首要的治国目标

“文化大革命”导致了中国社会的全面危机，国民经济遭到严重破坏，人民生活急剧下降，执政党和政府的合法性受到质疑。十一届三中全会党和政府果断地抛弃了“以阶级斗争为纲”的路线，把工作重心转移到“经济建设”上来，以便在短期内迅速改善人民的生活。改革首先从农村起步，实行家庭联产承包责任制，以迅速发展农村生产力。城市改革以“扩权”为突破口，围绕正确处理国家、企业和职工三者之间的经济关系，行以扩权、减税、让利为主要内容的企业改革，国家逐步从微观领域退出，使企业逐步成为自主经营、自负盈亏的商品生产者和经营者。以此为契机，各级党委政府都把 GDP 的增长速度作为首要的工作抓手，一时间，“经济发展是最大的政治”“发展是硬道理”“一心一意谋发展”“不管白猫黑猫、逮住老鼠就是好猫”等成为当时中国的流行话语。对于发展什么、怎样发展、发展方式等这些问题都关注不够，其结果就是经济增长的质量不高，投入大于产出，浪费了资源、污染了环境。

（三）社会组织的成长主要集中于经济领域

在计划经济时代，社会组织基本上都是党政领导下的准官方行政性组织，农村社会成员都生活在自己的村队里，城市社会成员清一色都生活在各自的工作单位里，这种管理体制，体现着国家办社会的理念，国家控制了社会的全部资源，从社会掠走了全部权力，挤压了社会成员的生存空间，国家整个社会生活呈现出高度政治化，国家与社会之间没有明确的边界，二者合而为一。改革开放后，社会组织状况发生很大改变，工会、共青团、妇联等各种群众性组织逐步恢复，在农村，以乡镇企业为代表的各种社会组织迅速成长，在城市，按照政企分开、所有权与经营权分离的原则，国有企业职能得到优化，各种服务型社会组织迅速兴起。此外，各种个体经济、民营经济、合作经济也悄然兴起。社会组织的这些变化表明，国家对社会的控制在逐步弱化，社会权力得到提升，社会正逐渐取得独立地位。然而，另一方面表明，社会组织的这些变化主要集中在经济领域，经济领域社会组织的成长远远快于其他领域，这不仅说明我国社会组织的成长需要进一步优化，而且意味着国家治理模式远未成熟。

（四）科学定位党政关系，不断强化党的领导

毫不夸张地说，党政关系的探讨一直伴随新中国的成长。改革开放前一直强调党政分开，事实上，由于国内外环境的影响及其领导人认识的局限，我党形成了党政一体的治理体制，政府成为执政党的政策执行工具。改革开放以来，特别是在邓小平时代，党政分开成为政治体制改革的流行话语。十一届六中全会通过的《关于建国以来党的若干历史问题的决议》指出："必须正确处理党同其他组织的关系，从各方面保证国家权力机关、行政机关、司法机关和各种经济文化组织有效地行使自己的职权。"此后，"党政分开"为目标的权力配置改革开始启动。然而，由于过分强调党政分开，结果造成党的领导一定程度上的削弱，特别是1989年的政治风波及1991年苏联共产党的垮台给我党如何执政提出了新课题。因而，十四大以后，关于党政分开的讨论逐步淡化，取而代之的是党如何执政的问题。党的十五大和十六大都对如何架构党政关系做了专题探讨，十六大报告指出："进一步改革和完善党的工作机构和工作机制。按照党总揽全局、协调各方的原则，规范党委与人大、政府、政协以及人民团体的关系，支持人大依法履行国家权力机关的职能，经过法定程序，使党的主张成为国家意志，使党组织推荐的人选成为国家政权机关的领导人员，并对他们进行监督；支持政府履行法定职能，依法行政；支持政协围绕团结和民主两大主题履行职能。加强对工会、共青团和妇联等人民团体的领导，支持他们依照法律和各自章程开展工作，更好地成为党联系广大人民群众的桥梁和纽带。"①

在实践中，我党加强了对政府、人大及其人民团体的领导。主要表现在：各级党委一把手兼任各级人大常委会主任，人大常委会的主要领导职位都由共产党员担任；党的主要领导人不再兼任政府机关的行政首长，但其行政首长必须是共产党员，特别是县级官员的任免权收归省委组织部，

① 参见谢春涛《中国共产党如何治理国家》，新世界出版社2012年版，第19—20页。

市委组织部一般不再具有任免权，体现了领导权力的上移。所有这些事实充分说明，党在国家治理中的主体地位不断加强，保证了社会的稳定，有利于人民民主和依法治国的有序推进。

（五）意识形态上更加理性

新制度经济学的研究表明，意识形态与经济发展密切相关。先进的意识形态对经济发展有着极大的推动作用，落后的意识形态则阻碍经济的发展，这在各国的历史进程中都有案例可循。改革前，意识形态方面的表现就是“狂热”，极左成为常态，“文革”期间的“宁要社会主义的草，不要资本主义的苗”的经济发展理念严重阻滞了我国经济的发展，在很长时期里，我国经济发展非常迟缓。改革开放之初，由于受“文革”惯性思维的影响，意识形态表现的不理性、不合理在现实中都有呈现，要么极左，要么极右。改革每走一步都要问一问“姓什么”就是极左的典型，而主张“全盘西化”的观点则是极右的典型。因此，两种思维在经济领域的表现就是左右摇摆，政策执行力的动摇。

1992年南方谈话终于终结了经济发展“姓社还是姓资”意识形态争论。依据邓小平的谈话精神，在经济发展上我们遵循“三个有利于”的标准，即“是否有利于发展社会主义社会的生产力，是否有利于增强社会主义国家的综合国力，是否有利于提高人民的生活水平”，在同年召开的党的十四大确立了市场化取向的改革方向，后来，以江泽民为总书记的党的领导集体，把“三个有利于”发展成为“三个代表”重要思想，新兴社会阶层也可以加入共产党，所有这些事实表明，我国的意识形态趋向更加理性合理。

四　经济导向型国家治理评析

十一届三中全会标志着我国国家治理的开始转型，至此，一直到十六大，经济发展一直是中央工作的重心，我们说这一战略选择是正确的。对于后发国家而言，在政治经济关系上，是政治优先还是经济优先，确实有一个选择问题，如果选择错误，将会错失发展良机，对国家和人民是灾难，“文革”的教训至今令人深思。改革开放后，毋庸置疑，我们选择了一条经济优先的发展战略，其积极作用显而易见，主要表现在：一是我国经济迅速增长，综合国力大幅度提升；人民生活迅速改善，在80年代末就基本解决了温饱问题；社会事业发展稳步提高，基础设施建设全面推进。二是提升了各治理主体的积极性。由于市场经济对传统计划经济的逐步肢解，市场、企业、个人、社会团体、民间组织等都成为微观个体，都成为相对自主、多元的利益主体，促进了各利益主体的积极性，但我们也应该清醒地认识到，在经济导向型治理理念支配下，我国经济社会发展出现了一系列严重问题，应当引起我们足够的重视。

第一，片面追求经济增长使我们付出了沉重的资源环境代价。我国本来就是一个资源相对匮乏的国家，许多重要资源的人均占有量远远低于世界平均水平，各级政府迫于片面追求经济增长的压力，大力引进项目，不断铺大摊子，以投资拉动增长，结果上了一大批高投资、高污染、高消耗的项目，森林、矿产遭过度采伐和利用，人均土地急剧减少，给我国带来了很大的资源环境压力，协调人口、资源、环境的矛盾困难加大。

第二，片面追求经济增长引发了一系列社会矛盾和问题。把经济增长作为国家治理的目标，容易引发对 GDP 的盲目崇拜，导致各地以 GDP 作为评价政府官员及其工作人员的依据，并作为职务升迁与否的标准。这必然造成政府官员为本地方、本部门经济的发展利用手中权力“寻租”，从而引发腐败。再者，在经济增长的压力下，各地方、各部门协调发展能力不足，不仅项目重复建设现象严重，而且造成城乡、区域发展差距越来越大，收入分配严重不公，相对于经济建设领域，国家对公共领域的投入明显不足，社会事业发展滞后等。所有这些矛盾和问题都表明，在经济增长到一定程度后，寻求一种新的治理路径势在必行。

第三，农村改革迟缓，“三农”问题日益严重。众所周知，中国的改革首先是从农村开始的，在 20 世纪 80 年代之前，农民从改革中享受到的红利还是非常可观的，最突出的表现就是生活水平显著提高，收入大大增加。到了 90 年代，由于改革的重心转向城市，致使农村配套改革措施不到位，90 年代后，农村经济逐渐陷入徘徊不前的状态。中国社科院在 2003 年做过一次调查显示：“我国年均收入在 0—999 元的农户占 14.72%，在 1000—1999 元的占 37.6%，在 2000—2999 元的占 26.02%，在 3000—3999 元的占 21%，在 4000—4999 元的占 4.72%，在5000元以上的仅占3.7%”①，这一数字说明，我国农村问题已经非常严峻。

第四，社会不公正、不和谐问题凸显。在经济导向型国家治理模式下，我国经济社会发展取得了巨大成就，为建设全面小康社会奠定了坚实的物质基础，这是应该肯定的。但是，由于片面追求经济增长，导致我国经济社会发展严重失衡，社会不公正、不和谐问题凸显。主要表现在：一是城乡、区域发展不平衡必然导致人与人享有的生活质量、教育质量、医疗服务水平彼此之间差距很大；二是由于制度设计的不平等，比如，城乡二元经济结构和户籍制度等，必然造成权利义务的不对等；三是收入分配的不平等造成社会阶层之间的对立和冲突；等等。

总之，经济导向型国家治理的弊端日益显现，严重危及我国国家的安定和谐和经济社会的长远发展。此外，进入21世纪，经过艰苦谈判，我国正式成为世贸组织的成员国，这就要求我们遵循国际游戏规则并参与游戏规则的制定以维护我国的国家利益，因而，推动治理转型势在必行。

第三节　服务导向型：市场经济体制初步建立后的国家治理

正如前文所述，1978年以来，在经济导向型国家治理推动下，我国经济社会获得了长足发展，取得的成就不容否定。但同时，由于受经济增长理念的制约，社会发展远远滞后于经济发展，引发了一系列不容忽视的社会矛盾和问题。2003年的“非典”疫情后，党和政府对此进行了深刻反思，反思的结果就是经济发展方式不科学、不合理，政府职能转变不到位、公共服务意识差。基于此，提出了科学发展观和构建服务型政府的治理理念，以实现经济社会、资源环境、人与自然的全面协调发展。基于此，本书把十六大以来的国家治理归纳为服务导向型的国家治理。

---

① 转引自闫恩虎《“三农”问题的制度根源与改革思路探析》，《经济经纬》2004年第4期。

一　服务导向型国家治理形成的原因

（一）社会主义市场经济的现实诉求

党的十四大确立了建立社会主义市场经济体制的改革目标，到十六大召开时，社会主义市场经济体制已初步建成，经济市场化程度已达到很高的水平。随着改革的推进，市场经济体制必将逐步趋于完善。随着市场对资源配置基础性作用的日渐发挥，政府的主导性作用必将弱化，应该重新定位自己的角色和职能。随着公有制为主体，多种所有制经济共同发展基本格局的形成，我国民营经济发展迅速，国营企业改革深入推进，微观市场基础基本形成，这就要求政府应当从培育微观市场主体转变到维护公平竞争的市场环境上来，合理界定政府和市场的作用场域，维护各市场参与主体的正当、合法权益。随着市场配置资源的格局形成，国家治理的立足点和着眼点必将发生转变，也就是说政府必须尊重市场规律，为市场机制有效作用的发挥提供外部行政支撑，而不是强制干涉，即掌舵而不是划桨。这就要求政府的着眼点集中于宏观调控领域，为各类市场主体创造公平竞争的市场环境，把主要精力集中于为全社会提供必要的公共产品和服务。

另外，我国在2001年成功加入世贸组织（WTO），标志着我国经济市场化进程进一步深化，对政府本身的职能提出了更高要求，不仅要为本国的各市场主体服务，而且还要积极参与全球市场治理，尊重并参与国际规则的制定，以维护我国的国家利益。这就要求政府站在全球视域，积极回应外部挑战，把许多不该管、管不了也管不好的事交给市场，通过制定政策、法律、法规逐步健全市场规则，消除市场障碍、壁垒，打破部门封锁、行业垄断等，所有这些都要求建立一个公共服务型政府。

（二）构建和谐社会的需要

考察国家的产生，我们知道，国家的产生源于维护公共秩序、控制社会冲突、保护公共利益。作为国家的代表，政府是国家治理的最主要载体，任何社会组织都无法替代。新中国成立之初，在政治导向型国家治理模式下，政府扮演了全能政府的角色。改革开放以来，在经济导向型国家治理模式下，政府成为“经济建设型政府”，在这种治理理念推动下，虽然在经济领域取得了举世瞩目的成就，但持续偏重经济增长引发了一系列社会矛盾和问题，如分配不公、贫富差距日益加大、环境污染、社会冲突频繁发生、腐败愈益严重等问题，这些问题严重影响了我国社会的进一步发展，社会不稳定因素凸显。

党的十六届四中全会提出构建和谐社会的目标，那么，如何构建和谐社会？正如前文所述，政府作为国家治理的主要载体，作为最权威的社会组织，控制了社会最重要的政治和经济资源，肯定对构建和谐社会起着任何社会组织都无法替代的作用。由于政府的权力难以受到监督和制约，最容易产生“权力寻租”而导致腐败，因而，加快政府的治道变革应是构建和谐社会的应有之义。然而，在经济导向型国家治理推动下，政府过多关注于经济增长而忽视了公共服务，在基础设施建设、社会保障、医疗卫生、环境治理、食品安全、教育就业等方面的投入明显不足，人们对执政党和政府的合法性提出质疑。根据中央要求，我们建立的和谐社会应该是民主法治、公平正义、诚信友爱、充满活力、安定有序、人与自然和谐相处的社会，这样的要求必然意味着政府职能的转变，即由经济建设型政府转到公共服务型政府上来，从单纯追求经济增长转到全面、协调、可持续发展上来，从经济增长转到社会发展上来，充分发挥市场机制的作用，最终把政府功能转到公共服务上来。唯如此，才能实现经济增长与社会发展同步，真正实现社会和谐。

（三）我国社会转型的需要

改革开放以来，伴随着我国经济政治结构的调整和持续变动，整个社会处于转型之中。一方面，随着我国社会主义市场经济体制的确立和完善，市场配置资源的基础性作用基本形成，受利益驱动的影响，资源自由流动的空间不断扩大，社会成员获得资源的途径也日益多样化，相应地，人们的自主性和独立意识不断增强，由于利益诉求的不同，形成了不同的利益主体。在经济导向型国家治理模式下，政府过度关注于经济增长，致使政府行政改革滞后，导致贫富差距扩大，社会保障滞后，突发性事件频发等，这都对经济导向型国家治理提出了挑战。

换一个角度看，由于社会转型的驱动，经济全球化、信息化和民主化加速推进，全球风险社会已经来临，我国当然也面临同样的压力。由于长期以 GDP 增长为治理导向，实际上我国也是在走西方国家工业化道路的覆辙，因而，如果再不转变经济发展方式，不转变国家治理模式，西方国家所经历的各种风险，比如生态风险、金融风险、瘟疫、饥荒、洪灾等社会风险也会降临到中国这片土地上。面对社会转型的风险压力，必须对经济导向型国家治理模式进行深刻反思，转变经济发展方式，树立一种全新的治理理念和发展理念。政府作为最重要的治理载体，要实现经济、社会全面协调可持续发展，就必须加大公共行政改革，建立起政府与市场、政府与企业、政府与社会的合作治理机制。

二 服务导向型国家治理的主要举措

（一）科学发展观和构建和谐社会的提出

在经济导向型国家治理推动下，我国取得了举世瞩目的伟大成就，经济获得了快速增长，人民生活水平明显改善，综合国力日渐增强。但在国家集中精力发展经济的同时，正如前文所述，我国经济社会发展出现了诸多矛盾和问题，城乡发展不平衡，东中西发展差距不断拉大，收入差距日渐拉大，贫富分化愈益明显，生态环境日益恶化等，这些问题的存在，严重制约了我国经济社会的进一步发展。我们认为，这些问题的存在与我国国家发展方式和管理方式和手段无不有着密切的关联，特别是 2003 年的“非典”危机暴露了经济导向型国家治理的严重弊端。基于对上述问题的深刻反思，在 2003 年 10 月 14 日党的十六届三中全会上提出了科学发展观的命题，即按照统筹城乡发展、区域发展、经济社会发展、人与自然和谐发展、国内发展和对外开放五个统筹的要求来推进中国的改革与发展。这就表明，中国经济发展的主导思想发生了根本性转变，从传统的片面追求经济增长转到经济社会全面发展上来，以实现人的全面发展为目的，体现了我们党对经济社会发展规律认识的进一步深化。

科学发展观的提出，推动了我国国家治理模式的进一步转型，为我国经济社会发展提供了理论支撑。为了从实践层面更好地落实科学发展观，在 2004 年 9 月召开的党的十六届四中全会上提出了构建社会主义和谐社会的命题，并在 2005 年 10 月十六届五中全会上就构建社会主义和谐社会做出了总体部署，明确指出，要按照民主法治、公平正义、诚信友爱、充满活力、安定有序、人与自然和谐相处的要求，加快推进和谐社会建设，突出强调解决好与人民群众密切相关的教育、就业、医疗、社会保障、环保、安全等问题。

总之，科学发展观和和谐社会建设目标的提出，是对经济导向型国家治理模式的积极回应，是对传统以GDP的增长为目标的发展观的超越，表明我国国家发展理念和目标的正式转型，表明政府治理从关注经济增长转到更加关注经济社会、环境自然、人与人之间的全面、协调、可持续发展上来，其最终目的就是促进经济社会的全面发展与进步，最终实现人的全面发展，实现社会和谐。

（二）改革和完善党的领导方式和执政方式

毋庸置疑，国家治理的关键在于执政党，因而，执政党本身的治理至为关键。十六大以来，以胡锦涛为总书记的党的领导集体，面对21世纪党情、国情、世情的新变化，紧紧把握时代脉搏，提出了科学发展观和和谐社会两大核心命题，提出了科学执政、民主执政、依法执政的党的治理价值目标。十六届四中全会后按照科学执政、民主执政、依法执政的要求，中央采取了一些措施不断完善党的治理体制。一是按照“总揽全局、协调各方”的原则，进一步理顺党和国家政权机关的关系，构建科学的党政关系格局；二是积极推进民主制度建设，丰富民主形式，努力扩大公民有序政治参与；三是继续大力推进依法治国、依法行政，不断促进党的领导方式和执政方式的法制化。

为保证党有效治理国家，十七大指出，要坚持国家一切权力属于人民，从各个层次、各个领域扩大公民有序政治参与，最广泛地动员和组织人民依法管理国家事务和社会事务、管理经济和文化事业；坚持依法治国基本方略，树立社会主义法治理念，实现国家各项工作法治化，保障公民合法权益；坚持社会主义政治制度的特点和优势，推进社会主义民主政治制度化、规范化、程序化，为党和国家长治久安提供政治和法律制度保障。① 党的十八大指出：要“注重改进党的领导方式和执政方式，保证党领导人民有效治理国家”②，不难看出，中国共产党正把人民当家作主作为政治体制改革和党政关系改革的根本出发点和归宿，表明党治国理念的日益成熟。

---

① 吴杰明、齐彪：《中国共产党六十年执政的理论与实践》，国防大学出版社2009年版，第292—293页。

② 胡锦涛：《坚定不移沿着中国特色社会主义道路前进 为全面建成小康社会而奋斗——在中国共产党第十八次全国代表大会上的报告》，人民出版社2012年版，第25页。

（三）着力构建法治服务型政府

随着我国加入 WTO 和社会主义市场经济体制的确立和完善，经济导向型国家治理模式引发了一系列社会问题，治理模式必须转型已经成为社会共识。2004 年 2 月 21 日，温家宝在省部级主要领导干部“树立和落实科学发展观”专题研讨班结业式上的讲话指出：“在社会主义市场经济条件下，政府的主要职能是经济调节、市场监管、社会管理和公共服务四个方面。落实科学发展观，必须加快政府职能转变……，努力建设服务型政府。”①

为此，国务院于 2004 年颁布《全面推进依法行政实施纲要》指出：“进一步转变经济调节和市场监管的方式，切实把政府经济管理职能转到主要为市场主体服务和创造良好发展环境上来。在继续加强经济调节和市场监管职能的同时，完善政府的社会管理和公共服务职能。建立健全各种预警和应急机制，提高政府应对突发事件和风险的能力，妥善处理各种突发事件，维持正常的社会秩序，保护国家、集体和个人利益不受侵犯；完善劳动、就业和社会保障制度；强化公共服务职能和公共服务意识，简化公共服务程序，降低公共服务成本，逐步建立统一、公开、公平、公正的现代公共服务体制。”② 在 2005 年 3 月 5 日的全国人大十届三次会议上，温家宝总理指出，构建服务型政府，一要按照精简、统一、效能的原则和决策、执行、监督相协调的要求，不断深化行政机构改革。二要加快转变政府职能，按照政企分开、政资分开、政事分开的要求，把政府不该管、管不好的事交给企业、市场和社会组织，充分发挥社会团体、行业协会、商会和中介机构的作用，把领导精力更多地放在促进社会事业发展和建设和谐社会上。认真贯彻行政许可法，继续深化行政审批制度改革，进一步清理、减少和规范行政审批事项。三要改变政府抓经济发展的手段方式，不能包办企业投资决策，不能代替企业招商引资，不能直接干预企业生产经营活动，而应主要为市场主体服务和创造良好发展环境。四要创新政府管理方式，寓管理于服务之中，更好地为基层、企业和社会公众服务。五

① 温家宝：《提高认识　统一思想　牢固树立和认真落实科学发展观》，《人民日报》2004 年 3 月 1 日。

② 《全面推进依法行政实施纲要》，中国法制出版社 2004 年版，第 8—9 页。

要认真贯彻依法治国基本方略，加快建设法治政府。六要坚持以人为本、执政为民，牢固树立科学发展观和正确政绩观，努力建设一支人民满意的公务员队伍。

2007 年党的十七大对服务型政府建设进行总体部署，提出了行政管理体制改革的总体方案，探索实行职能有机统一的大部门体制，统筹党委、政府和人大、政协机构设置。2012 年，党的十八大在十七大后行政改革取得成果的基础上，对行政体制改革又做出新的部署，即“要按照建立中国特色社会主义行政体制目标，深入推进政企分开、政资分开、政事分开、政社分开，建设职能科学、结构优化、廉洁高效、人民满意的服务型政府”①。自此，根据中央部署，建构法治服务型政府的举措有序推进。

三　服务导向型国家治理的主要特征

（一）把社会公平正义作为国家治理的核心价值

任何社会制度都有一种道德秩序和道德规范，都有一种价值理念。无疑，公正社会是人类社会共同的价值追求，是现代社会政治文明发展的价值旨归，正如罗尔斯在《正义论》中指出的那样，“正义是社会制度的首要价值，正像真理是思想的首要价值一样”②。作为人类历史上最先进的社会制度——社会主义制度，公平正义理应成为国家治理的核心。然而，社会主义制度的建立未必就能实现社会公正，新中国成立后，基于国内外环境的现实考量，我国以政治优先作为国家治理的抓手，以政治促进经济社会的全面发展，结果在政治导向型国家治理模式推动下，我国经济社会发展缓慢，人民生活普遍贫困，民主法制遭到严重破坏。改革开放以来，邓小平把公平正义提升到社会主义本质的角度来解读，邓小平指出：“我们为社会主义奋斗，不但是因为社会主义有条件比资本主义更快地发展生产力，而且因为只有社会主义才能消除资本主义和其他剥削制度所必然产

---

① 胡锦涛：《坚定不移沿着中国特色社会主义道路前进　为全面建成小康社会而奋斗——在中国共产党第十八次全国代表大会上的报告》，人民出版社 2012 年版，第 28 页。

② ［美］约翰·罗尔斯：《正义论》，何怀宏、何包钢、廖申白译，中国社会科学出版社 1998 年版，第 1 页。

生的种种贪婪、腐败和不公正现象。"① "社会主义的本质，是解放生产力，发展生产力，消灭剥削，消除两极分化，最终达到共同富裕"②，把"共同富裕"作为社会公平正义的价值追求，以小康社会作为社会发展的目标，以"经济建设为中心"作为政策工具；十三届四中全会以来，以江泽民为核心的党的第三代领导集体，在继承邓小平治国理政思想的基础上，提出了"三个代表"重要思想，其中，"代表最广大人民的根本利益"是"三个代表"重要思想这一理论体系的核心，提出了"依法治国，建设社会主义法治国家"的治国方略，把"以法治国"和"以德治国"结合起来，凸显了用"法治"来保障社会公正的治国理念；然而，由于以经济增长作为国家治理的首要目标，在经济导向型国家治理模式推动下，我国经济社会发展严重不平衡，社会矛盾和问题凸显，表现在经济领域的分配不公、贫富差距急剧扩大；政治领域的吏治腐败、干群关系失衡；文化领域各种思潮泛滥、核心价值缺失；社会领域的诚信缺失、道德滑坡；等等。正是基于对以上问题的深刻反思，十六大以来，以胡锦涛为核心的党的领导集体，在深刻认识中国共产党执政规律、社会主义建设规律、人类社会发展规律的基础上提出了建设社会主义和谐社会的治国目标，把公平正义作为和谐社会建设的重要组成部分，以"科学发展观"作为治理工具，突出了发展成果人人共享，彰显了"以人为本"的治国理念，并把"公正"作为社会主义的核心价值观写进十八大报告中。十八大以来，习近平总书记在秉承前几任领导人治国实践的基础上，对公正社会的深刻内涵进行了进一步阐发，把鸦片战争以来中国人民为了实现中华民族伟大复兴的目标概括为"中国梦"，并就国家梦、民族梦和个人梦进行了阐释，其实质内涵就是国家富强、民族振兴、人民幸福，归根结底是人民梦，让每一个人都享有人生出彩的机会，在价值层面上的表现就是社会安定和谐、公平公正，进一步彰显了国家治理的价值取向。③

（二）从经济增长转到科学发展

前文所述，十一届三中全会以后，我国实现了工作重心的转移，在经

---

① 《邓小平文选》第 3 卷，人民出版社 1993 年版，第 143 页。

② 同上书，第 373 页。

③ 参见张兴华《公正社会取向的国家治理：基于制度建设的维度》，《理论月刊》2014 年第 3 期。

济导向型国家治理模式推动下，人民群众的积极性和创造力被极大激发出来，生产力获得了极大解放。然而，由于过度强调经济发展的增量和总量，忽视了经济增长的质量，结果造成经济和社会发展的严重失衡，引发了一系列社会矛盾和问题，付出了沉重的资源环境代价。十六大以来，以胡锦涛为总书记的党中央，在对经济发展方式深刻反思的基础上，在十六届四中全会上明确提出了“科学发展观”的概念，并在2007年的中共十七大上对科学发展观的内涵和实质进行了系统阐述，这标志着国家治理理念的趋于成熟。因而，我们可以这么说，新中国成立后的30年是以政治为中心，重点是改革生产关系；改革开放后是以经济建设为中心，重点是发展生产力；那么，未来中国必将是在发展生产力的同时，全面推进科学发展，[①] 更加注重服务民生。

毋庸置疑，科学发展观是未来中国国家治理的根本指导思想，是实现中华民族伟大复兴的行动指南。之所以这么认为，因为科学发展观是对新中国成立以来国家建设的系统概括和科学总结。在毛泽东时代，由于过度专注于政治建国，虽然有很多比较好的经济建设的指导思想，由于国情世情党情的时代特征不同，致使发展不足和不当；改革开放以来，由于过度关注于经济增长，致使发展不当的现象更加严重。因而，进入21世纪，在科学总结中国历史文化传统的基础上，提出科学发展观不仅是对中国传统发展观的超越，而且更是对国家治理模式的科学认识和回答。

（三）从管制到服务

改革开放前，在政治导向型国家治理模式下，形成了党政一体化高度集权的管理体制，这种体制最大的弊端是权力高度集中于中央，党政不分、政企不分，整个社会被分割成各个单位，人们都被严格控制在单位里，使得整个经济、社会生活缺乏活力，政府管了很多不该管，管不好、管不了的事，导致政府机构臃肿、职责不清、办事拖沓、官僚主义严重等弊病。改革开放后，我国进行了放权让利的改革，但在整个20世纪80年代始终没有走出“一统就死，一放就乱”的怪圈。到了90年代，伴随市场化改革取向的确立，转变政府职能成为改革的重要抓手，第九届全国人民代表大会第一次会议指出，要把政府职能转变到宏观调控、社会管理和

① 陈锦华：《中国模式与中国制度》，人民出版社2012年版，第233页。

公共服务方面来，第一次提出“公共服务”的概念。然而，在经济导向型国家治理模式下，由于偏重于经济建设，过度关注 GDP 的增长，致使社会建设远远滞后于经济发展，忽视了政府的公共服务职能，以管制为核心的管理模式并未得到根本改变。党的十六大对政府职能进行了重新定位，即经济调节、市场监管、社会管理和公共服务，2004 年温家宝总理首次公开提出“建立服务型政府”，2005 年十届全国人大三次会议明确把“建设服务型政府”确认为政府治理的目标，2006 年 10 月十六届六中全会对建设服务政府的内涵、重点、基本内容做了系统的论述，并从改善民生、加强社会建设和管理、加快行政管理体制改革三个角度对建设服务政府提出了具体要求，标志着政府治理整体框架的初步形成。

第四章　挑战在前：当代中国国家治理问题透视

改革开放30多年来的探索和实践，中国党和政府不断实现着从统治到治理的转变，不断推进着治理体制的变革。在这一过程中，由于市场经济体制的建立和发展，中国社会发生着急剧的社会变革，社会生产方式、生活方式、就业形式、价值观念、分配方式等发生着深刻的变化，党的建设面临的问题更加复杂多样，社会诚信缺失、行为失范、道德滑坡、信仰危机、理想失落、文化冲突与价值多元、环境污染与生态危机等制约着我国社会主导价值观的建构等，所有这些都制约着我国的发展，成为当下中国国家治理的难题。

第一节　社会问题透视：断裂与失衡的中国社会

改革开放以来，中国社会发生了巨大变化，特别是社会主义市场经济体制的建立和发展，颠覆和改变着传统的社会生活方式，并进而通过影响国家和社会的方式改变着我们社会的支配方式。这种改变无疑引发了潜藏已久的深层次社会矛盾，利益受损者和利益获得者的冲突在所难免，有时候达到难以消弭的境地。社会结构的裂变伴随改革开放的进程一直进行着，其具体表现就是社会的分层，有的居于高位，有的居于低位。一旦这种社会结构形成，短期内是无法改变的，甚至会持续长达数世纪之久。为了对我国社会结构有一个全面的了解，本书借助社会分层理论，对我国社会的失衡与断裂进行全面考察，进而揭示国家治理的内在难题。

一　社会分层概说

“分层”原为地质学的一个概念，是指地质构造的不同层面。社会学家在研究社会时，发现社会中存在着不平等，人与人之间、社会群体之间、集团之间存在着高低不同的等级序列，这种序列如同地质构造那样分成若干等级层次，因而借用这一概念来分析社会结构，故而形成了“社会分层”这一概念。

对于社会分层理论的研究，马克思和韦伯都曾做过开创性的贡献。只是马克思和韦伯的着眼点不同。马克思主要从经济的角度来阐述他的阶级划分理论，认为阶级的产生以私有制的存在为前提，仅仅与生产发展的一定阶段相联系；其划分标准是人们在生产关系中的地位，主要指对生产资料的占有关系；就阶级关系来讲，分为阶级内部的关系和阶级之间的关系，阶级内部成员具有共同的经济地位和利益，在其内部会产生阶级认同或阶级意识，会采取共同的行动来维护自己的利益。不同阶级之间由于经济地位和利益的不同，并存在着经济剥削和政治压迫，因此，阶级斗争和社会革命也就不可避免；随着生产力的充分发展，在无产阶级消灭了资产阶级和私有制后，阶级也就随之消亡。与马克思不同，韦伯则试图建构一种普适性的阶层理论，他提出了划分社会层次结构的三重标准，即经济标准——财富，社会标准——威望，政治标准——权力。马克思的阶级理论和韦伯的三位一体分层模式，是当代西方社会阶层或阶级理论研究的两大源流，以后的阶层或阶级理论的研究，几乎都是在他们二者基础上进一步修正、发展和完善的。

通过对社会分层理论进一步梳理，我们不难发现，社会分层无处不在。只要社会上存在利益冲突和不平等，就必然会存在社会分层。无论从理论上推演还是在现实中感知，我们都会有一个共同的感悟：我们所称的社会共同体在很大程度上并不是一个共同体，因为，在某些时候，社会上的大多数人会同意一些基本的价值，比如：爱国主义、集体主义、民族主义等，这些价值可以在社会内部产生一种向心力，从而使社会看起来风平浪静、团结一致。但实际上，在这些表象的背后，隐藏着无法消弭的利益冲突，引发社会矛盾和冲突也就不可避免。

韦伯认为，共同体化和社会化之间有着很大的不同，共同体化强调属性的一致性，而社会化则更多强调的是利益的不一致性。在社会化的过程中，利益冲突随处可见，因为，利益不一致必然引起社会冲突。资产阶级启蒙思想家宣扬人生而平等，在存在着阶级和对立的社会里，这种说法无疑带有更多的理想主义色彩。现实一点讲，人生而不平等才是客观的存在。因而，只要存在事实上的不平等，无论何种制度下，社会分层就客观存在着，就必然影响着社会的发展进程。

格伦斯基认为，社会分层对社会发展的作用具有正向功能和负向功能两个方面。其正向功能在于：由于个人天性、禀赋不同，每个人在社会发展中的作用当然也就不同，这就导致社会不平等，因而不平等乃是一种天性。社会不平等反过来激发了人们的创造力，社会地位自下而上的流动机会成为激励人才、吸引人才的有效机制。[①] 其负向功能在于：社会分层是社会冲突的根源，是造成人类不公平的主要根源。社会分层的功能是维护上层统治集团的特权和社会地位，使其能够制度化地剥削和压迫下层人民。从这个角度来看，不平等并非基于人的天性，而是人为的。[②]

既然社会不平等是一种客观存在，我们无须横加指责，关键的问题是我们如何规避社会分层的负向功能并发挥其正向功能。在分层的社会里，不平等必然存在，除非在共产主义社会里，社会差别才能消失，平等才能实现。那么，是否就是说对于社会分层带来的不平等我们就无能为力呢？答案当然是否定的，实际情况是，在一个上下阶层流通顺畅的社会里，人们并不会感到这种不平等的不公，如果阶层相对固化，上下阶层流通渠道过少或者过于狭窄，也就是强势阶层表现出封闭性而弱势阶层无从改变命运时，社会冲突便会发生。按照马克思的说法，也可称之为阶级斗争。

作为发展中的社会主义国家，随着市场经济的确立和发展，中国的社会问题不比任何国家少，中国的社会分层呈现出更加复杂、多样化的态势，孙立平用“断裂”和“失衡”来概括中国的社会发展形态，不仅指出了中国社会发展的畸形形态，而且也点出了中国国家治理的难题所在。

二　中国社会结构现状：断裂

中国在20世纪50年代中期，城市和农村都普遍实现了社会主义制度，单位制的社会管理体制及其计划经济体制基本建立，经济意义上的社

① ［美］戴维·格伦斯基编：《社会分层》，华夏出版社2005年版，第38—40页。

② 同上。

会分层随之消解，代之而起的是一种颇为严格的政治分层：就是以严格的户籍制度、单位制度、干部工人区分的档案制度、干部级别制度等作为“社会屏蔽”的机制，以户口、家庭出身、参加工作时间、级别、工作单位所有制等作为社会屏蔽的基本指标，对社会群体进行区分①，李强教授把这种社会分层体系称之为“身份制”。在这种体制下，人们的身份被完全固化，每一个人都被定位在一定的等级上，各社会群体没有跨越身份界限的非分之想。加之在一元意识形态的训导下，人们的思想意识极为僵化，所有人都在同一旗帜下为着同一个目标前进，集体利益和国家利益成为压倒一切的利益，整个社会井然有序，社会整合达到一个较高的标准。然而，这种一元化的社会管理体制最终付出了惨痛的代价，束缚了社会成员积极性和创造性的发挥，使得我国经济社会发展长期处在低水平，与世界其他国家的差距不断拉大。

改革开放以来，随着“市场化”改革取向的不断深入和发展，我国经济社会高速发展，传统的一元化的政治统治格局逐渐被打破，在解放思想的感召下，意识形态逐渐失去其强大的政治统治功能，身份制开始出现解体，经济分层逐渐取代政治分层，其最显著的变化表现在：（1）人们的权利开始受到重视。前已述及，改革开放前，人们是以出身划分社会阶层的，这种治理体制注定了不平等的存在，当然也凸显了法治的不彰。但改革开放以来，身份制、户籍制、档案制等被逐步打破，随着市场经济的确立和发展，法治观念日渐勃兴，并进而深入人心。中国党和政府顺应时势，提出了“依法治国”的治国方略，把“以人为本”作为治国理政的价值核心，凸显了权利的核心地位。（2）社会阶层地位的变化。改革开放前，地主、资本家阶级等有钱阶级是被统治的对象，其财产基本上都被没收，地主、资本家阶级虽然经过改造成为自食其力的劳动者，但其政治地位低下，基本不享有任何社会权利。改革开放以来，在邓小平“让一部分人先富起来”的治国理念之下，社会贫富分化迅速扩大，新产生的“资本家”阶层不但不是被专政的对象，反而通过资本的强大功能与权力阶层相互勾结，腐蚀权力阶层以达到自己的目的。同时，工人阶级和农民阶级尽管享受到改革过程中的部分利益，但与权力阶层和新兴“资本家”

① 李培林、李强等：《中国社会分层》，社会科学文献出版社2004年版，第17页。

阶层相比，社会地位日益下滑，部分人群（城市下岗失业工人、进城务工人员等）甚至沦为社会的最底层，成为新的弱势群体。

通过对改革开放前后社会状况的对比，可以说中国社会的进步是巨大的，最起码法律层面的平等得以完全落实，从近几年查出的大案要案中我们可以深刻感知。另外，人们的社会生活水平显著提高，社会保障事业发展迅速。但是，我们不能不承认，我国社会暴露出的严重的社会危机已形成了新的社会断裂。孙立平、王绍光等认为，这些断裂主要表现在：[①] 一是阶层之间的断裂。中国社会科学院的《当代中国社会阶层结构研究报告》把中国社会划分为十大阶层：(1) 国家与社会管理阶层；(2) 经理人员阶层；(3) 私营企业主阶层；(4) 专业技术人员阶层；(5) 办事人员阶层；(6) 个体工商户阶层；(7) 商业服务业员工阶层；(8) 产业工人基层；(9) 农业劳动者阶层；(10) 城乡无业、失业、半失业者阶层。我们可以把这十大阶层划分为上下两个层次，上层阶层有权、有钱、有知识和技术（即 (1)、(2)、(3)、(4)、(5)）。下层则相反（(6)、(7)、(8)、(9)、(10)），只能从事技术要求不高，知识含量低的商业、农业和服务性行业，这样，原先意义上的社会主义建设者和主力军的工人和农民沦为最下层，对传统意识形态的宣传造成的冲击是显而易见的。但问题的实质在于，由于社会各阶层之间占有的社会资源的差异，贫富分化现象日益严重，社会上层与下层之间的鸿沟越来越大，特别是利益集团、政治精英、经济精英、文化精英之间的联合，使人们的不公平感日益增强，社会矛盾必然发生。这种阶层之间的断裂随着社会的发展还有扩大的趋势，并且上层和下层的交汇点越来越少，社会整合的难度将会荆棘丛生、困难重重。二是城乡之间的断裂。前已述及，我国城乡分治的二元结构在20世纪50年代中期就已形成，这种治理体制的主要特点是生产要素的流动受到十分严格的限制，广大农民被束缚在土地上，城市居民和农村居民所享有的社会权利和机会都是不平等的，在某种意义上，农村居民处于“二等公民”的位置。改革开放以来，我国经济、政治、文化和社会建设

---

① 参见孙立平《断裂：20世纪90年代以来的中国社会》，社会科学文献出版社2003年版，第1—5页；王绍光《安邦之道：国家转型的目标与途径》，生活·读书·新知三联书店2007年版，第536—537页。

都取得了巨大发展，城乡二元分治的治理体制已越来越不适应经济社会发展的要求，最突出的弊端就是强化了社会不同阶层之间的不公平。尽管国家对城乡二元标志的户籍制度进行了改革，但形式意义大于实质意义，农村居民在教育、医疗、就业、住房、养老、社会保障等方面仍未享有与城市居民同等的待遇。此外，国家在基础设施建设方面的投入相对更倾向于城市，致使农村基础设施建设远远落后于城市，城乡之间差距不仅没有缩小，而且有进一步拉大的趋势，中国的农村依然没有摆脱农业时代的特征。三是地区之间的断裂。作为发展中的大国治理，其政策选择的取向不得不考虑国家的自然区域特征。由于中国东西部区位优势差别大，改革开放伊始，中国选择了优先发展东部的战略，西部支援东部优先发展成为改革开放后很长一段时间的政策选择。在国家财力有限的情况下，这种选择也是迫不得已而为之，我们不能横加指责。但问题的关键是，邓小平的指导思想是“两个大局”，东部地区优先发展只是第一个大局，到如今，东部地区优先发展的目标基本达到。而第二个大局，就是东部地区支援西部发展，也就是先富带动后富的问题，这个目标可以说还未实现，且东西部差距还有进一步扩大的趋势。虽然国家采取了诸如西部大开发战略、中部崛起战略，但更多地停留在文字的表述层面。因而，进一步落实国家发展战略的任务任重而道远。

以上三个层面基本反映了我国社会状况的整体态势，但断裂绝不仅仅表现在这三个层面，要细化起来，中国社会的断裂情况远远比这严重得多。事实情况是，这三种断裂情况不是孤立的，而是互相渗透、交织在一起的。无论是东部还是西部，城乡断裂和阶层断裂都是存在的，即使在一个城市之中，社会上层和社会下层的断裂也是不可避免的。在阶层、城市、乡村和地区内部也会出现断裂，在不同阶层内部又可划分为细小的阶层，不同阶层根本不会达成利益一致和地位平等。从这个意义上来讲，当今中国社会不仅是一个断裂的社会，而且是一个“碎片化”的社会，这无疑增加了国家治理社会的难度。

三　中国社会权力配置和权利行使：失衡

社会的断裂是如何形成的，根据以上所述，是不是归因于社会的分层呢？孙立平在其著作《失衡：断裂社会的运作逻辑》中给出了答案，他认为，中国社会的断裂与权利的分布状况有着十分显著的关联，中国社会的断裂归因于权利失衡。罗尔斯在论述有关正义的理论时，就正义与社会结构的关联性也有着自己独到的见解，他认为，正义主要是社会基本结构的正义，[①] 据此，孙立平认为，良性的分层未必会导致社会的断裂和碎片化，断裂是由社会的不平等引起的，而社会的不平等又归因于社会阶层的固化，而社会阶层固化所导致的最直接后果就是权利的不平等，即权利失衡，孙立平的分析可谓一语中的。

（一）改革开放以来中国社会权力配置情态

1. 国家权力分配体制不够明确

我国自 1954 年就制定了新中国第一部宪法，并几经修改，日趋完善。我国宪法就中央国家机关和地方政府的权力配置做了很多规定，但从宪法文本上看，很多规定并不明确，表现在二者之间的职权、事权划分体系不明确，因此，在实践“中央统一领导同时又发挥地方的主动性积极性”时无确定的规范来遵循，结果导致权力运行中的“一放就乱，一乱就收，一收就死，一死又放”的状况。在中央和地方立法权范围的划分上，我国宪法也做了原则规定，但较抽象，对于哪些事项应由哪级机关立法没有具体规定，这就造成越权立法现象时有发生。本来该由中央机关立法的事项，地方机关以地方性法规和规章的形式做出规范；有些应当由国家权力机关立法规范的事项，行政机关以行政法规或行政规章做出规范；等等。

2. 权力配置情态分析

改革开放伊始，中国便选择了“市场化”取向的改革方向，自此中国便开始了放权让利的改革进程，权力配置呈现如下状态：（1）向公民个人分权。通过赋予公民个人以择业自由权、经营权、消费权等，逐步把公民推向市场，让其依靠市场竞争实现自己的利益，而不再依靠政府的定额分配。（2）向企业分权。对国有企业进行“抓大放小”的产权制度改革，要么把经营权和收益权全部下放给企业，要么直接把国有企业私有化。允许非国有企业自主经营、自主决策，国家基本不进行干预。（3）向地方政府分权。为了调动地方政府的积极性，中央将部分行政管

① ［美］约翰·罗尔斯：《正义论》，何怀宏等译，中国社会科学出版社 1988 年版，第 7 页。

理权直接下放到地方，扩大了地方自主权，激发了地方政府的活力。同时，中央还赋予地方政府制度创新的权力，让地方政府大胆试验、大胆探索。通过财政分权的改革，地方政府享有了辖区经济增长的红利，进一步调动了地方政府的积极性。（4）向社会分权。允许村民自治、社区自治，鼓励发展民间组织、社会团体、非政府组织、第三部门、行业协会、中介组织等社会组织，国家让渡一部分社会职能，让社会组织参与到社会管理中来，承担起社会管理的职责。

通过某种程度上的放权让利的改革，瓦解了中国旧有权力分布格局，形成了国家与公民、政府与市场、中央与地方、国营与民营等新的权力格局，且这种权力布局在确保中央权威的同时，彼此之间也能互相制衡。这种权力布局极大激发了蕴藏在中国人民体内的创造活力，促使了中国经济的迅速增长，同时也带来了中国较长时期的社会稳定。但这种“分权化”和“市场化”导向的改革也滋生出一个严重的社会问题，即权力对市场的嵌入。其原因在于：一是中国的改革始终在权力主导下进行，因为执政者认为，如果没有权力的制约，改革就有可能偏离方向而失去控制，或者改革步伐太快对社会造成的冲击过大，引发社会不稳定。这种思维的后果就是权力对市场的制约无处不在，或大或小。二是利益的驱动。在改革的过程中，受利益驱使，掌权者为了使自己的利益最大化并长期化，总是把权力植入到新的制度载体中，来寻求权力租金的长期化和制度化。三是改革出现的真空地带为权力的植入提供了空间。改革是新旧体制的转轨，旧体制不会自动退场，新旧体制会有一个博弈的过程，在这一过程中，就会形成一个短暂的制度真空期，权力就会乘虚而入，嵌入市场不可避免。四是当权力从市场中收益时，权力就会贪恋市场，不仅不愿退出市场，而且还尽可能地融入市场，并使之固化下来，以获取长期的利益。这就会出现一些奇怪的现象，权力在退出市场的同时，又在以各种形式嵌入市场。

（二）改革开放以来中国社会权利分配和行使情态

改革开放以来，执政党在致力于经济增长的同时，不断加强自身的先进性和纯洁性建设，不断加强各领域的立法，中国特色的法律体系初步形成，法律面前人人平等的观念已得到人们的认可和尊重，法律权利得到尊重。但规范中的平等并不等于现实中的平等，现实与规范在一定意义上存在着断裂。总体上讲，中国社会的权利分配和行使是失衡的，其主要表现在：

1. 权利分配不平衡

改革开放以来，我国对宪法几经修改、补充，日益完善。特别是在2004年十届全国人大二次会议上把人权概念引入宪法，明确规定“国家尊重和保护人权”，这在我国政治文明建设上具有里程碑式的意义。但在现实生活中，由于受到经济发展水平和制度惯性的制约，权利配置不平等的情况还是大量存在，主要体现在一些行政法规、规章和各种地方性法规中。从维护宪法的权威的角度讲，违反宪法的任何规范都应是无效的。由于宪法没有自我保护机制，违宪的规范性文件大量存在，必然在很大程度上影响了权利配置的公平性。宪法规定平等权乃是一项基本人权，但在实践中存在着人权主体的城乡二元结构，农村居民在就业权、教育权、生活保障权、基本健康医疗保障权等方面，与城市居民存在很大差距。此外，基于身高、性别乃至传染病等不相关因素侵害平等权的现象屡见不鲜等。所有这些，都违背了人权的基本精神，这些基于特定身份所引发的权利失衡，在客观上促成了社会的断裂。

2. 权利行使不平衡

如果说宪法和法律对公民的权利进行了平等分配，但由于人们掌握的资源不同，人们在行使这些权利时必然存在不平衡，这是客观存在的事实。比如，在选举中，能够有资格享有被选举权的往往都是掌握较多资源的人。拿我国来说，假设农民和市民有着相同的选举权，但由于市民在教育水平、生活水平、资源占有等方面都远远高于农民，怎能寄希望于农民平等地去行使这些权利？当然，这只是一种假设，只是一种理想的状态。而现实情况是，在我国，根据前文述及的阶层划分概述，存在十大阶层，由于各阶层对社会资源占有量的差异，在行使权利方面的不平等是不言自明的。这必然导致“少数人拥有巨量财富而多数人陷于相对贫困之中，这就会使一些人的参与为另一些人的操纵乃至控制提供了机会”①。孙立平对此有着自己的学术话语，就是表达与追求利益能力的失衡。②

由于中国社会的断裂和权力（利）配置和权利行使的失衡，中国社

① ［美］科恩：《论民主》，聂崇信、朱秀贤译，商务印书馆1988年版，第119页。

② 孙立平：《失衡：断裂社会的运作逻辑》，社会科学文献出版社2004年版，自序第6页。

会问题十分严重，社会冲突时而发生。为维护社会的稳定和发展，国家向社会投入了巨大的人力、物力和财力，但事与愿违，社会矛盾和问题不但没有减少，近几年还在呈上升态势。究其根源在于，社会下层的利益诉求未能得到合理表达和重视，民众对社会共同体的疏离感和对社会上层的隔离感增强。这不但对执政党的合法性基础构成了冲击，而且给中国国家治理带来了难以克服的难题。

第二节 文化问题透视:文化冲突与价值多元

当下，伴随全球化的加速推进和我国社会的全面转型，以"市场化"为取向的改革向纵深推进，其影响不仅体现在经济总量的高速增长、传统社会治理体系的解体和社会流动性的加快这些有形的正向层面，也体现在社会的断裂、失衡、腐败等负向层面，更体现在文化冲突与价值多元上。如何走出文化层面的冲突和价值多元的困境，的确是国家治理的难题。

一 中国文化的基本情态：多元文化冲突

文化是人类智慧的结晶，是民族的血脉，是人类的精神家园。不同的国家、民族在不同的社会发展阶段都会形成自己特有的文化，就是同一国家、同一民族在不同的历史时期文化的价值内涵也是不一样的。因而，给文化下一个定义是非常困难的，即使从最狭义的角度来讲，文化也应当概括为，"人类社会的意识形态和与这种意识形态相适应的制度和物化了的设施等"①。目前，全球化浪潮迅猛发展，各种文化相互交流交融交锋更加频繁，在这一过程中，旧有文化受到质疑，新的文化不断生成，异质文化不断侵入，文化冲突在所难免。正如亨廷顿所言："在这个新的世界里，最普遍的、最重要的和危险的冲突不是社会阶级之间、富人和穷人之间，或其他以经济来划分的集团之间的冲突，而是属于不同文化实体的人民之间的冲突。"②

---

① 王康主编：《社会学词典》，山东人民出版社 1988 年版，第 67 页。

② ［美］塞缪尔·亨廷顿：《文明的冲突与世界秩序的重建》，周琪等译，新华出版社 2002 年版，第 7 页。

（一）文化冲突诠释

一般来讲，文化冲突是一个多层次、内涵很宽泛的概念，主要指文化差异的碰撞。即可理解为一国之内某一时期占主导地位的文化或精神由于不能有效规范社会或成员的行为而陷入危机，同时新的文化不断成长，而这种新的文化由于在特质和精神方面与旧有文化存在差异，从而产生的排斥、抵制和对抗。也可理解为不同国家的民族视自己的文化为文化至尊，视其他文化为异己，进而采取的竞争、对抗和排斥。首先从内涵上来讲，文化冲突不同于文化变迁，而是指旧有文化在意识、理念、模式、行为、特征、心理等层面受到新生文化的全面挑战，人们对旧有文化开展的反思和批判，它不是文化发展的渐进过程，而是文化发展中的质的飞跃。其次就是文化冲突不是文化系统内部各要素之间的冲突，不是指精神文化、物质文化、政治文化、制度文化等之间的矛盾，而是占主导地位的文化已经不再是人们生存的最佳状态，人们开始陷入全面的文化生存危机中，需要重新塑造新的文化。再次就是本民族的文化精神开始失范，有可能被另一种文化取代，进而引发的意识形态危机。文化冲突的结果一般表现为三种形态，一是一种文化被另一种文化取代；二是两种文化互相吸收和交融；三是两种文化势均力敌，以一种特殊方式共存于同一社会有机体中。

中华民族的传统文化，承载于中华民族的伟大精神之中，其产生不外乎内外两种因素，自然环境、社会制度等是外在的因素，构成文化的“自然生态环境”，而非自然的思想观念、行为习惯、生活方式等代表着民族的主体意识，是文化产生的内在因素，是人们基于自身生活需要的创造。这种基于历史积淀形成的传统文化，具有一定的惰性和自我保护倾向，正如进化论者哈定（Harding）所说：“趋于稳定的固执倾向是各种文化的共性，这种稳定与固执、保守就是文化惰性，文化惰性会使新文化的兴起或者外来文化在与本土文化交流时遇到来自旧文化的排斥与抵触。同时，不同的文化孕育了不同的民族心理和民族精神，不同的文化代表着不同的阶层、不同的集团，各民族、各阶层及各群体都有其独特的价值观、思维和行为方式等，当外来文化进入时，就必然会产生抵触，这就是文化的自我保护倾向。”① 这种文化的惰性和自我保护倾向，不仅对社会有着

① 转引自汪晓萍《心理生态系统论》，四川人民出版社2007年版，第77页。

很强的影响力，而且支配着人们的认知和行为。同时，人们的社会意识总是落后于社会存在，因而中国文化发展在观念形态上落后于时代发展是不争的事实，尤其在改革开放新时期，新思想、新观点层出不穷，新思潮不断涌现，外来文化不断侵入，固有的传统文化常常因不适应这种变化而产生抗拒和阻滞作用，进而导致文化碰撞、引发文化冲突。

（二）多元文化释义

“多元文化”并不是现在才有的词汇，据考证，它最早使用于20世纪20年代，在当时，多元文化特指两种文化现象，“一是在殖民地国家存在的殖民地的统治文化与原住民的种族或民族文化间的共存；二是在移民国家中不同的种族、民族、宗教信仰的文化的共存”①。在当时，多元文化所内在的含义是对少数民族文化、弱势群体文化的认同，是对种族主义、阶级主义等文化歧视的一种消解，其工具理性大于价值理性。而现如今，多元文化有了多种含义，既可指文化认同和共存，也可指文化的渗透与入侵；既可指文化的交汇、交融，也可指文化的碰撞和激荡。工具理性和价值理性作用并重。在当前，多元文化不是指汉族和少数民族的文化差异，而是指我国社会处于转型期的一种文化形态。在这个转型期，我们正经历传统文化和价值观念的消解和新的文化和价值观念的建构中，多种文化和价值观念的交融和冲突不可避免。此外，全球化进程的加速推进，各种异质文化的进入进一步丰富了多元文化的内涵。在当代中国语境里，这种多元文化具体表现在：“传统文化与现代文化交织、民族文化与外来文化互碰、精英文化与大众文化共荣、主流文化与非主流文化争鸣、先进文化与落后文化共存等。”② 这种多元文化交流、交融、碰撞构成当下中国的多元文化体系。

（三）当代中国多元文化冲突的表现

有差异才会有冲突，由于文化多元的存在，冲突不可避免，这也是人类文明多样化的表现。就文化冲突的内涵来讲，学界基本达成共识。即是指不同文化之间的激荡和碰撞、竞争、对立和斗争，不但发生在异质文化

① 冯建军、傅淳华：《多元文化时代道德教育的困境与抉择》，《西北师大学报》2008年第1期。

② 王刚：《多元文化价值冲突下坚持科学发展的时代诉求与现实选择》，《沙洋师范高等专科学校学报》2011年第5期。

之间，而且也存在于同质文化之间，表现形式也呈多样化形态。有学者就认为，在异质文化之间，文化冲突主要表现为意识形态、价值观念、理想信念等层面，同质文化的冲突主要表现在不同文化样态的矛盾和斗争。[①]根据辩证唯物主义基本原理，我们知道，冲突是矛盾的主要方面，但冲突绝不是无谓的斗争，彼此之间总会达到妥协或暂时的平衡，因而，它是一个动态的过程，是一种此消彼长的关系。就我国实际来讲，我国文化冲突主要表现在：（1）本土文化和外来文化的冲突，实质就是意识形态的冲突。具体体现在政治观、价值观、道德观和民主（族）观、人权观、宗教观等方面。在全球化时代，中西文化交流交融交锋更加频繁，由于各国发展程度存在差异，文化传播技术手段有先进和落后之分，必然会有强势文化和弱势文化的分野，也就必然会出现交流中的文化帝国主义和文化霸权主义，严重挑战着我国的主流意识形态。比如，以美国为首的西方发达国家，利用经济、军事、科技等比我国发达的优势，利用现代传媒等通信技术，采用“文化渗透”的手段，大力推行其“普世价值”，强调西方主流文化的价值以及文化的“美国化”，贬低文化的多样性。这必然与我国主流意识形态格格不入，其碰撞、激荡冲突也就不可避免。（2）传统文化与现代文化的冲突。中国的现代化进程其实就是传统文化与现代文化互相冲突的历程，历史上每一次大的文化冲突都促进了中国现代文明的发展。中国的传统文化根植于中国五千年的文明发展史中，是基于农耕文明和小农基础的文明形态，是物质文化和精神文化的总和，是我们国家民族凝聚力和向心力的标志和载体。现代文化是由传统农业社会向现代工业社会转型中形成的文化，二者各有千秋，不可厚此薄彼，在当代中国现代化建设中都有着自己的功能和作用。二者冲突主要表现在：民主和专制、人治和法治、一元和多元、公平和效率、计划和市场、合作和竞争、理性主义和经验主义的冲突等。（3）主流文化和大众文化的冲突。主流文化是以国家意识形态的表达为核心的文化，是居于社会主导地位的文化，是反映统治阶级、阶层利益的文化。因为，“一个阶级是社会上占统治地位的**物质**力量，同时也是社会上占统治地位的**精神**力量”[②]。否则，便不能称

① 尹俊芳：《论文化冲突对社会主义和谐文化建设的影响》，《求实》2013 年第 3 期。

② 《马克思恩格斯选集》第 1 卷，人民出版社 1995 年版，第 98 页。

之为主流文化。在当代中国，主流文化就是中国特色的社会主义文化，具有权威性、强制性、合法性、稳定性的特征，以追求真、善、美为最高诉求。大众文化是以大众为主要消费对象的文化，是与市场经济相适应的一种文化形态，以现代传媒为媒介，“运用高科技来生产和传播的文化，具有通俗性、时代性、商业性、易接受性和大众性的特征”①。它以文化产品为载体，以娱乐为目的，以流行音乐、闲谈、肥皂剧等为传播形式。这种文化，在给人带来感官享受的同时，忽视了人的精神价值的提升，往往会使人形成一种追求舒适、享乐的西方消费主义的人生观和价值观。这与主流文化所倡导的价值诉求必然存在冲突。

（四）当代中国多元文化冲突的成因分析

改革开放以来，新的文化不断生成，虽尚未形成占主导地位的文化体系，但不断肢解着传统文化，这种新旧文化不断碰撞、冲击、消解的过程，其实就是文化冲突的过程。究其根源，当下中国文化冲突的成因在于：

第一，改革开放以来，各种新文化思潮的不断兴起是当下中国文化冲突的主要根源。改革开放以来，由于我国选择了“市场化”取向的改革方向，在市场经济的冲击下，各种新文化思潮风生水起，马立诚概括为八种社会思潮，即中国特色社会主义思想、老左派思潮、新左派思潮、民主社会主义思潮、自由主义思潮、民族主义思潮、民粹主义思潮、新儒家思潮。当然，也有学者概括为六种或四种社会思潮的。但总体来看，不论如何概括，马克思主义改革思潮、现代西方文化思潮、传统马克思主义思潮和新儒学思潮是其中的核心所在。其中，马克思主义改革思潮是当代中国文化的主流，这种思潮坚持马克思主义的基本立场、观点，主张从中国实际出发，坚持解放思想、实事求是，建设中国特色的社会主义。但由于认知的不同，这种思潮内部也存在两种倾向，一种是较为稳健的倾向，侧重于经济领域的改革，对政治领域的改革较为谨慎；一种是较为激进的倾向，主张经济、政治、文化领域的改革齐头并进，加速改革的步伐。现代西方文化思潮是改革开放的伴生物，由于西方社会最早实现现代化，其文化现代化也在加速推进，成为中国文化建设的蓝本，因而，产生了引进、学习西方现代文化以改造中国传统文化的倾向，特别是在青年知识分子、

① 尹俊芳：《论文化冲突对社会主义和谐文化建设的影响》，《求实》2013年第3期。

学生中影响最大。这种思潮对中国传统文化持激烈批判的态度，主张中国应实行全面、彻底的改革，向西方社会和西方文化看齐，最大限度地进行民主化改革。但这种思潮内部也有两种倾向，一种倾向认为应该从中国现实国情出发，实行循序渐进的改革；一种倾向认为应该实行激进的改革，主张全盘西化。传统马克思主义思潮在相当一部分群众、干部中有着广泛的影响，他们对马克思主义持教条式的理解，对改革不理解、持抵触态度，生怕改革丢掉了社会主义。特别是在改革出现失误，社会矛盾凸显期，这种思潮有着广泛的市场。新儒家思潮主要是一种学术观点。改革开放伊始，西方文化不断挑战着中国传统文化的底线，为了应对挑战，一部分学者试图接续断裂的儒学传统，以儒家思想为蓝本，辅之以现代新文化思想，把传统儒学改造为新儒学，使之具有现代文化品位，以弥补传统文化的不足。这种思潮在部分从事传统文化研究的学者中颇有市场，并且受到海外新儒学研究者的呼应。以上新文化思潮的兴起，既有与我国的主流文化相契合的地方，亦有不相适应的地方，出现文化冲突不可避免。

第二，文化霸权主义的扩张是中国本土文化与外来文化冲突的直接原因。“全球化”是当今世界的主要特征，以美国为首的西方发达国家，利用全球化带来的便利，凭借其在经济、政治、科技、文化、军事的强力主导地位，大力进行文化渗透和扩张，推行文化霸权主义，极力把西方的自由、民主、人权等价值观念强加给我国，试图从意识形态领域弱化、分化和西化我国。特别是在苏联解体后，在他们看来，一个“意识形态终结”的时代正在来临，他们试图以自己的意识形态来重新建构世界，这与我国主流意识形态“马克思主义”发生了严重的碰撞。必然引起文化层面的冲突和危机。之所以如此，因为文化在综合国力竞争中的作用凸显，正如党的十七届六中全会指出的那样：“当今世界正处在大发展大变革大调整时期，世界多极化、经济全球化深入发展，科学技术日新月异，各种思想文化交流交融交锋更加频繁，文化在综合国力竞争中的地位和作用更加凸显，维护国家文化安全任务更加艰巨，增强国家文化软实力、中华文化国际影响力要求更加紧迫。”① 因而，出于维护文化领域的意识形态地位和

① 《党的十七届六中全会〈决定〉学习辅导百问》，党建读物出版社、学习出版社 2011 年版，第 3 页。

国家安全的需要，中国文化和外来文化必然存在冲突，且冲突是长期的。

总之，中国多元文化冲突的文化情态，对于我国提出的文化大发展、大繁荣的建设目标是有着极强的现实意义的。但毋庸讳言，多元文化冲突的现实，挑战着中国的国家安全和文化安全，特别是意识形态安全。稍有不慎，我们就会落入资本主义所宣扬的文化陷阱，“和平”进入资本主义。因而，文化作为国家治理的一部分，如何维护意识形态安全，重构我们自己的马克思主义主导价值观，对于执政党和政府而言不能说不是严峻的挑战。

二 中国价值观现状：价值多元与冲突

改革开放给当今中国带来的不仅是经济的腾飞，同时也加剧了中国社会的断裂与失衡。伴随改革开放领域的不断拓展及其全球化进程的加速推进，文化多元化得到不断推进，文化帝国主义和霸权主义得到不断扩张，中国文化安全遭到严峻挑战，马克思主义在“意识形态”领域的引领地位遭到质疑，多元文化冲突使得社会价值观念呈现多元并存的发展局面，传统社会的主流价值观遭到肢解，新的现代社会的主流价值观难以建立，所有这一切都构成了当下中国国家治理的难题。

（一）价值多元和价值冲突阐释

每一种文化形态，都有其独特的价值系统，正如前文所述，文化是多元的，价值必定也是多元的。在我国，价值多元通常指改革开放以来我国社会特有的一种文化现象，因为市场经济的发展，全球化进程的加快，对传统的计划经济体制下的一元价值观念造成强大冲击，利益主体的不断成长和发育，需要不同的价值观念做支撑，全球资本的不断扩张，各种价值观念，比如自由主义、社群主义、保守主义等不断涌入，冲击着中国传统的单一意识形态，从而使价值多元成为一种社会实践。从实质上来讲，价值多元是价值观念变迁的结果，又是文化发展和选择的结果。当前，我国已处于急剧的社会转型期，“市场化”取向的改革向纵深发展，尽管集体主义的价值取向仍是我国社会价值体系建构的重要支撑，但由于外来文化的强势入侵，西方价值观念的大量涌入，人们的思想和行为有了足够的空间建构自己的价值体系，社会成员的价值观念呈现多元化态势，给构建中国主流价值体系带来极大的挑战。

既然价值是多元的，那么与多元伴生的必然是冲突。德国社会学家L.科塞（Lewis Coser）曾对价值冲突做过界定，即“价值冲突是个体或社会群体之间由于价值观念或经济、非经济利益的对立而发生的对抗”①。现代社会价值主体的多元化，各价值主体都有自己的利益和需要，因而形成了不同的价值观念，由于彼此之间不可化约，加之每一种价值都是相对于价值主体的不同需要而言的，而需要本身又是在不断发展变化的，就会出现同一价值体系的不同价值之间，以及同一价值主体不同时间的价值之间的价值冲突。② 在当下中国，正如前文所述，各种价值观念纷纷涌现，每一种价值主体都提出了自己的价值标准，形成价值多元的局面，也就形成了当下中国的价值冲突。从一般意义上来讲，价值冲突其实就是价值观念的冲突，是思想的交锋，因为价值本身不会发生冲突，之所以会发生冲突，在于人们的价值评价和价值选择的不同，在于肯定一种价值而否定另一种价值，选择一种价值而放弃另一种价值，在价值观念之外并不存在价值冲突，其实质就是价值现实的冲突。③

（二）当前我国价值多元与冲突的表现

毋庸置疑，改革开放的影响是巨大的，经济、政治、文化领域都发生了深刻的变化。经济上走上社会主义市场经济的道路，政治上开始逐步走向从人治到法治、从精英政治到民主政治的道路，文化领域也进入新一轮的调整期、走向从计划到市场的过渡期。在这一过程中，不同的利益群体或者说价值群体由于认知的不同，表现在观念领域就是价值多元和价值冲突。

1. 当前我国社会价值多元情态

对于当前我国社会价值多元的研究，理论界已基本达成共识，即我国社会已进入“一元主导、多元共存”的价值观格局。所谓一元主导的价值观，即指与我国社会主义的价值目标、价值标准和价值取向相一致的价值观，其他的价值观，包括传统的和现代的、先进的和落后的、中国的和外国的，虽不占主导地位，但与主导价值观同时存在，我们称之为“多

---

① 转引自黄焕汉《中国社会转型及其价值冲突之化解》，《求索》2010年第9期。

② 《江畅自选集》，华中理工大学出版社1999年版，第238页。

③ 兰久富：《社会转型与价值冲突》，《北京师范大学学报》1999年第3期。

元共存”。

陈晓辉在《当代中国社会多元价值观评析》一文中认为，当代中国社会多元价值可以从两个视角来解读，第一个视角是个体价值观，他认为，当前社会存在七种个体价值观，即利他主义价值观、极端主义价值观、相对主义价值观、消费主义价值观、怀疑主义价值观、使用主义价值观、利己主义价值观；第二个视角是群体价值观，分别就50后、60后、70后、80后、90后群体的价值观特点进行了分析。①

陈士兵认为，当下中国价值多元有四种表现，一是中国传统的价值观，即封建主义的价值观，主要表现形式是平均主义、封闭保守、重利轻义、安于现状等；二是西方传入的价值观，即以“个人主义”或“个人本位”为核心的自私自利的价值观；三是过去“左”的价值观，以高度政治化、道德化、价值主体的单一化和价值运行机制的单向化为社会价值体系的核心；四是改革开放以来新生的价值观，以建设有中国特色的社会主义为核心。②

还有学者认为，目前我国存在三种价值观，一是计划经济时代以集体为本位的价值观；二是改革开放新时期形成的重功利、重才能的价值观；三是在西方文化影响下形成的极端利己主义、绝对功利主义的价值观。

以上学者从不同的视角分析了当下中国价值观的存在形态，我们说都有其合理性，重要的是我们要分清哪些是马克思主义的价值观，哪些是非马克思主义的价值观，哪些是应该倡扬的，哪些是不应提倡甚至是应该否定的，以便在一元与多元的互动中构建中国独特的现代价值观。

2. 当前我国多元价值冲突的表现

前文述及，当前中国社会价值观领域呈现“一元主导、多元共存”的价值观格局，我们说价值多元必然存在价值冲突，梳理当前价值观领域研究的最新成果，本书认为，当前我国价值观领域冲突的表现主要有：(1) 主导价值观与多元共存的价值观的冲突。我国的主导价值观是马克思主义引领下的，以中国特色社会主义价值目标为核心的价值观，以爱国

① 陈晓辉：《当代中国社会多元价值观评析》，《当代世界与社会主义》2013年第2期。

② 陈士兵：《论社会转型时期的价值冲突和主导价值观的确立》，《黑龙江教育学院学报》2006年第1期。

主义、集体主义、为人民服务、社会主义思想为其基本价值导向。而其他的价值观，在价值取向上崇尚功利性，在物质层面表现为拜金主义、享乐主义等极端个人主义，在精神上表现为庸俗、低俗、媚俗。在思想文化层面是坚持马克思主义在意识形态领域的指导地位，还是搞指导思想的多元化，所有这些体现在个人身上，就表现为个人选择的多样性与社会要求的统一性的矛盾和冲突。就社会而言，社会要求个人的价值选择应当符合社会的长远发展和社会整体利益的实现，符合社会主导价值观，而现实情况是，每个人的价值选择并非都符合这一要求，人们往往基于自己利益的考量选择有利于自己的价值目标和价值行为，因而，社会主导的"一元"与个人要求的"多元"是当下我国社会价值冲突的主要形态。（2）传统与现代的价值观冲突。无论是个人还是社会，价值观念一旦形成，在很长的历史时期里就会保持相对稳定性，随着社会历史的进程而缓慢地变化着。改革开放前，由于受中国传统文化的影响，形成了专制、集权、人治、重精神轻物质、重集体轻个人的价值观念。随着我国向市场经济体制的转轨，中国人的现代意识不断增强，对传统的价值观提出了质疑。但我们也应该看到，传统价值观并非一无是处，它们不会轻易地退出历史舞台，彼此之间必将有一个博弈的过程。在这一过程中，我们面临着公平与效率、竞争与诚信、先富与共富、人治与法治、专制与民主、自由与人权、发展与稳定、资源与环境等选择上的价值冲突。这种传统与现代的价值冲突使我国在价值观选择上处于两难境地。（3）中西价值观的冲突。目前，世界全球化进程加速推进，我国正面临深刻的社会转型，在这一过程中，西方价值观念不断涌入，深刻影响了我国民众的物质、文化和精神生活。众所周知，西方价值观念是以个人主义为核心的，重利轻义的功利主义是其价值取向。从价值目标来看，西方价值观念把追求个体幸福作为总体目标，把追求公平正义作为价值准则，所有这些价值观念对中国民众的影响都是双面的。一方面，唤醒了中国民众的自我意识和主体意识，可以说这些影响都是积极的。但同时，在西方价值观念的冲击下，中国传统价值观念中的优秀部分也被剥离，出现了道德滑坡和文化失范的价值取向。比如，中国传统价值观中的"仁""义""德"是中华民族传统文化中的优秀遗产，集体主义历来是中国所倡导的价值观念，所有这些在市场经济利益原则的冲击下都在发生剥离，在部分民众中滋生出极端个人主义、利己主义、自由主义、功利主义、唯利是图的价值取向，社会的整个价值体系正在受到冲击。由于发达国家主导着全球化的进程，其输出模式必然是全方位的，在各个领域都打上了意识形态的烙印。他们在向世界各国输出经济、政治和文化模式的同时，往往把价值观念和意识形态强加给输入国家，其主要目的就是企图分化、西化社会主义国家。体现在文化层面就是西方文化帝国主义和文化霸权主义，这与我国坚持的马克思主义在意识形态领域的指导地位必然发生冲突。这种中西价值的冲突是我国构建主导价值观的主要障碍。

上述三个方面基本体现了当下中国价值冲突的态势，但出于研究目的和视角的不同，还有学者从个体和群体、公平和效率、道德和功利、价值主体、价值标准、价值目标、目的和手段、社会心理和社会理性、民族化和全球化等的角度来研究当代中国的价值冲突，我们说，这些所有的冲突都是当代中国价值冲突的表现，这是确定无疑的，但由于与本书的研究目的相去甚远，故不一一展开阐述。

三　当代中国社会主导价值观面临的挑战

毋庸讳言，改革开放的功绩是巨大的，但我们也不能够否认改革开放的负面效应，特别是在思想文化领域尤其是在价值观领域。因为，伴随改革开放不断深化，西方文化不断进入，深刻影响着中国人民的精神文化物质生活，进而影响着中国人民的价值选择。在多元文化及其多元价值的冲击下，当代中国社会主导价值观面临极大挑战，如何走出多元主义的困境，构建既能反映传统又能体现当代的中国主导价值观，既是当下中国国家治理的迫切任务，又是难题所在。

（一）社会主导价值观概说

一般认为，一个国家的社会主导价值观通常被认为是官方所推行的价值观，反映统治阶级的意志和利益，由官方提出并形成书面文字，通过学校教育、社区学习、舆论宣传等手段由国家自上而下推行，进而形成统摄全体民众思想、行为的一种国家意识形态。但并不是官方所推行的所有价值观都能成为主导价值观，一种价值观要想成为主导价值观，必须充分反映时代精神，在多元价值体系中能够体现整个社会发展的价值取向，并能以自己的正向功能统领其他价值观念，起到凝聚人心、规范行为、稳定秩序的作用。一个社会需要什么样的主导价值观，绝不是官方或者个别领导人的自说自唱，它是由以下因素决定的，一是社会的生产、生活方式，二是社会的体制结构，三是社会的文化系统，[①] 其中，社会的生产、生活方式决定着主导价值观的价值取向。

因而，构建一个国家的主导价值观，必须研究该国家的经济关系，研究该国家的性质和价值目标。如果说一种价值观的提出，不考虑整个社会的物质生产活动和交往活动，无论这种价值观的价值目标多么美好，也不会得到大多数民众的认可，因为你绝不可能指望一个食不果腹的个人或群体去建设共产主义的美好家园。可见，主导价值观的构建要立足于该国的经济结构和生产关系，特别是生产力的发展水平，抛开生产力和生产关系、经济基础和上层建筑来谈主导价值观，在书斋里还可以，但在现实中就会如同空中楼阁，既无意义也无可能，作为国家如果强制推行的话，便会引发社会的激烈矛盾和对抗，结果就是国之不安、人民遭殃。所以，一个国家和社会的主导价值观，必须是社会群体的价值观，必须得到多数社会成员的接受和认同；主导价值观在社会价值体系中居于主导地位，代表着社会价值体系的发展趋向，起着价值导向和社会凝聚作用；主导价值观必须有现实的合理性依据，在现实中有活生生的社会实践。

就我国实际来看，我国建立起人民当家作主的社会主义国家，人民代表大会制度是我国的根本政治制度，公有制为主体、多种所有制经济共同发展是我国的基本经济制度，文化上坚持马克思主义在意识形态领域的领导地位，共同富裕是我国国家发展的价值取向，所有这些价值理念反映在价值观领域就是国家倡导的社会主导价值观。正因如此，我国社会的主导价值观必将是在马克思主义引领下的，以中国特色社会主义价值目标为核心的，以爱国主义、集体主义、为人民服务、社会主义思想为其基本价值导向的价值观。

（二）当代中国社会主导价值观面临的挑战

前文已述，当代中国价值观的现状就是价值多元和价值冲突，很明显，当代中国主导价值观面临的挑战就是价值多元和价值冲突带来的困惑，正如衣俊卿所言，处于社会转型期的中国正经历着普遍的道德失范现

① 刘小新：《论社会转型期的主导价值观》，《中央社会主义学院学报》2006 年第 3 期。

象，中国民众正经历着文化价值观念的冲突：个人主义与集体主义，消费主义、享乐主义与传统的节俭美德，后现代文化与工业文明精神等。[①] 现在看来，当下我们面临多元价值与冲突带来的困惑有：传统社会主义集体价值观面临的挑战，西方文化价值观对中国文化价值观的挑战，当代马克思主义面临的挑战。

第一，传统社会主义集体主义价值观面临的挑战。首先，多元价值带来的冲击。改革开放以来，特别是随着经济体制的转轨，人们的价值观念发生了深刻的变化，一方面，产生了诸如竞争、平等、效益等新的积极的价值观念，另一方面也产生了诸如个人主义、享乐主义、拜金主义等消极的价值观念，这些消极的价值观念对传统的集体主义价值观、道德观形成了强烈冲击，致使在一些人的头脑中国家观念、民族观念日益淡薄，到底还要不要坚持集体主义的主导价值观成为人们思想领域的一大困惑。其次，传统集体主义价值观对个人利益的漠视，造成人们对集体主义价值观的情感排斥。新中国成立之后，党和政府就把集体主义确立为我国的主导价值观，但在计划经济时代，把集体神圣化、绝对化，“集体成为超越于个人之上、独立于个人之外的抽象、冷漠的‘自在’；个人则成为没有自我价值和独立人格，没有利益冲动和价值目标，没有自主性、能动性和目的性的‘单面存在’”[②]。这种集体主义的价值观，过多强调社会和国家利益，漠视公民个人利益，甚至把公民个人维护自己的正当权益视为个人主义而加以排斥和反对。同时，长期以来，我们对集体只做了抽象的解释，而忽视了马克思所批判的虚妄的集体，在现实生活中，就出现了以权谋私的集体、贪污腐败的集体、为少数领导人服务的集体等种种劣质集体，这都严重损害了集体主义的声誉，使得集体主义原则在人们道德情感中的认同度降低，在思想认识上对集体主义产生逆反心理，在行为上采取抵触态度。

第二，西方文化价值观对中国文化价值观的挑战。其主要表现在于：一是从国家层面来讲，西方国家利用全球化带来的便利加紧西方文化的渗透和传入。全球化是当今世界的主要特征，其实质是不同国家利益集团的

① 衣俊卿：《论社会转型时期的生存模式塑造》，《北方论丛》1995 年第 4 期。

② 王岩、林潇：《当代中国社会转型期的价值冲突与主导价值观的建构》，《南京航空航天大学学报》（社科版）2004 年第 4 期。

竞争，西方国家利用全球化带来的便利，凭借其在经济、科技等方面的优势，利用对外援助、文化交流、媒体宣传等手段加紧对我国“西化”“分化”，极力向我国推销其自由、民主、人权等所谓的“普世价值”，其主要目的就是动摇马克思主义在我国意识形态领域的指导地位。二是从民众层面来讲，西方大众文化的传播动摇着普通民众的传统价值信念。从麦当劳、肯德基、可口可乐为代表的饮食文化，到以迪士尼、好莱坞为代表的娱乐文化，西方大众文化的传播深刻影响了中国人民的生活方式，中国人在不知不觉中接受了西方现代化的国家发展模式，特别是在青年中产生了崇洋媚外的心理，对本国本民族的文化产生了反叛情绪，认为，“全球化就是世界的一体化，文化的一体化”，不存在所谓你的文化我的文化，这种认识直接导致“国民的人文精神的失落、社会道德的滑坡以及消费主义价值观蔓延，中国传统义利观、是非观、荣辱观等遭遇空前挑战”。[①]

第三，当代马克思主义面临的挑战。稍微有点常识的人都知道，我国的主流意识形态是“马克思主义”，正是在马克思主义的指引下，我国才取得了革命、建设、改革的伟大胜利，正因如此，马克思主义深深根植于我国的文化脉搏中，成为我国的主流意识形态，成为中国共产党整合国家和社会的强大工具。然而，随着全球世界的来临，马克思主义日益受到挑战和质疑，主要表现在：首先，由于全球化是由发达资本主义国家所主导，他们借助全球化带来的便利，凭借经济、科技、文化上的强大实力，向广大发展中国家输出其价值观念和意识形态，广大发展中国家包括一些社会主义国家迫于经济发展的压力，会在一定范围、某种程度上接受资本主义国家的意识形态、发展理念和价值观念，这样，人们不禁对马克思主义产生怀疑，为什么一些不以马克思主义科学理论为指导思想的资本主义国家，在经济发展、政治文明、文化繁荣、人民幸福等层面都快于或高于以马克思作为指导思想的社会主义国家？其次，根据经典马克思主义的论述，资本主义是反动的、垂死的、腐朽的。然而，现实情况是，资本主义仍在继续发展，并且在经济、科技、文化方面在很长时期内都会对社会主义国家保持强大优势，人们不禁产生疑问，为什么资本主义垂而不死、腐

① 张兴华、雷琳：《全球化时代中国文化安全现状及其治理向度》，《湖南师范大学社会科学学报》2012 年第 5 期。

而不朽，反而占据了新的科技革命制高点并快速发展，特别是在苏联解体以来，“马克思主义过时论”“社会主义终结论”甚嚣尘上，我们不禁对社会主义、对马克思主义的历史命运感到担忧，这些都需要在新的社会历史条件下做出解释，并从理论上予以回应。同时，以“新自由主义”为代表的西方意识形态并非一无是处，也包含一些符合人类社会发展的思想，比如：平等、自由、民主等，从字面上看，这与马克思主义所倡导的价值理念其实是一致的，问题的关键在于如何剖析资本主义社会的自由、民主、平等，并在实践中予以否定，马克思主义还无力从理论上予以颠覆性的回应，这就在一定程度上给人留下了遐想的空间，对马克思主义采取不置可否的态度，马克思的影响力和生命力面临着极大挑战。最后，由于现代科技日新月异，特别是互联网技术的快速发展，各种思想、观点可以迅速传播，并在网络空间中获到足够的张扬，影响着人们接受事物的方式及其价值观念，传统的国家控制下的学校教育、思想宣传、广播电视等“灌输”式意识形态教育受到挑战，网络拓展了意识形态受众的时空边界，各种非马克思主义、反马克思主义等各种意识形态在网上迅速传播，在现实中表现为对社会主义道路、理论和制度的怀疑，这不仅加大了党和政府对社会主义意识形态的整合难度，同时进一步削弱了马克思主义在意识形态领域的指导地位。

总之，中国文化冲突与价值多元的社会现状，深刻改变着中国民众的价值选择和价值信仰，使得人们有足够的空间做出自己的合理选择，其积极作用是不言而喻的。然而，由于全球世界的来临，西方文化及其价值观念的不断深入传播，多元文化引起的价值冲突不可避免，在一些民众甚至一些党政干部中出现信仰缺失、道德滑坡，对马克思主义意识形态提出质疑。如何在全球化的大背景下，在资本主义科技文化仍占优势的前提下，整合社会资源，重建中国自己的意识形态话语体系，对于中国党和政府而言确实是现实的重大难题。

第三节　执政党问题透视：执政风险和信仰危机

改革开放，开启了中国新一轮的国家建设的历程，中国的国家面貌、中国人民的面貌都发生了很大变化，综合国力不断增强，人民生活日益向好，社会迸发出强大活力，各方面的发展都展现出新的内容。但各种矛盾和挑战仍大量存在，前文分别从社会和文化层面展开了论述，本节就政党治理层面的困境做一探讨。

一　中国共产党执政面临的挑战：执政风险

1945 年黄炎培访问延安时曾提出“历史周期律”的问题，可以说从那时起，中国共产党人时刻没有忘记这一警世恒言。作为党的第一代领导人的毛泽东，在 1949 年进京之前提出了“进京赶考”的命题，十六届四中全会指出党的先进性和执政地位不是一劳永逸的。在庆祝中国共产党成立 90 周年大会的讲话中，胡锦涛又指出，在党情、世情、国情发生深刻变化的新形势下，党面临许多前所未有的新情况、新问题、新挑战，执政的考验、改革开放的考验、市场经济的考验、外部环境的考验是长期的、复杂的、严峻的，面临着精神懈怠、能力不足、脱离群众、消极腐败四大危险，因而，如何规避执政风险，保持共产党员的先进性和纯洁性，的确是摆在当代中国共产党人面前的一大课题。

（一）风险和执政风险

所谓风险，是指人们在实践中受到无法预料的因素影响，有可能导致实际结果与预期目标背离的可能，招致蒙受损失和失败的危险。具有以下几方面的特征：一是客观性。风险是客观存在的，不以人的意志为转移。也就是说，不管你承认不承认、喜欢不喜欢，风险总是存在的，存在于决策、思维、行为等干事创业的全过程，是无法回避和消除的。二是危险性。风险是潜在的，具有危险性，一旦发生就必然导致损失。常言说得好，常在河边走，哪有不湿鞋。只要有决策、有行为，就一定存在非人为所能控制的不确定因素，就存在潜在的危险。三是复杂性。风险发生的原因、背景，存在的形式，造成的影响都是不确定的，具有复杂性。四是可控性。风险是可以认识和控制的，存在风险并非一定就会发生，人们可以利用现代科技手段适当规避风险，使其损害或影响降到最低。总之，风险与人类社会的发展同步，社会的快速发展必然导致风险的高频率爆发。

根据以上对风险的解读，本书认为，执政风险就是执政党所面临的危险。考察政党政治的产生、发展的历史，不难得出执政风险是政党政治的伴生物，自世界上有政党产生以来，不论何种性质的政党上台执政，执政风险都潜在地存在着，即使在政治文明程度相当高的发达国家，同样也面临着执政风险问题。学者陆传照认为，所谓执政风险，“是执政党在执政过程中发生的可能动摇其执政地位的危险”[①]。以此为参照，本书认为，中国共产党的执政风险就是中国共产党在执政的过程中所面对的有可能危及其执政地位的潜在危险，这种风险可分为内源性执政风险和外源性执政风险，出于研究目的的需要，本书主要研究中国共产党所面临的内源性执政风险。

（二）中国共产党面临的执政风险

中国共产党究竟面临何种执政风险，这也是当下中国学界研究和探讨的热点问题。有学者指出，中国共产党主要面临三大危险，脱离群众、腐败变质和决策失误；[②] 有学者从经济、政治、文化、社会、国防、生态六大领域来研究中国共产党所面对的执政风险；[③] 刘昀献认为，中国共产党面临十大执政风险，一是动摇党的基本路线产生的风险，二是淡化党的意识形态带来的风险，三是党内民主不健全、权力过分集中产生的风险，四是精神懈怠、意志衰退产生的风险，五是故步自封、能力不足产生的风险，六是背离党的宗旨、官僚主义盛行产生的风险，七是忽视社会公正、动摇执政基础产生的风险，八是为政不廉、腐败变质产生的风险，九是权力异化、形成党内既得利益集团的风险，十是西方敌对势力西化分化的风险。[④]我们说，以上学者的概括都具有极强的现实针对性，只不过是在某一时期某种或几种风险占据主要地位，其他风险不占主要地位，但也潜在地存在着。就目前来讲，我党面临的执政风险就是前文提到的四大危险，即精神懈怠、能力不足、脱离群众、消极腐败，在现实语境下屡屡有极强的表现，招致人们对党的认同度降低，严重威胁着党的执政之基，挑战着党执政的合法性，邓小平曾经讲，“发展起来以后的问题不比不发展时少”，是有着极强的现实意义的。“四大危险”不仅危机着我党的执政地位，而且也考验着我党自身的治理能力，能否在新形势下走出执政困境，

① 陆传照：《论执政风险与党群关系》，《探索》2007 年第 2 期。

② 郭义福：《试论改革开放条件下的执政风险及其防范》，《求实》1999 年第 1 期。

③ 曹大：《21 世纪初中共执政风险综析》，《南方论刊》2006 年第 2 期。

④ 刘昀献：《中国共产党在当代面临的十大执政风险》，《中国浦东干部学院学报》2012 年第 2 期。

事关国家治理的成败。

二　中国共产党党员理想信念层面的困惑：信仰危机

信仰对于一个人的人生发展具有根本性的指导作用。如果一个人一旦形成某种信仰，这种信仰便会成为一种永恒的精神力量、成为其为之奋斗终身的内在动力。中国共产党党员的信仰问题始于马恩筹建的共产主义者同盟，在 1917 年俄国十月社会主义革命后，马克思主义的影响日渐扩大，以李大钊为代表的一部分青年知识分子开始引介、宣传马克思主义，最终马克思主义与中国运动相结合产生了中国共产党，自此，马克思主义就成为中国共产党党员的信仰。目前，随着全球世界的来临以及我国的急剧变革和社会转型，共产党员的信仰问题面临前所未有的挑战，一些领导干部，受市场经济的冲击，禁不住金钱、美女的诱惑，热衷于搞项目、弄票子，玩弄权术、搂抱美女，以至于放松了理论学习，对马克思主义的信仰产生怀疑直至最终放弃。因此，如何确保长期执政，巩固执政地位，进一步加强理想信念教育就显得特别重要，也是政党治理的一大难题。

（一）信仰和信仰危机

一般认为，信仰是和宗教紧密相连的，一说到信仰，人们便立马就想起宗教信仰。在我国，就有“宗教信仰自由”的政策，因而，有人认为信仰就是宗教信仰。我们认为，这显然是一种误解。不可否认，在人类生活的早期，由于生产力低下和科技文化落后，有很多现象人类无法做出合理解释，便到宗教那里去寻找答案，形成了对宗教的崇拜和狂热。但信仰并不是宗教的专有物，马克思主义认为，随着人类社会的向前发展，宗教必将走向消亡，但信仰却不会消亡。信仰将与人类社会的存在共生共灭。

对于信仰概念的界定，学者们从不同的学科视域都有着自己的独到见解。一种观点认为，信仰是指特定社会文化群体和生活于该社群文化条件下的个体，基于一种共同价值目标，所共同分享或选择的价值理想或价值承诺，具有目的性、理想性和优位性。另一种观点则认为，信仰既是一种精神活动和精神现象，又是一种社会活动和文化现象，在表现形态上可分为主观和客观两个方面。主观表现可分为信仰理性、信仰意志、信仰情感、信仰行为等。客观形态包含信仰领袖（创立信仰的宗教大师和思想家）、信仰经典、信仰组织和信仰偶像等。[①] 还有一种观点认为，信仰虽然是一种精神现象和精神活动，但信仰本身却并不是精神冥想的产物。信仰说到底是纷繁复杂的社会生活在人的精神世界的内化，它具有丰厚的社会文化内涵：第一，信仰蕴含并展示着个人与社会的关系；第二信仰蕴含并展示着理想与现实的关系。[②]

不管学者们对信仰概念如何界定，但一个显而易见的事实是，信仰是一种巨大的精神力量，是一个人的精神支柱，是一个人对真善美的永恒追求；笼统地讲，信仰就是理想信念。信仰是以相信为中心而建构起来的一种超越自我、超越现实、追求最高价值的自我意识，是主体对终极价值的追求，对于中国共产党人来讲，这种终极价值就是共产主义的远大理想，从这个意义上讲，信仰就是理想，是理想层次中最高的理想。信念主要是指一种观念和态度，是建立在一定认识基础上的对某种思想或事物的坚信不疑，科学的信念是真理和价值的统一，体现了对美好未来的追求，从这个意义上讲，信念也是某种程度上的信仰，信仰是信念中居于最高地位的信念。理想是人们为之奋斗的最远大的价值目标，立足于现实，但又超越现实，一个人的理想，体现着一个人的信念和追求，从这个意义上讲，理想就是信念。因此，我们说，信仰是最高层次的理想信念，是信念的内核，是理想的基础，是一个人干事创业的根本准则和态度，是一个社会的元气所在。基于此，本书所讲的信仰是与理想信念在同一个层次上来使用的。

共产党员的信仰就是指共产党员的理想信念，就是指对马克思主义、共产主义的高度笃信和景仰，是对党的事业无限忠诚，是指导党员为实现党的事业而努力奋斗的精神旗帜和行动指南。在当下，主要表现为要坚持党的领导，坚信中国特色的社会主义制度，坚信中国特色的社会主义道路，坚信毛泽东思想和中国特色社会主义理论体系。从内容体系上来讲，就是两个矢志不移，“一是要矢志不移地坚守马克思主义，二是要矢志不移地坚守共产主义”[③]。

---

① 翟永玲：《关于信仰危机问题研究综述》，《伦理学研究》2004 年第 4 期。

② 罗谟鸿等：《当代中国社会转型研究》，西南师范大学出版社 2007 年版，第 108 页。

③ 张书林：《论共产党员的信仰》，《上海党史与党建》2012 年第 5 期。

（二）信仰危机的内涵

危机是指某一特定事物（小至一个信念，大至一个国家或民族）即将失去自己的规定性。就信仰而言，是指信仰者由于受到一定因素或特定环境的影响，对原有信仰发生动摇进而抛弃的一种心态，其实质表现为对现有生存方式和存在意义的认同危机。一般来说，信仰危机包括两个方面：一是对既有信仰体系的怀疑、动摇乃至抛弃，二是新的信仰体系尚未建立。信仰危机是当今世界一种比较普遍的精神迷失现象，也是人类社会在不同的转型过程中必然发生的精神生活问题。就当今中国社会而言，信仰危机就是对当今中国的主导信仰产生了怀疑，即对马克思主义、共产主义产生了怀疑，进而在信仰选择上处于迷失状态，或者以其他信仰取而代之。

共产主义的价值理想，是马克思主义整个理论体系的最核心内核，它最终体现于对人的终极关怀——人的自由而全面的发展，是价值与真理的内在统一，是整个共产主义运动的最基本的精神动力和最高的价值目标。中国共产党人之所以能够在革命战争年代赴汤蹈火、无怨无悔，就在于选择了共产主义作为自己的人生信仰。然而，就是这种正确的、理性的信仰，由于各种各样的原因，在当代中国共产党人价值观里却发生了危机。

（三）中国共产党党员信仰危机的现实表现

在改革开放和社会主义现代化建设新时期，我们党的整个党员队伍的思想状况是好的，对于党的十一届三中全会以来的路线、纲领、方针、政策保持了高度认同，为社会主义现代化做出了巨大贡献。但也有少数党员干部经不起西方文化价值观念的冲击，经不起金钱、美女的诱惑，出现了价值错乱，归纳起来主要有：（1）信仰动摇。对党的事业不坚定，对马克思主义、共产主义的理想信念产生了动摇，对社会主义的价值信仰产生怀疑，羡慕、向往资本主义制度和资产阶级的生活方式。如有些党员干部出现信仰迷失，表现出对宗教的狂热，甚至还担任了宗教神职，更有甚者参加了“法轮功”等邪教组织。（2）认为马克思主义已经“过时了”。马克思主义过时论本是“西方马克思主义”学派的话语体系，其主要目的在于全面消解和否定马克思主义，当这一话语体系传到我国后，有些党员干部被某些社会现象迷惑，有意或无意地成了这一论调的支持者和宣传者。特别是在苏联解体、东欧剧变后，马克思主义过时论甚嚣尘上，有些党员干部对中国特色社会主义事业悲观失望，对马克思主义及其中国化的马克思主义产生怀疑。(3) 推崇西方的价值观念和生活方式。有些党员干部受西方价值观念和生活方式的冲击，完全抛弃了对马克思主义的信仰，追逐物质享受和个人利益，只想攫取，不讲奉献，完全没有崇高的社会利益和集体利益观念，陷入了庸俗的物质主义泥潭。(4) 热衷封建迷信。在我国，由于封建社会的历史源远流长，形成了深厚的历史惯性和文化积淀，个别党员干部受其遗毒至深，在加之自己疏于理论学习，放弃了对马克思主义的正确信仰，热衷于封建迷信活动。在一些党员干部当中，甚至在一些级别较高的领导干部中，烧香拜佛现象极为常见，个别领导干部在子女升学、乔迁新居、升迁任职等重大事项上都求神拜佛，甚至在家里堂而皇之地供奉着观音菩萨、玉皇大帝等神灵，"不问苍生问鬼神"成为时尚。(5) 把自己混同于普通民众。改革开放以来，西方文化和价值观念的涌入影响着人们的生活、生产方式，文化冲突和价值多元成为社会生活的常态，挑战着我国的主流意识形态。一些党员受利益的驱使，世界观、人生观和价值观在潜移默化中发生了改变，原先坚定的信仰逐步淡化，不重视理论学习，不参加组织生活，热衷于个人或小团体利益。同时，加之社会问题和矛盾急剧凸显，消极腐败现象在一定范围内广泛存在，理想和现实的差距，使得一些人淡化甚至忘记了自己的信仰，把自己等同于一般的普通民众。(6) 信仰模糊。有些党员由于疏于理论学习，对马克思主义、共产主义一知半解，到底什么是马克思主义、共产主义说不清，对社会发展规律认识不透，缺乏最基本的马克思主义理论素养。认为共产主义是遥远将来的事情，共产主义只是诸多社会思潮的一种，只是一种理想学说，在学术研究领域有一定意义，但没有任何实践价值。

以上信仰危机的六种表现，虽然只是在少数党员身上有所体现，但造成的影响和危害是极大的，甚至有可能亡党亡国。之所以这么讲，是因为少数人的信仰危机如果不能科学认识、放任自流，就可能有燎原之势，在整个党组织内部蔓延开来，最终摧毁共产主义大厦的价值根基，严重削弱党的凝聚力、战斗力和公信力，影响了党的形象，危害了党的事业。因而，加强理想信念教育，重构当代中国的马克思主义价值信仰体系是党自身治理的重大课题和难题。

三　党的领导能力和执政基础面临的挑战

前文已述，中国社会的文化冲突与价值多元必将给中国社会主导价值观的建构带来严重困惑与挑战，同时也进一步肢解着共产党员的理想信念，所有这些必将削弱着党的领导能力和执政基础。①

（一）多元文化社会对既有意识形态的挑战

显而易见，多元文化社会不断肢解着我国主流意识形态——马克思主义，这给党利用意识形态的功能来整合社会带来难度。因为，意识形态整合社会主要体现在其价值和精神层面，这就需要党领导中国社会构建主导意识形态时给予民众强大的政治制度认同感，并能够在机制上最大限度地凝聚社会各方共识。然而，由于改革开放以来“以经济建设为中心”的惯性思维，我们的意识形态建设远远滞后于政治和社会发展的需要，主要体现在：一是尚未从人类政治发展规律的高度对当代中国政治发展的内在逻辑及其合理性做出科学而有效的总结和回答；二是中国特色社会主义理论体系的意识形态功能不足；三是未能从理论上和纲领上对党和国家的阶级基础与整体社会发展之间关系做出合理性解释；四是党的一元化意识形态与社会的多元文化、价值冲突存在，尚未能充分实现“一元”领导“多元”，国家一元意识形态建设滞后，存在被“多元”消融的危险。

（二）多元文化社会对既有制度建设的挑战

制度是维持国家运行的规则，体现一国的性质及其各治理主体之间的关系。有国家制度、政党制度、法律制度、社会制度等。一国的正常运行必须有一定的制度作保证，但各制度的运行不是孤立的，不仅需要社会各方面达成共识，而且要求各制度之间能够实现有机互动。然而，由于多元文化社会情态，我们的既有制度建设面临着严峻挑战，主要体现在：一是尽管我国宣称已经建成社会主义制度体系，但对于社会主义制度体系的价值内涵、制度要素没有给予明确回答，引起人们的思想模糊，价值扭曲；二是党内制度体系建设不足，党员的主体意识缺乏，缺乏互相监督的机制；三是国家廉政体系不足，监督机制不明朗，这也是腐败未能有效治理

---

① 下文参见复旦发展研究院编《双轮驱动：中国未来十年发展的战略选择》，复旦大学出版社 2012 年版，第 31—32 页。

的根源。

（三）多元文化社会对党既有领导方式的挑战

在现代国家建设及其治理中，政党起着最为核心的作用。其原因不仅在于政党处于领导地位，还在于政党是连接国家和社会的纽带。但现实情况是，尽管党在领导方式上不断自我改进，并提出科学执政、民主执政、依法执政的执政理念，提出问政于民、问需于民、问计于民的决策理念，然而，在多元文化社会背景下，党的领导方式还存在很大不足，主要体现在：一是党在如何领导社会的问题上办法不多，党的社会组织体系和运行机制需要进一步整合和改进；二是党的基层组织建设滞后、领导乏力，工作方式和作风有待加强；三是党联系群众的能力有待提高。

总之，多元文化社会带来的冲击是多方面的，在政治、经济、文化和社会等方面均有体现，这不仅加剧了党治理国家的难度，同时也挑战着党的领导能力和执政基础。因此，如何在多元社会背景下加强党的领导能力建设，提高党治理国家的本领，发挥其国家与社会之间的纽带作用，实现政党、国家、社会之间的良性互动和有机合作，的确是党自身治理面对的重大课题。

第四节 环境问题透视：环境污染和生态危机

改革开放以来，中国取得了令人瞩目的发展成就，但与此同时，中国的环境与生态问题也日益凸显，对我国社会经济发展已经构成了严重的障碍。近年来，随着中国社会的全面转型，中国的环境与生态问题发生了深刻的变化，对生态系统、人体健康、经济发展乃至国家安全都产生了重大影响。

一 中国语境下环境问题内涵阐释

环境，是人类赖以生存和发展的各类要素的总和，分为自然环境和社会环境。自然环境按要素组成可分为大气、水、土壤、生物、矿产等；社会环境按人类活动范围可分为居室环境、户外环境、工作环境、街区环境、村落环境、城市环境等。

环境问题，顾名思义，就是指人类赖以生存的自然和社会环境，由于人为和自然的原因使得原本适应人类生存的环境发生了变化，其变化已经不利于人类的生存和发展。环境问题一般分为环境污染和生态破坏两大类。环境污染包括大气污染、水污染、土壤污染等，以及由这些污染带来的环境变化，如温室效应、臭氧层破坏、酸雨等。生态破坏指整个生物圈由于某一方面遭到破坏，所带来的一系列连锁反应。

中国环境问题是指在中国的区域范围内出现的环境问题，即在中国区域范围内，由于自然或人为的原因使得原有环境发生某种变化，其变化不再适应中国人的生存和发展，这种环境变化的结果表现为中国的环境问题。①

二　我国环境与生态问题综述

气象、地震、地质、海洋等自然灾害依然严重。据中国环境保护部发布的《2015 年中国环境状况公报》，2015 年，全国共有 30 个省（区、市）7641 万人遭受洪涝灾害；平均气温偏高，为 1961 年以来最暖的一年；河北、山东部分地区出现低温冷冻害；台风登陆时强度强；旱情地域性、阶段性特征明显；雾霾过程范围大、持续性时间长；冰雹龙卷风次数较常年偏多；全国发生 5.0 级以上地震 29 次；发生各类地质灾害 8224 起；中国管辖海域共发现赤潮 35 次，黄海沿岸海域浒苔绿潮分布面积较近 5 年平均值增加了 48%；渤海滨海平原地区海水入侵和土壤盐渍化严重；粉砂淤泥质海岸侵蚀加重。

水土流失、土地荒漠化和沙化现象未得到根本扭转。2015 年，根据第一次全国水利普查水土保持情况普查结果，我国现有土壤侵蚀总面积 294.9 万平方千米，占普查范围总面积的 31.1%。其中，水力侵蚀 129.3 万平方千米，风力侵蚀 165.6 万平方千米。同时，中国因人口增加、经济发展和城市建设，耕地被占现象严重；第五次全国荒漠化和沙化监测结果显示，至 2014 年，全国荒漠化土地面积 261.16 万平方千米，沙化土地面积 172.12 万平方千米。土地沙化和荒漠化不仅造成水土流失加剧、土地弃耕、地质灾害频繁，而且造成生态难民及其贫困人口的增加，防治形势依然严峻。

---

① 黄恒学编：《环境管理学》，中国经济出版社 2012 年版，第 141 页。

森林资源减少，生物多样性受到挑战。近年来，由于焚林狩猎、毁林开荒、燃料消耗、房屋建造及其他掠夺性开发造成我国森林面积逐年减少，加之水土流失、土地沙化等使得生物栖息地的丧失与片断化，栖息地环境恶化加剧了我国高等植物中濒危或接近濒危的物种大增。再有，近年来，气候逐渐变暖，海平面上升，影响了海岸及其海洋生态系统，一些海洋生物遭到过度捕杀。

大气污染、水污染等环境污染形势依然严峻。近年来，我国经济社会发展迅速，工业污染物、生活垃圾、汽车尾气呈爆发式增长，加剧了大气污染。虽然我国对大气污染治理取得了一定成效，但总体上不理想，大气污染物排放总量居高不下；我国淡水资源人均占有量本来就少，但近年来水资源污染较严重。据《2015 年中国环境状况公报》的数字来看，目前我国七大水系（辽河、海河、淮河、黄河、松花江、珠江、长江）中，31.3% 的水质超过 3 类标准（不能饮用）。水利部门对北方平原区 17 个省（区、市）的重点地区开展了地下水水质监测，结果显示无水质较好的测站。

此外，我国草原退化日益严重；地下水位下降；湖泊面积缩小；能源消耗大，浪费多；水资源浪费严重；耕地不断减少，引发粮食安全等，这一切都严重危及我国经济社会的发展及人民生活质量的提高。

三 我国环境与生态问题的基本特点

我国的环境问题与世界各发展中国家相比有很多共同点，如各类环境污染、生态破坏严重等，但由于我国疆域广阔，人口众多，各地资源拥有量及其发展水平差异较大，我国的环境问题又表现出自己的某些特点。

（一）人口多，人均资源量少，环境承载力已达极限，环境压力陡增

尽管我国国土面积广大，仅次于俄罗斯、加拿大，居世界第三位。但20% 的地区由山地构成，且其余的大部分地区由沙漠占据。所以，我国可耕地相对较少，人均占有量只是世界人均数的 1/30，人均森林面积仅是世界人均数的 16% 左右，水资源占有量只有世界人均占有量的 1/4。更为不利的是，这些资源分布不均，利用起来困难重重。比如，探明的天然气资源主要分布在新疆、四川，距人口众多、工业基础好的东部地区太远，需要铺设管道，这就可能改变地表环境，引起环境问题。还有，我国人口

又不断增加，人与资源的矛盾会不断加剧，必然会出现对资源的过度开采和使用，造成环境承载力越发薄弱，引发环境问题。

（二）地区经济发展水平不平衡，我国环境问题的区域性特征非常明显

我国疆域广阔，资源分布不均；经纬宽广，拥有包括温带、亚热带、热带等多种气候类型；各地地质地貌也各不相同，有山地、平原、高原、丘陵等多种地形。这样的自然环境使得中国的发展不平衡，环境问题区域特征非常明显。例如，黄土高原地区，由于对土地的无限制开发和利用，土地地表结构遭到破坏，受侵蚀非常严重，造成土地沟壑纵横；沿海地区大量湿地被排干用来耕种，造成各种鱼类及其他生物消失殆尽；东部沿海地区，由于先天优势，重工业多布局于此，大气污染、水污染严重等。

（三）以煤炭为主的能源结构并未根本改变

中国虽然有一定规模的石油储藏，但东部大多数油田已过了生产高峰期，西部油田开发需克服运输难题，海上油田开发需强大技术支撑。因此，在未来几年，煤炭仍将是我国基本燃料的来源。尤其在农村，煤炭被广泛用于家庭做饭和取暖，在一些落后地区及其发达地区县级以下城市，仍被用来发电和工业动力生产。这种以煤炭为主的能源结构，环境污染极为严重，煤在燃烧时释放出大量烟尘和二氧化硫等有害物质。要清除这些有害物质，需要大量投资和技术攻关，不仅增加了治理成本，而且收效甚微。

尽管我国的环境与生态问题与世界大多发展中国家有着一定的共性，但我国人口之多、地域之广、气候复杂、各地发展不均衡等现实是其他国家不可比拟的。对于我国的环境治理，当代中国共产党人已做出了一定成绩。走新型工业化道路，坚持科学发展观，创建资源节约型、环境友好型社会，构建和谐社会，建设生态文明等。这些理念的提出，表明我国发展观念的深刻变革，同时也实现了环境治理的新突破。但我国的环境与生态治理形势仍不容乐观，人口、资源、环境矛盾仍然很突出，仍然存在一些制约生态文明建设的体制性障碍，人们的生态文明理念还需进一步提高，建设美丽中国任重而道远。

第五章　目标和理念：当代中国国家治理的价值取向分析

有学者认为，价值取向就是价值主体牢记价值目标的发展方向，围绕价值目标、结合具体情况所寻找到的实现价值目标的最佳途径，[①] 也就是说，价值取向是价值目标的具体化。由于中国国家治理的最高价值目标是实现人的自由而全面发展，因此，以此路径推断，当代中国国家治理的价值取向可以解读为：以人为本、公平正义、依法治国、和谐社会，这也与十八大报告所提出的“倡导富强、民主、文明、和谐，倡导自由、平等、公正、法治”的理念是一致的。

第一节　以人为本：国家治理的首要原则

国家治理的最终目的是为了人的福祉，为了人的自由而全面的发展。正所谓“为政之道在于安民，安民之道在于察其疾苦”[②]。因此，坚持以人为本，不仅是社会主义的本质要求，也是国家治理的根本价值取向。

一　马克思主义的以人为本思想

马克思、恩格斯在其文本中并未使用过“以人为本”的概念，但马克思、恩格斯在创立唯物史观的过程中，在有关人类社会历史发展的论述中，有一根主线始终贯穿始终，这便是科学的、唯物主义的人本观。

---

① 阮青：《价值取向的界定及相关问题》（http：//theory. people. com. cn/GB/179412/184669/13615641. html）。

② 李瑞环：《学哲学用哲学》下，中国人民大学出版社 2005 年版，第 521 页。

（一）人是社会历史发展中的主体

在马克思主义产生以前，人一度被当作客体来理解。如宗教神学把神当作世界的主体，人只不过是神的创造物，是神依照自己的意志随意创造的客体，这就使人彻底淹没在神或他物的阴影之下而失去了主体地位。尽管后来的人本思想家，从普罗泰戈拉的“人是万物的尺度”到苏格拉底的“思维着的人是万物的尺度”，从近代理性人本主义到费尔巴哈的感性人本主义，他们虽然非常重视人的主体地位，但由于他们都把人看作是孤立的、抽象的“个体的人”，看作一成不变的抽象的存在，因而他们根本无法揭示出人在社会历史中的主体地位。正如马克思所指出的：“从前的一切唯物主义——包括费尔巴哈的唯物主义——的主要缺点是：对对象、现实、感性，只是从**客体**的或者**直观**的形式去理解，而不是把它们当作**人的感性活动**，当作**实践**去理解，不是从主体方面去埋解。”[①] 而马克思以在一定社会关系中从事实际活动的现实的人为研究对象，揭示出人的社会历史的主体地位。在《德意志意识形态》中，马克思、恩格斯一致认为，全部人类历史的第一个前提无疑是有生命的个人的存在。并指出：“我们不是从人们所说的、所想象的、所设想的东西出发，也不是从只存在于口头上所说的、思考出来的、想象出来的、设想出来的人出发，去理解真正的人。我们的出发点是从实际活动的人……”[②]，唯物史观就是“关于现实的人及其历史发展的科学”[③]，“它的前提是人，但不是处在某种虚幻的离群索居和固定不变状态中的人，而是处在现实的、可以通过经验观察到的、在一定条件下进行的发展过程中的人”[④]。然后马克思、恩格斯总结说：“人们为了能够‘创造历史’，必须能够生活。但是为了生活，首先就需要吃喝住穿以及其他一些东西。因此第一个历史活动就是生产满足这些需要的资料，即生产物质生活本身”[⑤]。这就进一步揭示出，人推动着整个社会的物质生产和精神生产，并推动一切社会关系的产生和发展。人作为社会历史的参与者和实践者，既是历史的产物又是历史的前提，是推

---

① 《马克思恩格斯选集》第 1 卷，人民出版社 1995 年版，第 58 页。

② 同上书，第 73 页。

③ 《马克思恩格斯选集》第 4 卷，人民出版社 1995 年版，第 241 页。

④ 《马克思恩格斯选集》第 1 卷，人民出版社 1995 年版，第 73 页。

⑤ 同上书，第 79 页。

动社会发展的基本力量。正如马克思、恩格斯在《神圣家族》中所讲的，“**历史什么事情**也没有做，它‘并不拥有**任何**无穷尽的丰富性’，它并‘没有在**任何**战斗中作战’！创造这一切、拥有这一切并为这一切而斗争的，不是‘历史’，而正是人，现实的、活生生的人。‘历史’并不是把人当做达到自己目的的工具来利用的某种特殊的人格。历史不过是追求着自己目的的人的活动而已”[①]。这就明确指出，世界就是人的世界，人就是国家，就是社会，社会历史就是人的历史，人是社会历史发展的主体。

（二）人是社会发展的根本目的

人的自在自觉的活动都是有目的性的，这是马克思主义的一贯立场，也是马克思主义者应坚持的基本原则。如果抛开目的性来空谈人的活动，就如同离开人来谈论社会历史一样，同样都是毫无意义和不可想象的。目的贯穿于人的活动的全过程，人的一切实践活动都是有一定目的和价值的活动，没有无目的的活动。因为人是社会历史发展的主体，这就决定了人推动社会发展的目的就是为了人自身，同时，人的自我需要的满足反过来又推动了历史的前进。正如马克思所讲，人是在“为我而存在”的意义上来创造历史并推动历史向前发展的，“凡是有某种关系存在的地方，这种关系就都是为我而存在的”[②]。这就说明，人在社会生活实践中首要考虑的就是自己的现实需要，为我性是人的天性。同时，马克思又进一步指出：“各个人的出发点总是他们自己。”[③] 这就进一步揭示出，人作为社会历史发展的主体，所进行的改造自然和社会的过程，就是不断满足自己、发展自己的过程。

（三）人的自由而全面的发展是社会发展的终极价值取向

前文所述，人既是社会发展的主体，又是社会发展的目的，因此，人的自由而全面的发展就是衡量一个社会发展的重要标志，是社会发展的最高尺度。但在马克思生活的时代，工业文明的发展却与人的发展发生了异化，工业文明在创造出巨大物质财富的同时，人却越来越贫穷、越来越不自由，人的发展受到极大限制，表现出片面、畸形、不平等发展及其物

---

① 《马克思恩格斯全集》第1卷，人民出版社1957年版，第118—119页。

② 《马克思恩格斯全集》第1卷，人民出版社1995年版，第81页。

③ 同上书，第119页。

化、单面化的特点。针对这种情况，马克思在《共产党宣言》一文中指出，“过去的一切运动都是少数人的或者为少数人谋利益的运动。无产阶级的运动是绝大多数人的、为绝大多数人谋利益的独立的运动”。这就明确了社会发展的方向，即推翻资产阶级专政，建立“每个人的自由发展是一切人的自由发展的条件”的联合体，只有在那里，才能实现“通过人并且为了人而对人的本质的真正占有”[①]“人以一种全面的方式，也就是说，作为完整的人，占有自己的全部的本质”。[②] 这就指明了人的发展的内涵，即个人需求的方面发展、物质生活和精神生活的全面满足、个人素质的极大提高、各方面潜能的充分发挥等。因此，只有“在共产主义社会中，即在个人的独创的和自由的发展不再是一句空话的唯一的社会中，这种发展正是取决于个人间的联系，而这种个人间的联系则表现在下列三个方面，即经济前提，一切人的自由发展的必要的团结一致以及在现有生产力基础上的个人的共同活动方式”[③]。这就是说，当私有制被消灭，当国家作为人的本质的异化的表现被扬弃，并且变为社会整体的时候，人的全面发展就变为现实了。

总之，马克思主义的“以人为本”思想的终极价值取向就是实现人的自由而全面的发展，这不仅是我们党长期坚持的指导思想，也是我国国家治理一贯坚持的实践原则，人民民主专政国家政权的建立，充分体现了马克思主义“以人为本”思想的终极价值关怀；人民代表大会制度、中国共产党领导的多党合作和政治协商制度、民主区域自治制度等制度的落实，是马克思“以人为本”思想的具体体现；科学发展观，是我们党对社会发展规律认识的新突破，更是我们党国家治理层面的新逻辑，是“以人为本”治国理念在发展方式层面的革命性变革，实现伟大民族复兴的中国梦再次彰显了“以人为本”的价值取向。因此，遵循马克思主义的“人本观”，把“以人为本”思想贯穿于国家治理的全过程，不仅是我们党执政理念的更新，更是国家治理的首要原则。

---

① 《马克思恩格斯全集》第 1 卷，人民出版社 2009 年版，第 185 页。

② 同上书，第 189 页。

③ 《马克思恩格斯全集》第 3 卷，人民出版社 1960 年版，第 516 页。

二　中国语境下的以人为本释义

以人为本的思想源远流长，在中国古代和西方都有关于民本主义或人本主义的思潮，由于文化背景、历史传统、社会制度和发展阶段的不同，中西方关于以人为本的内涵界定有着显著不同，一言以蔽之，没能真正揭示出以人为本的科学内涵。真正科学的以人为本内涵的揭示，是马克思主义的产物，是马克思、恩格斯在批判继承前人研究成果的基础上，依据唯物史观，从现实的、社会历史行动中的人出发，揭示出人的本质："人就是人的世界，就是国家、社会""人的根本就是人本身""人是人的最高本质"等。

（一）对"人"的理解

对马克思"以人为本"思想的解读不难得出，"以人为本"中的"人"是具体的、历史的、现实中从事社会实践的人，而不是抽象的人。就我国现实国情来讲，"人"具有法律和政治层面两层含义，法律层面的"人"泛指拥有中华人民共和国国籍的每一个公民，即马克思所说的"每个人""一切人"；政治层面的"人"就是指拥护、热爱社会主义祖国的爱国者和建设者，即指占我国人口绝大多数的工人、农民及其他劳动者为主体的全体人民。很显然，"以人为本"中的"人"绝不可能是政治层面的人，因为，从尊重和保护人权的角度来讲，那些犯有罪行的犯人照样享有未被剥夺的人权，所以，对待他们同样要坚持"以人为本"的原则。因此，在我国"以人为本"的"人"就是指全体社会公民。

（二）对"本"的理解

"本"在哲学上可以有两种理解，一种是世界的"本原"，一种是事物的"根本"。我们党提出"以人为本"的治国理念，这里的"本"绝不可能是"本原"的意思，因为世界的本原问题已有马克思主义经典作家做出了科学的回答，我们需要回答的是在这个世界上，什么最重要、什么最根本、什么最值得我们关注，我们发展的最终目的是"为了谁"的问题。因此，不难理解，"以人为本"的"本"特指发展之根本，即人类社会发展之根本。正如胡锦涛所讲，坚持以人为本，就是要以实现人的全面发展为目标，从人民群众的根本利益出发谋发展、促发展，不断满足人民群众日益增长的物质文化需要，切实保障人民群众的经济、政治和文化权益，让发展的成果惠及全体人民。这就进一步揭示出，“以人为本”中的人与本的历史统一性，即人就是人的世界及其历史之根本、主体；人是人的根本，人本身就是自己独立人格的主体。这就要求我们在国家治理层面上要从人的生活条件出发来分析和解决与人相关的一切问题，要尊重人的特性和人的本质，把人作为手段与目的的统一。

（三）以人为本的内涵界定

前文分别就中国语境下的“人”和“本”的内涵进行了界定，通过分析，我们可以就“以人为本”的内涵做出以下解读：

1.“以人为本”是对人在社会历史发展中主体作用和主体地位的肯定

以人为本的关键字眼在“人”和“本”上，通过对人和本的分析，我们知道，人既是社会发展之目的，又是社会发展之主体，是目的和手段的统一。我们党提出“以人为本”治国理念的着眼点就在于突出人在社会发展中的主体作用和主体地位，明确发展之目的，是以“三个代表”重要思想全面加强执政党建设、以“科学发展观”统领经济社会发展全局，是实现伟大民族复兴的中国梦的根本依据所在。

2.“以人为本”是一种价值取向

前文所述，人既是社会发展的主体，也是社会发展的目的，以人为本的治理理念其最终的价值关怀就是人的自由而全面的发展。因此，就我国国家治理来讲，要把人作为所有可能性选择的首要的根本性选择，即在所有的与人相关的价值选择中，把人放在首位，并把其置于人类社会的各种活动中；就是要以广大人民群众的最大福祉作为公共行政的最大原则，以发展成果由人民共享作为社会治理价值标准。

3.“以人为本”是一种思维方式

思维方式是一定时代的人们基于不同的文化条件和科技发展水平所表现出来的对事物的理性认识方式，在国家治理层面的表现就是治理国家的方式、办法、目标和价值取向等。“以人为本”作为治国理念的一种，既是一种价值取向，也是一种思维方式，就是要求我们在处理各项公共事务及其配置各项管理权限时要把“人”放在首位，把尊重人、解放人、依靠人、为了人、塑造人和发展人落实到治国理政的实践中，积极培育和发展公民社会，引导公民积极参与国家治理活动的各项实践，在公共治理上以人性化服务为治理取向等。

三 以人为本视域下的国家治理

自中国共产党成立以来，“以人为本”便是自己的立党之本。新中国的成立，开启了人民当家作主的新时代，这便是“以人为本”思想的现实写照。但是，由于封建皇权统治思想遗毒影响深远，再加上新中国成立初期内忧外患的困难局面，致使当政者认识出现了偏差。自认为，以人为本等同于全心全意为人民服务，全心全意为人民服务就是由国家包办一切、代替一切，国家垄断了一切资源，生产、分配、交换、消费全由政府统一安排，这被视为国家（尤其是对共产党员来说）的最大责任，被视为替人民着想、为人民做主。一句话，国家控制了社会，国家从社会中夺走了全部权力、控制了一切市场行为。政府沦为执政党进行政治统治的工具，政府治理就是对社会进行管治，国家与公民之间存在严重的权利不对等性。在这种治理体制下，政府的权力运行是自上而下单向性的，其权力的使用是不受制约和监督的；社会公众缺乏参与社会公共事务管理的机会，政府管理以“自我”为中心。这样必然导致“以官为本”“以政治为本”的国家治理理念，这一时期的治理被称为政治导向型的国家治理，也有学者称之为全能主义的国家治理。

改革开放以来，随着我国社会主义市场经济体制的建立和不断完善，与此相适应，国家职能及其治理理念必将做出调整。新的治理理念应把社会公众的意志表达作为核心；把社会公众的需求作为价值旨归；加强政府的服务型功能建设；积极培育公民社会、让公民个人享有更多参与公共事务管理的机会，一言以蔽之，就是要以“人”为中心构建国家的治理体系，于是，建构“以人为本”的服务型政府的治理理念应运而生。

服务型政府的提出与建设，是对传统全能主义治理模式的传承与超越。所谓传承，是指两者都把全心全意为人民服务作为治理的核心。只不过是在全能主义治理模式下，政府包揽一切，忽视了人民群众的实际需求，“政治压倒一切”成为国家治理的价值定位，“为人民服务”实际成为国家对民众的一种承诺。而构建服务型政府治理理念的提出，是对世界政治民主化进程的积极回应，是我国政府自身转型的价值定位，是从“为人民服务”到“以人为本”的全面转型。这就要求政府从全能主义政府治理模式下解放出来，变无限政府为有限政府，政府管不好、管不了的事情放给市场去管；转变执政方式，变行政命令式方式为服务方式、协商方式；发展社会组织和第三部门，让它们积极参与社会治理，变一元治理为多元治理；建立责任机制，把对社会负责和对人民负责视为行事原则。

在十六届三中全会通过的《中共中央关于完善社会主义市场经济体制若干问题的决定》的文件中，我党第一次提出了“以人为本”的思想，并在党的十七大报告中进行了深刻解读。党的十八大报告再次重申“必须坚持人民主体地位”，这就进一步标志着党的根本宗旨在理念层面的价值回归，尊重人的意志，保护人的权利，把实现好、维护好、发展好最广大人民的根本利益作为党和国家制定政策的出发点；把发展为了人民、发展依靠人民、发展成果由人民共享作为国家治理的价值归宿。

总之，以人为本作为国家治理的价值取向，是马克思主义“以人为本”思想在新时期的进一步落实，是中国共产党性质和宗旨在国家治理层面的价值回归，也是政府治理绩效的价值评判。

第二节　公平正义：国家治理的首要价值

公平正义是保障社会有序运行的核心要素，是评价一个国家制度最重要价值指标，一度被罗尔斯称为“社会制度的首要价值”，对于维护社会稳定，缓和社会矛盾起着重要的作用。在国家治理的视域下来寻求公平正义的价值内涵，其最重要的一点就是目前的国家治理体系是否能够保障公民各方利益的表达，能否保障公民有序参与国家与社会事务的管理。党的十八大提出“自由、平等、公正、法治”的社会层面的核心价值，其目的就是保障公民的利益诉求，其中的公平正义理念不仅是构建和谐社会的要求，更是当代中国国家治理社会层面的价值诉求。

一　公平正义的多元内涵解析

何谓公平？何谓正义？古今中外的思想家莫衷一是，仁者见仁，智者见智。正如博登海默所言：“正义有着一张普罗透斯似的脸（a Protean face），变幻无常、随时可呈不同的形态并具有极不相同的面貌。当我们仔细看这张脸并试图揭开隐藏其背后的秘密时，我们往往会深感迷惑。”[①]因此，无论人们多么努力，“都不可能找到一个能够为不同知识语境的人都完全认可和接受的概念”[②]。本书试图从西方语境下的公平正义问题探讨着手，揭示马克思主义语境下的公平正义内涵，以资给我国国家治理提供价值指引。

毫无疑问，在现实语境下，公正是公平正义的简称。但在中国古代和西方传统语境下，“公平” 和 “正义” 的使用却是相同的。如中国古代就有：“天公平而无私，故美恶莫不覆；地公平而无私，故大小莫不载。”这里的公平与西方语境中的正义就有相通之处，因为在西方语境中就有正义是 “使每个人获得其应得东西的人类精神”[③]，这里的公平和正义就都意指统治自然和人类的永恒精神和宇宙秩序。但在现代意义上来讲，正义更多指的一种价值理想，它是至高意义上的善，它是由公平来测量的，正义和公平最终是由制度来保障的。从这个意义上讲，正义和公平是对一个社会和制度是否规范的评价问题，正如博登海默所言：“秩序，一如我们所见，所侧重的是社会制度和法律制度的形式结构，而正义所关注的却是法律规范和制度性安排的内容、它们对人类的影响以及它们在增进人类幸福与文化建设上的价值。”[④] 这就揭示出，一个社会是否公平和正义，关键看这个社会的法律规范和制度安排是否是公平和正义的。

在西方思想史上，对公平正义的探讨常常可以追溯到柏拉图和亚里士多德。在柏拉图看来，正义就是社会各阶级各司其职，每个人都安分守己，如果如此，整个社会就是和谐的、就是正义的。他还引出了 “四德” 的学说来阐述自己的正义思想，这四德就是智慧、勇敢、节制和正义。他认为，统治者应具有智慧这种品德，凭知识和智慧进行统治。武士应具有勇敢这种品德，以履行保卫国家的职责。节制是第三等级（劳动者）的

---

① ［美］E. 博登海默：《法理学、法哲学与法律方法》，中国政法大学出版社 1999 年版，第 252 页。

② 艾四林等：《民主、正义与全球化》，北京大学出版社 2010 年版，第 83 页。

③ ［美］E. 博登海默：《法理学、法哲学与法律方法》，中国政法大学出版社 1999 年版，第 264 页。

④ 同上书，第 252 页。

品德。按照柏拉图的观点，只有劳动者才为感情、欲望所驱使，因此需要节制。而正义就是三种品德和三个等级的和谐。因此，他说："正义能给予那些属于国家法制的其他美德——节制、勇敢、智慧——以及那些被统摄在这一普遍的观点之下的德性以存在和继续存在的力量。"[①] 但是，柏拉图的正义观是建立在人天生是不平等的基础之上的，不同阶级只能从事不同的工作，社会的正义只能是每个人都自愿接受自己的命运。显然，柏拉图的正义观是为他的等级制思想辩护的。[②]

亚里士多德集古希腊思想大成，发展了和深化了他的师祖们的观点，认为：（1）正义即合法。他认为遵守法律是总的意义上的公正，即"要使事物合于正义（公平），须有毫无偏私的权衡，法律恰恰正是这样一个中道的权衡"[③]。（2）正义即平等。亚里士多德把平等分为两类：一是"数量相等"，即平等人之间所得的数量绝对相等；二是"比值相等"，主要指对为城邦做出不同贡献的人给予不同的对待。前一类是把绝对平均视为正义；后一类实际上是把政治权利的不平等分配视为正义。但亚里士多德又认为，这两种主张都不是绝对的正义，理想的平等（正义）应把两者结合起来，即"在某些方面以数量平等，而另些方面则以比值平等为原则"[④]。事实上，什么是平等的基础，亚里士多德是不清楚的。（3）正义是优良政体的核心原则。即是说制度的安排要围绕正义来展开，任何依照绝对平等观念安排的政体都是不良的政体等。

古代思想家对公平、正义的认知为近现代社会构建公平正义的原则提供了理论先导。近代以来，特别是资产阶级革命以来，"公平""正义"这两个概念被思想家们纳入人权的框架下进行讨论，同时也被纳入民主政治体制的架构中。资本主义生产方式大大解放了社会生产力，迅速积聚了巨大的社会财富，但同时也导致了严重的阶级分化和贫富差距。在自由、平等、博爱口号的强烈感召下，人们的民主意识不断得到强化，一时间，由《独立宣言》和《人权宣言》所宣誓的"人生而平等"成为那个时代

① ［德］黑格尔：《哲学史演讲录》第2卷，生活·读书·新知三联书店1957年版，第255页。

② 参见汪行福《社会公正论》，重庆出版社2008年版，第15页。

③ ［古希腊］亚里士多德：《政治学》，吴寿彭译，商务印书馆1983年版，第169页。

④ 同上书，第235页。

的最强音，以洛克为代表的一大批平等主义思想家以“自然权利”为核心要义进行著书演说，对“公平”“正义”展开倡导和论证。

20世纪70年代，美国政治哲学家罗尔斯出版了《正义论》（1971）一书，以此为标志，有关“公平”“正义”的话题再度复苏。为了论述自己的核心理念“作为公平的正义”，罗尔斯提出了两个正义原则和两个优先规则的命题。第一个正义原则不仅强调公民权利平等，而且强调了平等参与并突出了平等参与的公平价值；第二个正义原则要解决社会经济中的不平等，因为财富的不平等超过一定限度时，机会的公平就处于危险之中，就可能导致不公平，因此进行收入和财富分配时，必须适合于最少受惠者的最大利益，通过差别原则调节收入和财富的不平等，使其达到公平之正义。[①] 可见，罗尔斯的正义论在价值取向上，一是确保公民的平等自由，一是确保弱者的利益，坚持公平优于效率。

与罗尔斯不同，诺齐克认为，个人权利是神圣不可侵犯的，提出了“获取的正义原则”“转让的正义原则”和“校正的正义原则”的持有正义来坚持和捍卫个人权利的神圣不可侵犯，至于社会中弱者或曰“最少受惠者”的利益由谁来保护，则不在他的视野里，大约这也就是弱者自身的权利吧——忍受贫穷。可以说，诺齐克的权利正义论是个人竞争型的正义论，它不关心社会分配结果是否公正，只关心个人权利的产生、创造和维护；不关心社会的公平之正义，只关心个人的功利和效益；不关心社会的稳定和协调，只关心如何使人们保持自由竞争的活力；不关心弱者的利益，只关心强者的权利和效益。[②] 可见，诺齐克“持有正义”原则的价值取向就是，一是确保财产所有者的权利，二是确保财产获得者的权利，坚持效率优于公平。

那么，公正到底指什么，该如何界定，马克思主义唯物史观给我们提供了祛除这一雾霾的工具。尽管马克思没有一本专门论述公平正义的著作，但马克思有着丰富的公平正义的思想内涵，主要散见在他的经典著作中。马克思主义认为，社会公平、正义论是一种以物质生产关系为主题，

---

① 参见陶学荣、王锋《论公共政策中的社会正义》，载顾丽梅《公共政策与政府治理》（《复旦公共行政评论》第1辑），上海人民出版社2006年版，第66页。

② 同上书，第67页。

以建构理想的社会制度为前提，旨在展开的对当下社会的批判和建构的理论。作为唯物史观的发现者和科学社会主义的创立者，在对个人发展进行考察时，极为重视个人与社会的关系，重视国家制度对个人发展的影响。在阐释公平、正义这一价值尺度时，立足于物质资料的社会生产方式这一唯物主义的立场，以辩证的、历史的和客观的态度展开，认为，不存在什么自然的、上帝的公平、正义和神圣性，公平、正义就是人类的解放，人性的全面发展、自由平等的充分实现。“平等是正义的表现，是完善的政治制度或社会制度的原则，这一观念完全是历史地产生的。”① 这就表明，要实现真正的公平、正义就必须建立完善的政治法律制度，而政治法律制度是随着社会经济基础的发展而发展变化的。因此，离开生产资料所有制和分配制度来谈公平正义是毫无意义的，所以，“真正的自由和真正的平等只有在共产主义制度下才可能实现，而这样的制度是正义所要求的”②。

由以上讨论可知，公平正义是一个历史悠久的概念，古今中外的历代思想家都留下了自己的思想精华，对于今天我们进一步构建公平正义的思想内涵提供了思想资源。但是，给公平正义下一个定义是非常困难的，因为，公平正义涉及的领域实在太宽泛，政治、经济、文化和社会领域都有自己的合理内涵和外延，因而，公平正义是多元的，不好一概而论，一言以蔽之。

二 中国语境下公平正义阐释

中国共产党之所以能领导中国人民取得革命、建设和改革的伟大胜利，其直接动因在于中国共产党把“公平正义”作为自己不懈的追求，把实现共产主义的社会制度作为自己的价值理想，从毛泽东的“全心全意为人民服务”、邓小平的“共同富裕”、江泽民的“三个代表”、胡锦涛的“科学发展观”直到今天新一代领导人的“中国梦”，无不闪耀着公平正义的价值理想。

（一）公平正义是中国特色社会主义的内在要求

十八大报告提出“公平正义是中国特色社会主义的内在要求”③，并

① 《马克思恩格斯全集》第20卷，人民出版社1971年版，第668页。

② 《马克思恩格斯全集》第1卷，人民出版社1956年版，第582页。

③ 胡锦涛：《坚定不移沿着中国特色社会主义道路前进 为全面建成小康社会而奋斗——在中国共产党第十八次全国代表大会上的报告》，人民出版社2012年版，第14页。

就维护社会公平正义做出战略部署。可以说，自改革开放以来，我们党在“发展是硬道理”这一治国思想指引下，由最初的“效率优先、兼顾公平”到十六届五中全会提出“更加注重社会公平”，这体现了我们党对社会发展规律认识的不断突破，也在价值层面上体现了社会主义的核心价值。

公平正义是马克思主义的基本价值核心。如前所述，马克思主义经典作家虽然没有专门论述公平正义的著作，但马克思主义的核心价值在于实现共产主义社会，而共产主义社会是一个人的自由而全面发展的社会，人的自由而全面发展最有效的保障是社会的安定和谐，而社会的安定和谐来自社会的公平和正义。这一系列的理论论证正是马克思经典的理论精华和精神遗产。考察马克思唯物主义思想形成轨迹不难看出，马克思是在对资本主义不断进行批判的基础上创立自己的学说的。在《共产党宣言》里，马克思、恩格斯一方面对资本主义带来的文明进行了客观的、实事求是的评价，同时又认为资本主义是不公平、不正义和不和谐的社会，因为资本主义的社会发展和经济繁荣是建立在对无产阶级和广大劳动人民的剥削基础之上的，资本主义内在的无法克服的矛盾是引发经济危机的内在根源，资本主义标榜的民主是有钱人的民主，广大劳动人民毫无任何民主权利可言。因此，在他们看来，平等最起码是“一切人，或至少是一个国家的一切公民，或一个社会的一切成员，都应当有平等的政治地位和社会地位”①。这就把人的自由和平等与社会发展联系了起来，也就揭示了社会公平正义的最高境界，是实现共产主义社会的社会制度。

公平正义是中国共产党人的一贯主张。中国共产党是以马克思主义理论为指导思想的政党，因此，从建立起就有着“公平正义”的政治基因。在党的一大上确定党的性质是无产阶级的政党，奋斗目标是推翻资产阶级的政权，消灭资本家私有制，由劳动阶级重建国家，这就标志着实现社会的“公平正义”成为党领导中国人民革命、建设和改革的逻辑起点。以毛泽东为核心的中国共产党第一代领导人，领导中国人民推翻了“三座大山”，建立起人民民主专政的国家政权。为了把公平正义的理念落实到治国理政的实践中，第一代领导集体从经济制度、政治制度、文化制度等

① 《马克思恩格斯选集》第 3 卷，人民出版社 1995 年版，第 444 页。

方面所展开的顶层设计，无不包含着对公平正义的价值诉求。改革开放以来，邓小平更是把公平正义提升到社会主义本质的角度来解读，他说："社会主义的本质，是解放生产力，发展生产力，消灭剥削，消除两极分化，最终达到共同富裕。"① 十三届四中全会以来，以江泽民为总书记的党中央，把社会公平正义放到国家兴衰存亡的角度来看待，推出"三个代表"重要思想，其中，"代表最广大人民的根本利益"是"三个代表"重要思想这一理论体系的核心，并以此为工作抓手展开顶层设计，其中的标志性成果就是提出了"依法治国，建设社会主义法治国家"的治国方略。十六大以来，以胡锦涛为总书记的党中央，在深刻认识中国共产党执政规律、社会主义建设规律、人类社会发展规律的基础上提出了"科学发展观"的治国思想，把发展和社会公平正义放在同一个平台上进行审视，突出了发展成果由人民共享，彰显了社会公平正义的价值核心。新一届中央领导成员在不同场合阐发了"中国梦"的治国目标，这是对社会公平正义在新时代的新解读，也是马克思主义公平正义思想的当代发展。

（二）中国语境下公平正义阐释

党的十八大报告指出："公平正义是中国特色社会主义的内在要求。要在全体人民共同奋斗、经济社会发展的基础上，加紧建设对保障社会公平正义具有重大作用的制度，逐步建立以权利公平、机会公平、规则公平为主要内容的社会公平保障体系，努力营造公平的社会环境，保证人民平等参与、平等发展权利。"② 不言而喻，在当今中国的话语里，公平正义的主要内容就是权利公平、机会公平和规则公平。

权利公平历来为各朝各代思想家和政治家所重视，英国大思想家洛克就是权利公平的提倡者和推崇者，并以"自然权利"为中心建立起自己的理论体系，出版了标志性的学术专著《政府论》。在当代学术界，阿马蒂亚·森是权利理论最重要的主张者，在《贫困与饥荒》中，他指出，人的贫困不在于贫困自身，而在于贫困身后的东西，即权利的分配。

因此，陈家付在其文章《实现社会公平正义是发展中国特色社会主

---

① 《邓小平文选》第3卷，人民出版社1993年版，第373页。

② 胡锦涛：《坚定不移沿着中国特色社会主义道路前进　为全面建成小康社会而奋斗——在中国共产党第十八次全国代表大会上的报告》，人民出版社2012年版，第14—15页。

义的重大任务》中指出，权利公平是社会公平正义的逻辑起点和实践起点是有其理论依据的。曲彦在大连日报撰文称，权利公平是公平正义的源头和核心，是人与生俱来的一种“天然”的属性，具有“公理”性质，是一种“源公平”。以上两位学者都点出了权利公平的终极价值取向。

就机会公平而言，有学者认为它是针对市场经济中对资源（物质资源和精神资源）的占有不平等而提出的。因为在市场经济体制下，个人或企业对资源的占有不平等是客观存在的，这就必然导致个人或企业发展起点的不平等，竞争环境的不平等。这就要求政府（国家）进行制度设计，以保障不同的人群和个人在生存、发展和选择、享受等方面享有公平的竞争条件，每个社会成员在统一规则的指导下享有基本相同的发展机会，它要求社会提供的各种机会对于每一个社会成员都始终均等，以利于发挥每个人的潜能。它通常具有两层含义：一是生存发展的起点公平，即社会中的机会资源共享，凡是具有同样社会潜能的成员都应当拥有同样的起点，凡是具有相似动机和禀赋的人都应当有大致平等的成就前景。虽然机会作为一种资源是相对有限的，无法充分满足社会成员对于机会的需要，但社会必须从总体上给予每个人大致相同的发展机会，防止一部分人的机会被非法剥夺。二是机会实现过程、环境条件的公平。机会作为一种抽象的资源只有被公平地付诸特定的过程中才能转化为现实的资源和权利，即在实践中通过收入分配、利益调节、社会保障、政府施政执法司法等方面的切实措施，确保社会成员都能够接受教育，都能够进行劳动创造，都能够平等地参与市场竞争、参与社会生活，都能够依靠法律和制度来维护自己的正当权益。①

就规则公平而言，学者曲彦认为，它包含三层含义。一是在规则面前人人平等，主要是指社会所有成员在法律、法规面前一律平等，任何组织和个人都不得有超越宪法和法律的特权。二是指规则本身要体现社会公平正义。三是指程序公平，就是指规则的制定和执行要体现出民主、公开、科学、完整与透明的程序。不言而喻，规则是社会成员共同遵守以保证社会有序发展和社会公正的制度和章程，具体表现为规则内容的公平、规则

① 全军邓小平理论和“三个代表”重要思想研究中心编写：《树立和落实科学发展观名词解释》，解放军出版社2006年版，第48—49页。

运行的公平、规则裁判的公平。就规则内容的公平来讲，即是指规则是在"法治"的规约和"德治"的调控之下制定的，都能正确地真实地反映现实社会生活中的各种关系及其相互作用，反映经济和社会发展的趋势，体现人民群众的愿望和要求，有利于广大公众的利益；就规则运行的公平来讲，即是指规则是规范性的，适用于社会中的全体成员，任何人都必须遵守，对所有人都具有约束力，个人和组织的行为都被纳入规则之内，让人与人之间、群体与群体之间、个人与国家之间关系的处理都有公平的规则来规限；就规则裁判的公平而言，即是指规则至高无上，规则面前人人平等，执法者公正执法，裁判本人不加入竞争。使每个人受着同样行为规范的约束，在同样的规则中竞争，体现着程序和过程的公平。①

总之，权利公平、机会公平和规则公平是有机统一，是新时期中国共产党人对社会公平正义认识的进一步深化和发展。其中，权利公平是实现社会公平正义的实践起点，机会公平是实现社会公平正义的基本条件，规则公平是实现社会公平正义的必要保障，只有在"三个公平"的基础上加强国家治理，把维护社会公平正义的理念落实到国家治理的各个环节，才能铸就发展成果人人共享的公平社会环境，才能真正做到保证人民平等参与、平等发展权利。

三　国家治理视域下社会公平正义的构建路径

毋庸置疑，经过30多年的改革开放，我国在经济、政治、文化和社会建设等方面取得了举世瞩目的成就，但不可否认，也积累了诸多社会问题。比如，经济发展不平衡、贫富差距不断拉大、腐败滋生蔓延、环境急剧恶化、教育、医疗、住房、就业、食品安全等问题。这些问题的存在是造成社会不公正、不平等的根源，并且随时都可能引发大的社会矛盾和冲突。作为执政党和政府，如果不下定决心解决这些问题，我国的社会主义事业就有可能毁于一旦，这不是危言耸听，苏联的教训是深刻的。

对于社会公平正义路径的构建，学者们都从自己的学科背景出发提出了颇多建设性的构建路径。概括起来，不外乎从经济、政治、文化和社会

---

①　全军邓小平理论和"三个代表"重要思想研究中心编写：《树立和落实科学发展观名词解释》，解放军出版社2006年版，第31—32页。

四个层面的建设提出构建路径，这给本书的研究提供了有益的借鉴。本书在构建社会公平正义的路径时仍然会有涉及，但本书更多的是从治理层面来谈，从制度层面做一构建的尝试。

（一）治理何以能够实现社会公平正义

前文所述，我国经济社会发展取得巨大成绩的同时，也积累了一些严重的社会问题，这些问题引发了严重的社会不公，导致了人们对执政党和政府的严重不满，政府的合法性受到严峻挑战。虽然这些问题的出现与我国所处社会转型有关，但就治理而言，则与公共权力缺乏监督制约机制有关；与政府官员的不作为、不负责任有关；与行政权力行使的不公平有关；与决策过程的不民主、不透明、不科学有关；与制度安排不配套、不合理有关；同时，由于中国封建思想遗毒影响至深，国家层面缺乏公民参与公共事务管理的制度安排，公民个人缺乏参与国家公共事务管理的热情。因此，可以说，引发上述问题的根源都在于缺乏科学的治理机制，也就是说，他们都与具体的政治体制有关。这就给执政党和政府提出了新的课题，要想从根本上解决改革和发展中引发的社会矛盾和问题，有必要进行一次彻底的治理创新或者说是治理革命，全面提升治理体系的回应性和透明性，根本改变“人治”状态，回到“法治”“宪治”状态。

那么，治理创新真的就能够实现社会公平正义？对于这一问题，中国共产党自身发展的历程足以说明这一点。首先，从性质和宗旨上来讲，中国共产党从建立之日起就表达了自己无产阶级政党的阶级立场，是“全心全意为人民服务”的政党。其次，在中国革命、建设和改革的历史进程中，中国共产党一直把执政的合法性作为自己治理创新的动力来源，每到革命、建设和改革的重要关头，中国共产党都把自身治理作为下一步行动的起点，有效维护了社会的公平正义和自己的执政地位。新中国成立以来取得的一切成就都与中国共产党自身治理相伴随的事实，表明了中国共产党有能力通过自身的治理创新实现社会的公平正义。最后，中国改革开放以来所取得的经济社会发展的巨大成就，是在不改变现有体制下，通过制度创新和治理创新取得的。这就说明，竞争性政党的存在，不是一个国家发展动力的唯一来源，一党执政同样能够取得经济社会发展的巨大成就，其关键在于治理创新。

（二）治理创新的重点领域

1. 不断加大社会权利建设

对于社会管理“治理化”的研究，多数学者只是从社会治理的多元主体参与过程的角度展开的实证研究，而对于社会治理目的之一的发展、维护公民的社会权利关注不够。在市场背景下构建现代国家，其最基本的要求就是加大社会治理力度，维护社会公平正义，发展公民的社会权利。虽然我国在发展公民社会权利方面取得了一定成绩，但对于我国经济社会发展的现实来讲还显得不足，公民的社会权利建设更是落后于经济社会的发展，社会权利建设有待加强。

对于何谓社会权利，英国人马歇尔在其论著《公民权与社会阶级》一书中做了详细论述。在他看来，公民权的社会要素的具体内涵是“从某种程度的经济福利与安全到充分享有社会遗产并依据社会通行标准享受文明生活的权利。与这一要素紧密相连的机构是教育体制系社会公共服务体系”[①]。根据他的论述，他认为，公民权的发展经历了三个阶段，18 世纪发展起来的是基本的公民权利即市民权利（civil rights），19 世纪发展起来的是政治权利（political rights），20 世纪迎来了社会权利（social rights）发展的时代。德国《魏玛宪法》颁布后，马歇尔据此将社会权利归纳为四个方面：一是基本的经济福利与安全，二是完全享有社会遗产，三是普遍标准的市民生活与文明条件，四是年金保险，保障健康生活。[②]

随着对公民权利研究的展开和深入，公民社会权利的内容也更加细化和具体化。兼容吸收各领域学者们的观点，本书认为，社会权利主要包含以下几个层面的含义：（1）促进能力的权利，如医疗卫生保健、养老金、康复治疗、家庭咨询服务；（2）机会权利，如学前教育、初等和中等教育、高等教育、教育咨询服务；（3）再分配和补偿的权利，如战伤抚恤、工伤抚恤、低收入者权利、失业补偿、侵权补偿等；（4）劳动力市场干预权利，比如劳动力市场信息获取权、就业安置、就业机会创造、免于就业歧视、就业保障等；（5）建议、决定权利，比如劳资联席会、协调会、

---

① 转引自王小章《走向承认：浙江省城市农民工公民权发展的社会学研究》，浙江大学出版社 2010 年版，第 121 页。

② 杨雪冬：《社会权利的实现与发展》（http：//theory. people. com. cn/GB/9906419. html）。

集体谈判权、共同决策权（人力资源决策）等；（6）资本监控权利，如工薪者基金、中央银行调控、地方投资决策、反托拉斯和资本逃逸法、共同决策权（战略决策）等。①

目前，我国正处于经济社会发展的转型阶段，社会矛盾急剧增加，社会不公平、不公正问题凸显，超过了执政党和政府的预期，超出了人们所能承受的底限。根据《中国青年报》社会调查中心的调查，在未来10年，公众最期待能得到显著改善的领域，“排在首位的是‘医疗’(68.8%)，其次是‘教育’(62.8%)，第三是‘食品安全’(60.3%)，第四是‘收入分配’(56.7%)，第五是‘住房’(53.5%)。其他领域依次是：‘反腐败’(53.4%)、‘养老’(52.1%)、‘社会保障’(50.4%)、‘环境保护’(46.3%)、‘就业’(43.5%)等”。

因此，社会权利领域的治理创新大有可为。在现阶段，国家首要下决心解决的应是消除城乡二元结构，因为城乡二元结构不仅是造成社会不平等、不公正的根源，而且也严重阻碍了改革的纵深发展。比如，在城市工作了十几年的农民仍然被称为“农民工”，不能享受与城里人一样的社会保障，特别突出的是，他们的子女在升学方面受到种种限制，这不能不说是一种悲哀。其次，进一步理顺国家与社会的关系，真正发挥社会的自治功能。我们知道，改革开放前，国家权力嵌入到社会的各个领域，社会被国家吞没，真正意义上的社会是不存在的。就中国的实际来讲，“社会”是改革开放后的产物，虽然新兴社会组织发展迅速，但国家并没有改变对社会的“全覆盖”式管理，无论国企、私企、外企、中介组织、社会团体和社区等都被纳入国家政治管理的范畴，其结果就是国家权力的神圣性被破坏，权力和利益的结合形成新的社会权贵阶层，社会弱势群体的权利和利益得不到维护和保障，政府部门的公信力和合法性遭到怀疑，民众对政府的信任度下降，引发的社会矛盾和冲突不断，政府部门不得不把大量的资金和精力放在“维稳”上，社会“自治”也要服从维稳的大局。这就给我们提出了进一步思考的问题，为什么国家启动了大量的资金来维稳，社会还是矛盾频发、冲突不断呢，只能理解为人民的利益没有得到有效保障，社会不公正、不平等导致了人们的心态失衡。作为治理者的党和

① 杨雪冬：《社会权利的实现与发展》（http：//theory.people.com.cn/GB/9906419.html）。

政府就应在社会管理上进一步解放思想，加大治理创新的力度，落实好人们的社会权利，真正做到“管理”到“治理”的转变。

2. 加强法治建设

我党历来有重视法制建设的传统，但有了良好的法制并不必然就有“法治”。就我国实际来讲，我国不可谓法制不健全，但在日常生活中，“政治”已经淹没了法治确是不争的事实。比如，个别官员为了追求政绩，强拆强占屡见不鲜，出了问题花钱买断，反正国家不缺钱；对于“上访”对象采取打击和恩惠并举的手段，更可怕的是，对于那些无赖、地痞流氓之流，地方政府宁愿拿出多于普通百姓几倍的钱来满足他们，这就助长了社会的不良之风。其结果就是基层工作没有形成良好的法治环境，领导全凭自己的经验去工作，忽视了法治的重要性，法律应有的作用没能彰显。

法治关乎国家的命运，这不是危言耸听。没有“法制”，便谈不上“法治”；有了“法制”，如果不能在实践中一以贯之地执行，也就没有“法治”；但如果“法制”全都是恶法、酷法，把法治贯穿下去更是一种灾难。因此，我们制定的法律首先是善法、良法，这样的法律以老百姓的利益为首要，才能得到人民的遵守，党和政府的公信力才能得到维护和提升，实现社会公平正义才有了制度保障。

改革开放以来，我国在“法制”建设方面取得的成绩有目共睹，中国特色法律体系已经形成，但在实践中并没有完全“法治”化，损害了党和政府的形象，政府的公信力受到极大挑战。对此，中国共产党保持着清醒的头脑和认识，在十八大报告中再一次提出了建设社会主义法治国家的改革目标，报告从（1）支持和保证人民通过人民代表大会行使国家权力；（2）健全社会主义协商民主制度；（3）完善基层民主制度；（4）全面推进依法治国；（5）深化行政体制改革；（6）健全权力运行制约和监督体系；（7）巩固和发展最广泛的爱国统一战线七个方面部署了政治体制改革的任务。特别强调“要把制度建设摆在突出位置，充分发挥我国社会主义政治制度的优越性，积极借鉴人类政治文明成果，绝不照搬西方政治制度模式”①。据此，我们可以这么讲，制度建设的核心将是“法治

① 胡锦涛：《坚定不移沿着中国特色社会主义道路前进　为全面建成小康社会而奋斗——在中国共产党第十八次全国代表大会上的报告》，人民出版社 2012 年版，第 25—26 页。

建设”。

对于如何推进“法治建设”，学者们的建议可谓大同小异。概括起来主要有：有学者认为我国“法制”建设落后于经济社会的发展，要在“法制”建设上下功夫，有了“法制”才能有“法治”；有学者认为我国已基本上建立起社会主义的法律体系，要在普法、用法、学法上下功夫，要培养一支过硬的执法队伍；有学者认为要在公平行政上下功夫，让权力在阳光下运行；等等。以上都点出了“法治”国家建设的实质和要害，但所欠缺的是都没有点出“制度”建设是“法治”建设的要义所在。早在20世纪80年代初，邓小平同志就讲：“制度好可以使坏人无法任意横行，制度不好可以使好人无法充分做好事，甚至会走向反面。”[①] 因此，制度建设理应成为法治建设的核心。

本书认为，首先要大力加强我国的根本政治制度——人民代表大会制度的建设，充分发挥人民代表的职能，加强人民代表的监督体制建设，完善代表联系群众的制度，进一步完善代表产生的程序，扩大农民代表的比例。特别是在县级及县以下，就重大问题处理或安排的事项，要建立人民代表听证制度，重大措施和政策的出台不能由着领导的性子来，要统筹规划，科学安排。

其次是要大力加强司法体制和执法体制改革。浙江“二张”案件[②]，湖北“佘祥林杀妻”案[③]等得以重新审理并改判，反映出我国司法体制和执法体制不健全，案件的审理及宣判存在着极大的“人为”因素。因此，加快司法和执法体制改革势在必行，在司法活动中要重证据，严格按程序办事，建立案件审判负责人制度，杜绝“人情案”“招呼案”，确保司法机关、检察机关独立行使职权。这样，不仅维护了国家法律的尊严，而且彰显了社会公平正义。

最后就是要大力加强“依法治党”。因为依法治国的落实还是要有党员干部在具体工作中呈现出来，如果领导干部法治意识淡薄，依法治国只

---

① 《邓小平文选》第2卷，人民出版社1994年版，第333页。

② 《浙江“强奸致死”案侄叔服刑10载原无罪》（http：//news. xinhuanet. com/2013—03/27/c_ 115182064. htm）。

③ 《湖北佘祥林杀妻案：冤案怎样造成?》（http：//www. jiaodong. net/news/system/2005/04/08/000720417. shtml）。

能流于形式。因此，在党内开展一次法治教育活动，提高党员干部的法治意识实为必要。

3. 政府机构改革

中国社会不公所引发的诸多社会矛盾，不能不说与政府机构有关，即与政府的社会管理体制有关。改革开放以来，中国政府已进行了几次机构改革，但一直没能摆脱精简—膨胀—再精简—再膨胀的怪圈，真正意义上的“大部门制”并没有建立起来。

在当代中国，国家几乎垄断了所有社会资源，其治理结构体现出官商结合下的社会结构的利益集团化和制度化，或曰“利益集团化的社会结构”①。在这样的社会结构下，一个人要想进入权力阶层极为困难，除了极少一部分人通过公务员考试进入权力阶层外，绝大多数草根出身的大学生被排除在体制之外，甚至就业无门，而体制内的人利用自己手中的权力大肆聚财，这就必然引发人们对政府的不满。每年一度的国家公务员考试报考人数不断增加，不是社会之福，而是国家之痛，这不能不引起我们的极大反思。因而，政府机构改革有极大的治理创新空间。

大部门制是现代国家的一个重要标志。任何一个现代国家，无论其国家性质如何，维持国家正常运转的政务部门和经济管理部门都是不可或缺的。中国的实际情况是，中国基本上完成了计划经济到市场经济的转轨，但政府部门设置仍然没有摆脱计划经济的思维，带有计划经济的特征，即政府部门的设置按照行业和产品而设，这显然是与现代市场国家格格不入的。还有，中央本来是事实上的决策中心，中央各部委应是中央政策的执行者，而现实中却不是这样，中央各部委有着自己的决策权力，只是向国务院备案即可，国务院成为名义上的决策中心，这就有可能导致“部门利益”凌驾于社会公共利益甚至国家利益之上，它们也就被称为“特殊利益集团”。再者，按行业和产品设置相应的政府主管部门，由于行业和产品具有交叉性，必然导致部门重叠和职能交叉及其利益冲突，利益诉求的不同所带来的最终后果必然是“与民争利”。因此，大部门制改革势在必行。

① 杨光斌、舒卫方：《“公正社会”取向的国家治理与制度建设——党的十八大与中国的政治发展》，《行政论坛》2013 年第 1 期。

第三节　依法治国：国家治理的有效手段

新中国成立后，我们在法制建设方面是做了很多工作的，一些基本的法律都是在那时制定的，新中国第一部《宪法》就是在那时形成的，由于受国内外环境因素的影响，依法治国并未得到落实。正式把依法治国作为一种治国理论提出来是在党的十五大报告中，并在1999年九届人大二次会议上作为治国方略写进了《宪法》。

一　依法治国的内涵阐释

第一，要有健全和完善的法律。依法治国的关键在于要有健全和完善的法律，因此，加强立法是依法治国的首要环节。需要说明的是，这里的法律必须是善法、良法，是代表人民意志和利益、保护人民诉求的法律，如果只是以统治阶级的利益为上，以人民的利益为下，这样的法律越多，人民就越遭殃，近年来，国家在逐步废除一些法律就是很好的例证。

第二，要树立法律至上的理念。法律至上是依法治国的核心理念。也就是说，社会上的一切政党、组织和个人都要视法律为最高权威，任何人都绝无有超越法律的特权。同时，法律是否至上，是检验一个国家是不是法治国家的基本尺度，这也成为评判现代国家的一个基本标准。因此，我国要有效推进国家治理体系和治理能力现代化，一个最基本的路向就是要加强公民法律至上观念的培育，在民众中树立起以宪法为核心的法律至上权威，使法律成为评判社会各行各业行为的准则。

第三，要把保障人权作为依法治国的重要目标。依法治国的核心要义是保护公民的各项自由和权利，即保护公民的人权。人权是宪法规定的各项公民应享有的权利和自由，我们要实行依法治国，就要把尊重和保障人权放在第一位，这也与马克思的国家治理的终极价值取向是一致的，与党的以人为本的国家治理取向是一致的。因此，任何政党、机关、团体、企事业单位和个人在参与国家治理的过程中都应本着为了人、尊重人、发展人的价值理念，任何侵犯公民人权和自由的行为都是不允许的，都必将受到法律的制裁。

第四，要把发展民主作为依法治国的基础工具。民主与法治不可分，这早已成为中外学者的共识。前文说过，依法治国的逻辑前提是要有健全和完善的法律，没有健全和完善的法律，讲依法治国只能是一句空话。但是，有了健全和完善的法律，如何进行依法治国，这就是一个技术理性的问题，民主解决了这一问题。只有发扬民主，在民主的制度下充分保障人民的权利和自由；不建立民主的政治体制和程序，就不可能存在体现人民意志的法律。同时，现有的法律也难以施行。

第五，要保证司法独立与公正。“徒法不足以自行”。司法独立与公正是依法治国的必要保障。独立与公正是密切相关的，没有司法独立便不会有公正司法，公正司法是建立在司法独立的前提下的。在当代，司法公正是保护公民权利、维护社会公平正义、惩治犯罪的最后一道防线，是评判一个国家政治文明程度的基本标志。只有司法公正，才能维护法律的尊严，才能保护社会主义市场经济的健康、有序的运行。而不公正司法，则是对法治的否定和背叛，将有损国家法律的权威，造成人们对法律的不尊重和怀疑。因此，依法治国，就必须保证司法的独立和公正，加大司法体制改革，借鉴西方司法体制改革经验，建立起中央领导的绝对垂直的司法体系，使司法机关与所在地方在人、财、物上完全脱离，从根本上解决司法不独立、地方保护主义带来的司法不公正的腐败现象。

第六，法治政府是依法治国的题中应有之义。法治政府即是指政府的活动必须在法律的框架之内，这与依法行政的要求是一致的。首先，法治政府必定是一个有限的政府，也就是说，政府的职能是有限的，原先的全能政府治理模式是与法治社会格格不入的。其次，法治政府必定是一个责任政府，政府部门的违法违宪行为必须要承担相应的法律责任。再次，法治政府必定是一个民主政府，民意是政府权力运行的价值标的。最后，法治政府必定是一个透明、廉洁的政府，在治理的理念下，公民个人、企业法人、社会组织等作为治理主体参与国家政治生活，都享有法定的知情权，政府应接受公众的监督。

二 依法治国与以德治国的统一

在 2001 年年初召开的全国宣传部长会议上，江泽民提出了依法治国和以德治国相结合的思想，他说，“对一个国家的治理来说，法治与德治，从来都是相辅相成、互相促进的。二者缺一不可，也不可偏废”。至此，德法并治的治理理念得以形成。

改革开放以来，我们在法制建设方面取得的成就有目共睹，到2010年，中国特色的法律体系基本形成，为实现依法治国提供了逻辑前提。但法律与道德作为上层建筑的组成部分，是两种不同性质的规范体系，这决定了法治与德治也具有不同的特征和使用范围。

法治代表了国家意志，是依靠一系列法律制度和规范，通过一定规范性的、固定程序进行治理的政治过程，是一种刚性的维系社会秩序的治国方略。其所依据的法律文件的制定、公布、修改、废除，都由国家政权机关按照一定的程序进行；而德治则不同，它体现的是社会意志，主要依赖于一些疏导性的社会政策、社会教化，甚至统治者、先进分子的示范作用，形成良好的社会信仰和道德风尚的一种内源性治理。

二者的立论基础不同。法治的立论基础是基于人性是不完善的，因为人在一定条件下都可能违法甚至犯罪，而自己又无法自觉地避免和纠正，又不寄希望于社会统治者、管理者的模范示范作用和人民的自觉，而制定出一套健全的法律法规来制约社会中所有人的行为，迫使人们强制性地服从。而德治则不同，它是基于人性善良和人性可以改良从善的立论基础上的。就是说人有向善的本能，通过模范人物的示范带动，人能自觉地遵守社会的行为规范，通过对人性善良的发扬和对人性进行引导和改造，使人们都能够自觉自愿地行善，过一种道德和高尚的生活。

二者在实施方式上不同。法治规定了人们社会行为的基本底线，任何人都不能享有超越法律之上的特权。法治是靠国家机关，如公安、法院、检察院等强制手段来维系社会秩序的。因此，法治是一种外在强制性的治理手段。而德治则不同，道德规定的往往是一种人们理想的行为方式，是人们行为的一种社会理想模式，一般不采用强制性的手段，而是通过政策的引导、思想教育和社会楷模的榜样示范来实施的，是一种内在的、柔性的治理。

二者在作用对象和范围上也不尽相同。法治调节的是人们之间的权利义务关系，从这个角度讲，法治是以权利为本位的。而德治则不然，道德调节的是人们之间的一种义务关系，总体上是以义务为本位的。从适用范围上来讲，法治干预的一般是触犯法律的行为，对没有触犯法律行为的干预极为有限，这是因为，法律有极强的严格规定，不能越权。而德治对于人们的行为干预则要宽泛、深入得多。德治不仅干预、规范现实人们的思想和行为，而且还要对人们的思想、动机预先给予影响，同时德治对违法、乱纪行为也有极强的批判作用。

虽然法律和道德是两种不同的社会治理方式，但是依法治国与以德治国在本质上是统一的。

首先，二者的主体是统一的。无论是依法治国还是以德治国，其治理的主体都是人民群众，这也决定了依法治国和以德治国的统一性。

其次，二者的目的是统一的。因为依法治国和以德治国的主体是一致的，所以两者的治理目的也必然是趋同的，这也是依法治国与以德治国相统一的现实依据。由于治理主体的一致性，依法治国和以德治国的共同目的当然就是实现最广大人民的根本利益。当然，依法治国是社会多方诉求的现实需要，比如，规范市场秩序，形成成熟的市场运行机制；打击犯罪、维护社会稳定等，所有这些都在于更好地保护和实现最广大人民的根本利益。从以德治国的角度讲，人们之间的利益关系是通过道德来调整和规范的，道德能够对它所赖以产生的现实基础做出合理性辩护，这是道德能动作用的具体体现，也是道德的合目的性的具体体现。

最后，二者的功能具有统一性。无须怀疑，任何一种社会治理都不是一种方式和手段，人治、法治、德治都不同程度存在着，但善治必是法治和德治的统一。其主要原因在于：（1）法律不能为自己提供合法性的根据，从最终的意义上讲，法律要合乎人性和人道，这样的法律才是“良法”，也才能实现“善治”。（2）法律内涵有道德的内容，法律不断从道德汲取营养，把道德的内容不断地法律化。（3）法治是由人来操作的，科学完备的法律都是由人来完成的，这就需要高素质的人来推动这一进程，而高素质的人的培养除学校教育外，道德的作用是不能够忽视的。同样，德治也要不断汲取法治的养分，使德治本身的宽容、浪漫、个性化等气质更加得到张扬，避免道德沦丧。

三　人民民主、党的领导与依法治国的统一

前文已有陈述，依法治国绝不是单打一，孤立的，需要与德治相结合，这是我国国家治理的基本主张。但是，作为党治国家，中国与世界大多数国家一样都有着自己本身的逻辑。这种逻辑就是，在中国现实语境

下，必须坚持人民民主、党的领导与依法治国的统一。

首先，依法治国是党领导人民治理国家的基本方略，这已经写在《宪法》中，具有了最高的法律效力，任何时候都不能动摇。在三者的关系中，只有坚持依法治国，才能从制度上、法律上保证人民当家作主，也才能从制度上、法律上保证党的执政地位。我国的宪法和法律是党领导人民制定的，反映着党和人民的共同意志，人民在党的领导下，依照宪法和法律参与国家事务的治理，实际上就是行使自己民主权利的过程。党领导人民制定宪法和法律，又在宪法和法律范围内活动，从而使党的领导、人民当家作主和依法治国有机统一起来。

其次，人民当家作主是核心。国家治理的终极目标是实现人的自由全面的发展，共产党执政就是领导和实现人民当家作主，这是由社会主义国家的性质所决定的，是社会主义民主政治的核心所在。因此，把依法治国作为基本方略，就是从法律上保证人民当家作主的权利，实现人民当家作主的权利。同时，发扬人民民主，才能有效改善和加强党的领导，巩固党的执政地位。反过来讲，坚持党的领导，其最终目的是为了实现人民群众当家作主的权利和根本利益。当前，随着我国经济社会的全面发展，人民群众物质文化生活水平的普遍提高，广大人民参与国家管理的愿望日益强烈，这就要求我们进一步加强民主法治建设，促进民主政治的制度化、规范化和程序化，落实好依法治国方略，拓宽人民群众依法管理国家和社会事务、经济和文化事业的渠道，更广泛地组织和吸引人民群众参与民主实践。

最后，党的领导是根本保证。中国共产党是我国国家建设的领导核心，也是推动依法治国、推动社会主义民主政治建设的领导核心。我国政治发展的逻辑证明，离开了党的领导，就不可能把全国人民的力量和意志凝聚起来，发展社会主义民主也就无从谈起。因此，发展社会主义民主政治，建设社会主义政治文明，推进依法治国的实施，核心在于坚持党的领导。只有坚持党的坚强领导，才能按照最广大人民群众根本利益的要求，把全国各民族、各阶层人民的力量和意志凝聚起来，领导、组织、支持人民掌握好国家权力，管理好国家事务、社会事务和各项事业。只有坚持党的领导，才能坚持我国民主政治发展的正确方向。坚持党的领导，就是坚持民主的社会主义性质，坚持人民在国家和社会中的主人翁地位。

总之，把依法治国作为治国方略提出来，并要求把其与人民民主、党的领导统一起来，是我党领导人民治国思想的进一步升华，是社会政治文明的标志。单独讲依法治国，如果不把人民民主、党的领导放到依法治国的理论框架下加以考量，我们说，依法治国就会因缺少价值主体失去支点，就会落入“人治”的陷阱。只有把三者统一起来，在统一的框架下坚持依法治国，也才能进一步巩固党的领导核心地位、增强党的凝聚力，才能把依法治国落到实处，实现人民民主。

第四节　和谐社会：国家治理的现实诉求

2006 年 10 月，党的十六届六中全会通过了《中共中央关于构建社会主义和谐社会若干重大问题的决定》，提出要建设富强、民主、文明、和谐的社会主义现代化国家的目标，并就构建社会主义和谐社会的指导思想、目标任务和基本原则做出要求，党的十八大，更是把富强、民主、文明、和谐作为国家层面的核心价值观提出来，并把社会和谐作为全党全国各族人民的共同信念进行了定位，凸显了当代中国国家治理的目标指向。

一　马克思主义理论脉络中的和谐社会

（一）马克思主义的和谐社会思想

无论中西，“和谐”的思想自古有之。在马克思主义诞生之前，各时代的思想家都对和谐的思想进行过表述和论证，马克思主义和谐社会的思想正是对各时代思想家和谐社会思想的提炼、继承和创新，尤其是对空想社会主义者和谐社会思想的继承和发展。

考察社会和谐思想的理论渊源，空想社会主义者和谐社会的思想无疑是最具有价值意义的。早在 16 世纪初期，英国空想社会主义者莫尔在其著作《乌托邦》中就提出了建立“最完美、最和谐的社会制度”的理想，马克思在撰写《资本论》的过程中，曾先后三次引用莫尔的观点和材料。对马克思、恩格斯影响最大的莫过于 18、19 世纪的英法的空想社会主义者，尤其是法国的傅立叶、圣西门，英国的欧文，德国的魏特林等思想最为明显。傅立叶在 1803 年发表了《全世界和谐》一文，指出资本主义制度的不合理性，未来社会必将为“和谐制度”所代替，并阐述了有关和谐制度的思想。圣西门的和谐社会思想集中体现在他的《关于社会组织的理论》《论实业制度》《实业家问答》和《论文学、哲学和实业》等著作中，在这些著作中，圣西门对实业制度进行了全方位的研究，并就实业制度的目的、组织形式、基本原则、社会经济管理和实现途径进行了研究，其最终目的是要建立一个平等、自由、和谐的社会制度。欧文的理想社会方案是"合作公社"，这种合作公社也成为"新和谐"公社。为了证明自己的"新和谐"公社制度的理论和社会改革方案的正确性，欧文和他的信徒于1824年在美国印第安纳州进行了"新和谐"公社的实验，并制定了《"新和谐"公社组织法》。德国的魏特林在1842年的《和谐与自由的保障》一书中，认为资本主义是"病态的社会"，社会主义是"和谐与自由"的社会，并称社会主义的"和谐"是"全体和谐"。这本书被马克思称为是工人阶级的"史无前例的光辉灿烂的处女作"。

马克思、恩格斯正是在充分肯定空想社会主义者和谐社会思想的基础上创立自己的科学的社会主义的和谐社会思想的。在《共产党宣言》中，他们对圣西门、傅立叶和欧文的主张给予充分肯定的同时，对其历史局限性和理论缺陷也展开了无情的批判。他们认为，空想社会主义者的积极贡献在于对资本主义制度的批判和提出了未来社会必定是"社会和谐"的社会的构想，指出他们没有认识到资本主义的矛盾本质，没有找到实现社会变革的正确道路，结果只能限于空想。在对空想社会主义者社会建设理论批判的基础上，马克思、恩格斯提出了自己的未来社会建构的思想。在他们看来，未来社会"将是这样一个联合体，在那里，每个人的自由发展是一切人的自由发展的条件"①。但这样一个自由人联合体的实现绝不是什么轻而易举的事情，是在彻底消灭私有制和阶级对立的基础上，生产力获得巨大发展，社会财富充分涌流之后才能实现。尽管在马克思、恩格斯的经典著作里，我们找不到"社会和谐"的字眼，但从他们对共产主义美好社会的描述中，我们可以体会到社会和谐的音符。他们说："在共产主义社会高级阶段，在迫使个人奴隶般地服从分工的情形已经消失，从而脑力劳动和体力劳动的对立也随之消失之后；在劳动已经不仅仅是谋生的手段，而且本身成了生活的第一需要之后；在随着个人的全面发展，他

① 《马克思恩格斯选集》第1卷，人民出版社1995年版，第294页。

们的生产力也增长起来，而集体财富的一切源泉都充分涌流之后，——只有在那个时候，才能完全超出资产阶级权利的狭隘眼界，社会才能在自己的旗帜上写上：各尽所能，按需分配！"①

正是在对资本主义社会矛盾深刻揭示和批判的基础上，马克思揭示了未来社会发展的一般规律，指明了无产阶级斗争的方向和实现人的真正解放的路径选择，即实现共产主义的社会制度。在马恩的未来社会的设计中，其最终的价值目标是实现人的自由而全面的发展，这就指出了社会发展和人的发展的一致，也就预示着在构建和谐社会的过程中必须把"人的发展"作为工作的重心，重视人的价值。

列宁在领导俄国十月社会主义革命胜利后，建立了世界上第一个社会主义国家，使得社会主义从理论变成了活生生的现实，为和谐社会建设提供了制度前提。但"社会主义社会并不天然就是和谐的社会，在良好的制度基础上构建和谐社会依然要付出艰苦的努力"②。列宁在领导俄国社会主义建设的过程中，提出了很多好的建设社会主义的理念，比如，提出了营造良好的干群关系、城乡协调发展的思想；提出让劳动者过上最美好、最幸福的生活的思想；提出改革国家行政机关、反对官僚主义、最大限度发挥人民群众的积极性和创造性的思想；提出在坚持党的领导下，不断扩大直接民主、加强法制，反对腐败，加强党的建设和巩固党的团结的思想；提出大力发展文化教育、提高教师的地位，正确对待知识分子的思想等。所有这些思想的提出，无非就是围绕建设一个富强、民主、文明、和谐的社会主义现代化国家而为。然而，由于列宁英年早逝，后来的继任者斯大林没能把这些思想具体落实到社会主义的建设实践中，搞了所谓的"苏联模式"，即"斯大林模式"，违背了列宁的初衷，社会主义社会和谐思想未能继续发扬。

（二）中国共产党人的和谐社会思想

中国共产党是按照马克思列宁主义原则建立起来的无产阶级政党，一贯是和谐社会思想的继承者和践行者，中国共产党历代领导集体在领导中国革命、建设和改革的过程中，其治国理政的实践无不闪耀着建设和谐社

① 《马克思恩格斯选集》第3卷，人民出版社1995年版，第305—306页。

② 马云瑞：《中国政府治理模式研究》，郑州大学出版社2007年版，第125页。

会的理想之光。

毛泽东作为中国共产党第一代领导核心，领导中国人民推翻了“三座大山”，建立了新中国，为中国式和谐社会构建奠定了制度基础。新中国成立后，中国共产党开始了身份和地位的转换，开始由革命党转变为执政党，即由领导革命的党转变为领导建设的党。对于如何建设一个新社会，中国共产党第一代领导集体进行了不懈探索和努力。1956 年，毛泽东发表了《论十大关系》一文，提出了标志其和谐社会理念的“统筹兼顾，协调发展”的社会主义建设思想；在《关于正确处理人民内部矛盾的问题》一文中，提出了要以“统筹兼顾、全面安排”的方法来解决全国城乡各阶层以及国家、集体和个人三者之间的矛盾。这些思想，尽管后来由于党的“左”的错误而未能全面付诸实践，但为我们构建和谐社会留下了诸多可资借鉴的宝贵财富。

作为党的第二代领导核心的邓小平，面对“文革”后极其困难的局面，以巨大的理论勇气和政治智慧做出了改革开放的伟大决策，实现了党的工作重心的转移，提出了建设中国特色社会主义的一系列重大理论观点。比如，稳定是压倒一切的思想；“两手抓、两手都要硬”的思想；社会主义本质论；先富与共富的思想；可持续发展战略；培养“有文化、有纪律、有道德、有理想”的社会主义公民；“三步走”战略，“两个大局”思想等。这些社会建设理论，包含着极为丰富的关于建设和谐社会的意蕴，为我党提出完整的建设和谐社会理论奠定了思想基础。十三届四中全会以来，以江泽民为核心的党的第三代领导集体，根据国内外形势发展的变化，进一步丰富和发展了我党关于和谐社会建设的理论，提出了社会主义社会是全面发展、全面进步的社会，是物质文明、精神文明、政治文明协调发展、共同进步的社会，是“经济更加发展、民主更加健全、科教更加进步、文化更加繁荣、社会更加和谐、人民生活更加殷实”① 的社会，和谐社会理论初见雏形。十六大以来，以胡锦涛为总书记的党中央，根据我国经济社会发展的实际，在党的十六届四中全会上提出了构建社会主义和谐社会的重大战略任务，并把它作为提高党的执政能力建设的重要内容，表明我党对社会发展规律的认识提高到一个新的高度，中国共

① 《中国共产党第十六次全国代表大会文件汇编》，人民出版社 2002 年版，第 18 页。

产党关于构建社会主义和谐社会的理论至此形成，丰富和发展了马克思主义关于和谐社会思想的理论。

综上所述，社会和谐是马克思主义的不懈追求，也是中国共产党人的社会理想，是新时代国家治理的价值目标，是中国共产党人对人类社会发展规律、社会主义建设规律和共产党执政规律认识的重大创新理论成果，是对马克思主义科学社会主义理论的继承和创新，具有重大的理论和实践意义。

（三）和谐社会的内涵界定

1. “社会和谐”与“和谐社会”的区分

要全面、准确、严谨、科学理解和谐社会的内涵，有必要对“和谐社会”和“社会和谐”做一概念上的区分。

根据马克思主义的社会形态发展理论，社会发展历经原始社会、奴隶社会、封建社会、资本主义社会、社会主义社会或者说共产主义社会，假如把和谐社会放到里面寻求对应，找不出哪一个阶段或者是哪一个社会形态对应和谐社会。所以，和谐社会不是一种社会发展阶段，也不是一种社会形态，而是一种社会状态，是与社会主义或者说共产主义社会形态相伴而生的，因为，在阶级对抗和剥削的社会里，是根本不存在和谐社会之说的，所以，只有社会主义的和谐社会是没有剥削阶级的和谐社会，也就是说，不存在奴隶社会、封建社会和资本主义的和谐社会。

而“社会和谐”则不同，虽说它也是一种社会状态，但这种社会状态的发展呈现阶段性、跳跃性的特点，也就是说，在任何社会形态中，如果搞得好都会出现社会和谐的状态。但社会和谐并不必然就是“和谐社会”，因为，和谐社会是一种价值取向和理想，它只有起点而没有终点，在一定意义上可以这么讲，我们的社会是和谐的，但不能讲我们的社会就是和谐社会。

2. 和谐社会的内涵界定

根据以上对“社会和谐”和“和谐社会”的区分，结合学界观点，本书认为，应该从以下几个视角来界定和谐社会的内涵：

和谐社会应是一个系统的综合体。毋庸讳言，一个社会的和谐应是方方面面的和谐，不仅包括各方面社会关系的和谐，也包括人与自然的和谐，体现着民主与法治、公平与效率、活力与秩序、科学与人文、多元与公正、人与自然的统一，正是从这个意义上讲，建设和谐社会离不开经济发展、民主法治、文化繁荣、生态文明，它们之间是彼此联系、密不可分的系统综合体。

（1）和谐社会应该是目标和过程的统一，相对与绝对的统一

前文提及，和谐社会不是一种社会形态，而是一种社会状态，是一种价值理想，只有起点而没有终点，是目标和过程的统一。既是治国理想，又是治国方略、治国机制。作为治国目标，和谐社会的提出是与马克思主义科学社会主义之共产主义社会的远大理想一致的，是科学社会主义在当今中国的具体化，是最高纲领和最低纲领的统一，是与中国特色社会主义的共同理想、与全面建设小康社会的目标、与党的执政能力建设的总任务一致的。作为过程，和谐社会的构建是具体的、历史的、分阶段的、有层次的，只有相对的和谐，没有绝对的和谐，是相对与绝对的统一。

（2）和谐社会应是一个公平公正的社会、一个共同富裕的社会

毋庸置疑，一个和谐的社会应是公平公正的，这是和谐社会的题中应有之义。然而，一个社会并不总是公平公正，这就需要建立维护社会公平公正的制度，这与和谐社会的要义又是不谋而合的。而公平公正绝不可能是建立在贫穷基础上的，也绝不可能建立在两极分化基础上，事实上，两极分化根本不可能有社会的公平公正。根据马克思主义科学社会主义理论，社会主义是相对于资本主义而言的，是对资本主义私有制的否定，尽管资本主义私有制给人类带来了巨大的社会进步和政治文明，但同时也带来了严重的贫富分化和社会矛盾的急剧膨胀，也就根本谈不上社会的和谐。正是在这个意义上，马克思提出了自己的有关社会和谐的理论，即只有在社会主义或者说共产主义社会里，真正意义上的和谐社会才能实现。显然，这就从价值论的角度揭示出一个事实，即社会主义应把全面发展作为自己的价值定位，社会主义的精神就是追求社会的和谐，不言而喻，共同富裕正是社会主义和谐社会的基本前提。

（3）和谐社会应是一个社会各个民族、各个阶层都能和谐相处，各方利益都能惠及，民主法治得以彰显的社会

目前我国正处于社会主义现代化建设的关键阶段，正处于经济、政治、文化和社会转型的关键期，改革开放正向深水区迈进，矛盾错综复杂，稍有不慎，改革开放的伟大事业就有可能毁于一旦。但根据新中国成

立以来执政党和政府国家治理的基本经验和教训，为了社会主义和谐社会建设的目标得以顺利进行，这就要求牢牢把握建设社会主义和谐社会这个重要抓手，为和谐社会建设积聚充裕的物质资源，不断满足人民群众日益增长的物质文化需求。要在政治上保证各民族人民应有的民主权利，扩大公民政治参与的范围，在各个领域落实依法行政、依宪治国。在经济上要保证各民族、各阶层的合理利益诉求，以此来调动各方面的积极性。要积极培育社会主义的先进文化，以先进文化引领社会主义意识形态的建构。对于目前经济社会发展中出现的矛盾，要以深化改革为突破口，以民主、法制的途径去解决，决不可采取简单粗暴镇压的方式。

（4）和谐社会应是人与自然和谐发展的社会

人与自然是对立的统一，自然界作为人类社会赖以发展的物质基础，同时也是和谐社会建设的物质基础。由于自然资源具有有限性和不可再生性的特点，我们在利用自然为我们自身服务的同时，一定要树立环境意识、节约意识、保护意识和建设意识，做到以最小的消耗带来最大的收益，实现人与自然的永续发展、协调发展。

二　构建社会主义和谐社会的价值意蕴

（一）构建社会主义和谐社会，是全面建成小康社会新目标的内在要求

党的十八大站在经济社会发展的新高度，向全国人民发出了到2020年全面建成小康社会新目标的承诺。从某种意义上讲，这与和谐社会建设的目标是一致的，小康社会建设内在地包含了和谐社会建设。目前，经过改革开放30多年的发展，我国人民生活水平总体上已经达到小康，但这只是经济层面的一个衡量，与国际社会的现代化标准比较起来，还有一定的差距。一个国家是不是已经建成小康社会，其评价指标涉及经济社会发展的各个方面，并不是单打一。所以，面对改革开放以来经济社会发展中积聚起来的问题，在建设小康社会的过程中提出构建和谐社会是有其深刻现实意义的。

提出构建社会主义和谐社会在于我们的社会是不和谐的。其突出表现为：资源能源短缺，寻找新能源受制于科技发展的瓶颈，环境承载力加大，短期内不可能改观；城乡、地区发展不平衡急剧加大，经济社会发展

不平衡的总体状态更加突出；人民的需求更加多样化，社会利益关系日趋复杂；体制改革进入关键时期，进一步深化改革难度加大；劳动者就业结构和方式多样，社会组织和管理面临问题日益复杂；公民民主法制意识不断增强，政治参与意识不断提高，对社会主义民主政治建设和落实依法治国方略提出了新要求；社会各种思想文化交流、交锋、碰撞、激荡，极右、极左势力不断发出有害于社会稳定的声音，在各级干部中存在的消极腐败现象等都给社会和谐带来负面影响。[①]所有这些问题的存在，不仅是小康社会建设的困境和障碍，更是和谐社会建设必须加以解决的问题，因此，为了落实十八大的奋斗目标，必须进行体制创新和管理创新，消除影响社会和谐的消极因素，为小康社会建设提供前提条件。

（二）构建社会主义和谐社会，是提出建设和谐世界的逻辑前提

在马克思主义的和谐社会理论视野里，和谐社会与和谐世界的理念是不矛盾的，因为，在马克思看来，共产主义社会不是哪一个国家、哪一个地区的事业，而是全世界无产阶级的共同事业，是整个全人类的事业。但就和谐世界建立的途径来讲，由于每个国家的实际情况不同，所采取的方法和手段不同，从长远的意义来看，只有各民族国家的和谐，才有整个社会的和谐确是不变的道理。

面对当今世界一超多强、多级并存、各个民族国家为了自己的现实利益和长远利益诉求、在不同程度上都存在利益冲突和矛盾的现实，中国不能置身事外。特别是随着经济全球化深入发展，科技进步日新月异，产业升级和转移不断加快，各国间合作在深度和广度上不断加深，中国同样也不能置身事外。为了在国际社会中担当更多的历史责任和树立良好的大国形象，中国首先要把国内的事情做好，用自己的行动来树立国家威信。中国提出构建和谐世界的国际发展战略，正是在对社会发展规律深刻认识把握的基础上的现实应对，是对“中国威胁论”的积极回应。反过来讲，如果没有国内的和谐，我们是提不出和谐世界建构理论的。试想，如果国内民生凋敝、人民生活困难，各种社会矛盾沉渣泛起、社会冲突不断，政府的合法性面临严峻的挑战，在这样的状态下，我们又如何提出建设和谐

① 参见李安增、孙文亮等《历史与经验——中国共产党与当代中国发展》，中央编译出版社2009年版，第219页。

世界的战略？因此，提出构建和谐社会，是从我国实际出发的现实选择，是对国际社会各种风险和挑战的积极应对。就目前来讲，我国社会总体是和谐的，但国际社会不和谐因素严重影响了我国和谐社会的建设，大国主义、冷战思维、军国主义思想、恐怖主义势力、民族宗教矛盾、领土争端等传统安全和非传统安全的威胁相互交织，稍有不慎就有可能引发新的冲突和战争。因此，我们在维护我国经济社会发展大局的同时，提出和谐世界的构想，把全球治理置于国际社会发展的大视野下，是有效化解国际社会风险的积极选择。

（三）构建社会主义和谐社会，是中国共产党重构执政合法性的现实基础

中国共产党的执政地位是人民的选择、历史的选择，这早已定论，不再追问。问题是，人民的选择、历史的选择是有前提和条件的，如果前提和条件发生了变化，人民就可以重新做出选择。所以，“历史选择的结果，不等于人们永远就认同这个结果。随着历史的发展，当革命带来的政治红利逐渐消失时，建立新的合法性基础便成为越来越迫切的要求”①，因此，重建执政党的合法性基础便成为必然的选择。有学者就指出，“中国共产党经历了以意识形态为主、以经济绩效为主、构建社会主义和谐社会为主的三个合法性基础时期”②。历经30多年的改革开放，我国经济政治文化社会建设全面发展和进步，但累积起来的社会矛盾不比改革前少，且在经济、政治、文化、社会建设的各个层面均有体现。特别是近几年来，教育、住房、医疗问题一度成为新的“三座大山”，政治腐败在党的高级干部中屡有发生，贫富差距日趋扩大，各种社会思潮有重新泛起之倾向，所有这一切，都对党的执政合法性提出了严峻挑战。提出构建社会主义和谐社会，是中国共产党积极应对现实风险，重构合法性基础的现实应对，也是中国共产党对执政理念、执政使命、执政基础、执政任务认识的进一步深化。对此，中国共产党不断进行理论创新，提出了标志性的理论成果“三个代表”重要思想和科学发展观，其中和谐社会构建是“科学

---

① 谢春涛：《中国共产党如何治理国家》，新世界出版社2012年版，第7页。

② 温顺生：《对中国共产党执政合法性的考量——基于合法性、合法性基础、执政合法性基础三个维度》，《南京工业大学学报》（社科版）2008年第1期。

发展观”理论的具体化，正是在这个意义上，我们讲构建和谐社会是对科学发展观的落实，是对现时代党的执政合法性问题的积极应对。

总之，提出构建社会主义和谐社会，是中国共产党对现时代中国社会发展实际的新认识和新判断做出的正确决策，是事关人民福祉的重大社会发展战略，是关于建成全面小康社会的战略举措，是国家未来治理的目标指向，关系着广大人民的切身利益和执政党的社会基础，是中国社会发展模式的新选择。

三　国家治理视域下的和谐社会建构路径

毫无疑问，构建和谐社会是一个复杂的系统工程，既涉及国家治理体制的重构，又涉及社会系统的重构，还涉及党自身的建设，特别是党的执政能力建设。结合学界观点和党的有关和谐社会建构的一系列部署，本书认为，在国家治理视域下，构建和谐社会应重点做好以下几方面的工作。

（一）以执政能力建设为向度的政党治理

何谓执政能力，十六届四中全会通过的《中共中央关于加强党的执政能力建设的决定》做出的界定是：党的执政能力就是党提出和运用正确的理论、路线、方针、政策和策略，领导制定和实施宪法和法律，采取科学的领导制度和领导方式，动员和组织人民依法管理国家和社会事务、经济和文化事业，有效治党治国治军，建设社会主义现代化国家的本领。以此为基础，学界给出的党的执政能力内涵基本上是与此定义趋于一致的。比如，王振武在《论执政能力的内涵及其一般评价要素》一文中认为，“所谓执政能力，就是执政党掌握和运用国家机器，综合运用经济、政治、法律、行政等各种手段，执掌国家政权、完成自己的执政目标和任务的本领和水平。在我国，中国共产党坚持执政为民，所以我们所讲的执政能力，就是中国共产党按照宪法和法律的规定，正确掌握和运用国家政权，全心全意地代表、实现和维护最广大人民的根本利益，带领人民全面建设小康社会、为实现社会主义现代化而奋斗的能力和水平”[①]。再如，中央党史研究室副主任李忠杰在《瞭望》撰文说，党的执政能力应包括

① 王振武：《论执政能力的内涵及其一般评价要素》，《前沿》2009 年第 6 期。

以下10个方面的内容：科学分析形势和任务、制定执政的纲领、路线的能力；掌握国家政权、保持执政党合法性和执政地位的能力；驾驭国家机构、协调各种政权组织相互关系的能力；运用国家机器、推动经济和社会发展进步的能力；坚持执政为民、满足人民群众利益要求的能力；整合社会关系、解决社会矛盾、保持社会稳定的能力；坚持依法治国依法执政、建设社会主义法治国家的能力；正确处理国际关系、维护国家主权、安全和利益的能力；应对复杂局面、抵御各种风险的能力；从严治党、拒腐防变、保持执政党自身先进性和生命力的能力。结合党的有关执政能力建设的有关文件及其学界的最新研究成果，本书认为，构建和谐社会，就党的能力建设而言，应在以下几个方面重点关注。

1. 执政资源和执政能力

执政能力建设离不开对执政资源的占有、利用和开发。因为，在任何社会制度下，执政党对国家进行有效治理都需要一定资源的支撑和匹配，否则，执政党便不能获得人民的认可和保持平稳运行。

一般来讲，执政资源由两部分组成，一是执政的合法性资源，一是执政的运行资源。就我国的实际情况来讲，执政的合法性资源是党的性质决定的，中国共产党执政是人民的选择、历史的选择，其执政地位是历史形成的。新中国成立后，在党的领导下，制定了《宪法》和一系列法律等合法性资源。当前，党执政的合法性面临着严峻的挑战，为了应对，就要在执政的运行资源上有所创新和突破，即抓好政治资源、理论资源和组织资源的建设、开发和利用。

政治资源是执政党在国家权力中的可支配性因素，也称权力资源。就我国实际来讲，我党对政治资源的占有不可谓不充分，但问题是高度的中央集权使我国形成了一党独大的局面，多党合作和政治协商成为党执政体制下的“代言”工具，这就形成了本质上的党就是国家，党的利益就是国家的利益，党的权限被盲目扩大的事实。无疑，党对政治资源的占有为实现党的政治目标和政治理想提供了便利，保持了党对国家政权的掌控和社会的稳定，但上述存在的问题从侧面也说明党在社会活动中的覆盖式嵌入已严重影响到我国社会组织的成长及其基层民主自治的健康发展。这就要求党要有效推动政治体制改革，在确保党对国家政权掌控的同时，适当放权以增强社会的创造活力，做到管人和管事相分离，防止利益集团和地方干部的结合，做到各社会阶层都建立起自己的利益表达机制。

理论资源其实就是一种意识形态、一种执政理念。任何政党都有自己的意识形态和执政理念，如果没有科学的意识形态和执政理念，便不能保持强大的政治凝聚力和政治动员力。中国共产党作为马克思主义意识形态下的执政党，把马克思主义作为理论资源，并不断发展和创新，形成了中国化的马克思主义，拓宽了理论资源的内涵和外延。但理论资源并不必然被广大党员和人民群众掌握，要在全社会兴起学习马克思主义及其中国化的马克思主义学习运动，在学习中辨别分析、提高认识。因此，作为执政党就应该在开发、利用理论资源上下功夫，提出和谐社会建设正是中国共产党理论资源的创新成果，是凝心聚力的政治动员力和精神感召力。

组织资源其实就是组织机构及其组织方式，是执政党治理国家的主要载体和依托。改革开放以来，伴随经济社会的发展变化，党的组织资源在一定程度上受到内耗，主要表现在：所有制结构的变化消减了基层党组织的影响力，党员的先锋模范作用也受到影响；一些基层党组织受利益的驱使，利用自己的权力办起了第三产业等。因此，为了有效推动和谐社会建设，要按照民主集中制原则健全党的组织体系和组织形态，使之适应经济社会的发展；要坚持对基层党组织的分类指导，明确使命和责任，加强党员干部的自律意识建设，发挥先锋模范作用。

2. 党的执政能力发展的治理向度分析

对于执政的中国共产党来说，要在和谐社会建设中发挥其领导核心作用，其执政能力建设事关全局，在占有执政资源的前提下，如何使执政资源发挥最大化效能，还要在以下几个方面予以关注：

第一，加强执政道德建设。所谓执政道德，就是指执政党“在执政活动中应当遵守的，用善与恶、公正与偏私、诚实与虚伪等标准评价的，依靠社会舆论、传统习惯，内心信念来调节的行为”①。中国共产党作为马克思主义执政党，是先进生产力、先进文化和最广大人民利益的忠实代表，必然具有自己的特殊道德，这种道德的价值核心就在于全心全意为人民服务，以实现社会的公平正义和人民福祉的最大化为价值旨归。因此，加强执政道德建设要本着服务、责任、人道、公正和公利等原则，以执政

---

① 黄明哲、赖宏：《论党的执政道德建设》，《北京青年政治学院学报》2004 年第 1 期。

党成员的个人道德建设、组织和决策道德建设为主要内容，以马克思主义及其中国化的马克思主义等党的理论资源为指导，以制度建设为根本，以“执政为民”建设为抓手。[①]

第二，健全党内监督机制。政治腐败是引发目前社会矛盾的主要顽疾，而政治腐败主要又表现在党内腐败，而党内腐败又主要表现在官员的贪污、受贿、行贿、以权谋私、权力寻租等吏治腐败上，陈良宇案、刘志军案、黄胜案等是最典型的表现，严重挑战着党的合法性基础和执政权威，威胁到和谐社会的构建，因此，加强党内监督势在必行。为此，中国共产党颁布了《中国共产党党内监督条例（试行）》，为加强党内监督提供了依据。事实上，党内监督的难点在于对“一把手”的监督，因为一把手位高权重，容易形成官僚主义作风和权力腐败，发展党内民主、加强党内监督，做到决策的民主化、选人用人的民主化，官员财产的透明化。要健全群众监督、舆论监督、社会团体和民主党派监督的机制，形成全社会的监督网络，唯如此，才能巩固和扩大党的执政基础，和谐社会建设才有可能。

第三，密切党群关系。党群关系事关执政党的基础，没有人民群众对执政党的认同，谈党的执政能力建设和和谐社会建设就毫无意义可言，因为人民群众是党的最大执政资源。从政治层面来讲，执政党的权威来自三个方面：一是国家机器的镇压职能所产生的“暴力权威”；二是政府机构履行社会管理职能所产生的“管理权威”；三是人民群众发自内心的认同与自愿服从产生的“合法性权威”。[②] 中国共产党作为新中国的缔造者，有着深厚的阶级基础和群众基础，这是党长期执政的最大执政资源。现时代，党提出构建和谐社会的治理目标，其关键就是加强党的执政能力建设，而执政能力建设的功效就是以人民的满意度来评判，因此，密切党群关系、干群关系是新时期加强党的执政能力建设的核心要件，这就要求以人民“满意不满意、高兴不高兴、答应不答应”作为工作原则，一切为了人民群众。

---

① 黄明哲、赖宏：《论党的执政道德建设》，《北京青年政治学院学报》2004 年第 1 期。

② 王海军：《论新形势下党的现代化建设》，《武汉理工大学学报》（社科版）2003 年第 5 期。

第四，落实依法执政。执政能力建设的好还是不好，除了看人民群众的满意度外，还要看依法执政的落实力如何。依法执政是党的性质和宗旨的应有之义，也是和谐社会构建的不二选择，是现代文明社会的标志。要落实依法执政，首先要求党员干部要知法、懂法，这就必须在党内掀起法律学习热潮；其次，要把依法治国、人民民主和党的领导真正统一起来；最后，就是转变执政理念和执政方式，把执政为民落实到制度层面，以制度促和谐。

总之，和谐社会构建离不开党的领导，党的领导的最核心的关键是要提高执政能力，只有加强执政能力建设，才能确保党的执政合法性和增强人民群众的认同度，党的执政才有权威，党在和谐社会建设中才能有所作为。

（二）以利益协调为中心的社会治理

判断一个社会的和谐与稳定，其标准并不在于它有没有社会矛盾（事实上，没有矛盾的社会是不存在的），而在于社会矛盾解决的是否合理，社会是否形成了良好的运行机制。当前，中国传统单位制的社会结构正趋于向多样化的社会结构转变，在市场经济体制下，传统的社会整合功能日益弱化，人们的利益需求和利益表达呈现出多样化的状况，社会利益关系表现出复杂、浑浊状态，如果不能协调和理顺这些关系，必将严重制约和谐社会的建设。

1. 建立与人民利益诉求相呼应的机制

社会成员的利益诉求长期得不到表达和满足必将引发社会矛盾，这是确定无疑的。这就要求政府权力机构应建立起回应社会成员利益诉求的各种沟通渠道，利用这种渠道，主动、积极地同社会成员进行沟通，对于社会成员的合理诉求，尽最大可能予以满足，避免引发不必要的社会冲突和动荡，对于不合理的利益诉求，及时把国家的政策尽可能耐心、详细解读给诉求者，避免社会成员由于信息的缺乏和不准确带来误判。为此，政府就要建立起与之相适应的各种机制，比如，社会舆情收集和分析机制，社会矛盾排解工作制度，主管人员对口的定期信访制度等。通过这些制度的建立，把人民的利益诉求纳入可控范围，以人民调解为主，辅之以必要的行政手段，最终把矛盾化解在基层，有效避免矛盾的升级蔓延。

2. 建立决策过程中的利益协商机制

公平正义是和谐社会的本质内涵，恩格斯就曾指出："一切人，或至少是一个国家的一切公民，或一个社会的一切成员，都应当有平等的政治地位和社会地位。"[①] 这就是说，国家在处理与社会成员有着至关重要的利益关系问题时，不能凭主观臆想，拍脑袋决策，而要在科学调研的基础上，写出决策目的、决策意图、决策价值等，向相关社会成员征求意见，必要时还要邀请中立人员协商。这样做出的决策，虽不能满足社会成员的所有利益（事实上，任何一种决策都不会满足所有成员的利益），最起码满足了大多数成员的利益，必将会得到社会成员的认可，同时也就有效化解了社会矛盾。

3. 建立与社会成员利益攸关的社会保障机制

和谐社会的构建离不开社会保障机制的建立和完善。目前，党和政府就社会保障制度的建设出台了相关制度和政策，但不能说已经完善，很多方面还有待于加强。其主要问题在于，社会保障面还比较低、保障范围狭小、保障手段单一、保障标准较低，且保障只限于经济层面，在劳动保障、就业保障、收入保障等方面显得滞后，没有实质意义的措施。因此，要加快劳动保障制度建设，真正把劳动合同法、就业促进法落到实处，不致成为一纸空文；要完善社会保障制度，扩大医保范围，建立覆盖城镇和农村的全方位医疗保险制度；统筹规划城镇居民和农村居民略有差异的养老保险制度；建立对低等收入者、无劳动力家庭、弱势群体家庭登记排查制度，定期跟踪制度等。

4. 建立长效的利益调节机制

一个和谐稳定的社会结构必定是社会没有很富的人，也没有很穷的人，应呈"橄榄形"的发展状态，因此，加大利益调节不可避免。加大利益调节必须建立长效的利益调节机制，不能由着"国家"的性子来。目前，我国社会矛盾急剧增长的原因之一就是两极分化不断扩大，收入分配的不平衡已严重超过了人们的可承受限度。实事求是地讲，由于能力及其文化层次的差异，人们是可以接受收入差距存在的，但令人们不能接受的是收入差距的无限制扩大。比如，银行、邮政、电信等行业，无论员工

---

① 《马克思恩格斯选集》第 3 卷，人民出版社 1995 年版，第 444 页。

还是管理人员，工资年收入都是教师、医生、基层公务员的好几倍。如果任其发展下去，和谐社会建设只能是句空话。因此，要建立收入分配调节机制，切实控制垄断性收入、调节过高收入、提高中低收入者的水平，取缔非法收入。建立保障劳动者收入的制度，无论姓“公”还是姓“私”，对劳动者的工资发放都应有一个指导性原则和参照指标，切实维护社会公平正义。

（三）以实现人与自然和谐相处为目标的生态治理

人与自然和谐相处是和谐社会的内涵要义，一个和谐的社会也必将是人与自然和谐相处的社会。我们提出构建社会主义和谐社会，其前提就是我国社会还存在许多不和谐因素，其中，人与自然的不和谐一度未引起国家和社会的关注，结果就是生态环境遭到破坏，人们的生活环境恶化，资源能源供应紧张。党的十八大，站在国家发展全局的高度提出了中国未来国家建设的总体布局，即经济、政治、文化、社会和生态文明建设的“五位一体”布局，这是对经济社会发展教训的深刻认识和反思，是中国共产党对人类社会发展规律认识的进一步深化。

要做到人与自然和谐相处，必须要有一个科学的认识态度：

一是要尊重自然。人是自然界之子，无时无刻不在大自然的恩泽之下，人类的生产生活一刻也离不开自然生态系统。因此，我们要尊重自然、善待自然，自觉维护大自然的平衡，其实，从价值伦理的角度讲，尊重和善待自然就是尊重人类自己。二是要树立科学精神，正确认识自然和利用自然。尊重和善待自然并不是让自然随意发展，而是要在认识自然规律的前提下合理开发和利用。三是要利用和保护相结合。在经济建设中，利用和改造自然为我们服务是必要的，但带来的问题也是严峻的，典型的表现就是大气污染、水源污染、土地沙化、资源日益短缺，这严重危及人类的生存和安全。所以，加大对自然的保护力度，进行技术研发，尽快寻找到可替代性资源，转变发展理念和增长方式，加快产业结构升级，杜绝对资源的无序开发和利用，做到统筹规划、科学发展应是当下改革之需。

要实现人与自然和谐相处，必须要转变发展理念：

一是要把发展转变到科学发展的理念上来。改革开放初期，我们的发展理念就是经济增长，其直接的后果是资源和环境被无尽的“透支”，据统计，在过去的30多年，我国经济增长的GDP中，至少有18%是依靠资源和环境的透支获得的。[1] 因而，我国经济发展的代价是巨大的，现如今，碧海蓝天被看作可遇不可求的东西，这就要求把发展转变到科学发展的理念上来。也就是说，要从原先的涸泽而渔式的、不可持续的粗放的发展方式，转变到可持续的、环境友好型的发展方式上来。这就要求产业转型和升级，依靠科技进步和创新驱动来改造旧式产业，加快开发新能源、新材料，及时修复人为原因对自然造成的破坏，对废弃物要进行科学分类、回收利用，严禁随意丢弃、污染环境。二是树立“三个文明”[2] 协调发展的理念。改革开放伊始，面临经济比较困难的局面，我们选择了物质文明优先发展的方针，这在当时是必需的选择，无可厚非。不久，就又提出了“两手抓、两手都要硬”的发展方针，即物质文明和精神文明协调发展。就我国实际来讲，我们在物质文明和精神文明建设方面取得的成绩可以说是巨大的，国家综合国力和人民生活水平都有了提高。但比较遗憾的是，生态文明建设远远落后于其他两个文明，事实情况是，人们在享受两大文明带来的成果时，不得不面对环境恶化带来的负面影响，人们的生活质量正遭受严重挑战。因此，目前要做的就是从两手抓、两手硬转变到“三个文明”协调发展上来，切实加大对环境治理的投入，建立环境保护机制，培养人们的人文素养，建设生态经济圈，发展一批生态型企业，大力发展循环经济，鼓励、倡导健康的生活方式等。

总之，构建和谐社会，不是短期而为的事情，是全体社会成员在党的领导下亲力亲为的事情，只有在执政党提高执政能力，转变执政方式，科学制定发展战略，优化发展结构，健全保障机制的前提下，才能够敢于谈之。同时，要秉持尊重自然、善待自然的发展理念，把“节约资源、环境保护”提高到价值观的高度在全社会极力弘扬，推动企业升级改造，转型升级，推行健康的生活方式等，唯有此，才能够实现和谐社会的治理目标。

---

① 邓聿文：《中国必须赢》，中国商业出版社 2012 年版，第 5—6 页。

② 这里的三个文明不是传统意义上的物质文明、政治文明、精神文明，而是物质文明、精神文明和生态文明。

第六章　对策和思考：推进国家治理现代化的路径选择

实现中华民族的伟大复兴是近代以来中国人民最伟大的梦想，更是执政的中国共产党为之奋斗的目标。党的十八大提出到2020年建成小康社会的目标，实现两个“一百年”的奋斗目标，围绕这一目标，党的十八届三中全会提出推进国家治理体系和治理能力现代化，为实现两个“一百年”的奋斗目标提供了理论保障。

第一节　政党、国家与社会的关系：一个分析框架

政党政治是现代国家的发展逻辑，政党的产生堪称人类最伟大的政治发明，是现代“政治发展的一个关键的分野点”①，同时，政党又是现代政治运作的核心力量，在政党、国家与社会三者之间，政党通常被看作是社会与国家之间的联系机制。在当今世界，除了极少数国家不允许政党存在外，当今世界的200多个国家和地区的政治运作都是通过政党来实施的。尽管各个国家政治、经济、文化存在较大差异，政党获取权力的途径和方式略有差异，但总体来讲，“在民主的政治结构中，政党居于国家与社会之间。一方面，国家权力属于人民，民众通过政党去控制国家权力，实现民主政治；另一方面，国家通过政党与社会连接，与社会实现互动。政党居于国家与社会之间的这一位置，使得政党对国家和社会都发生影

① ［英］米勒、波格丹诺主编：《布莱克维尔政治学百科全书》，邓正来等译，中国政法大学出版社1992年版，第520页。

响，成为民主政治中不可缺少的政治机制”[①]。从现实政治运作过程来看，政党通过赢得社会，从而赢得人民授权，进而掌握国家权力而执政的。因而，任何执政的政党，“要实现合法和有效的执政，关键不在自身的意志和决心，而在对政党、国家和社会三者关系的驾驭与把握”[②]。

一　政党在国家治理中的功能定位

早在20世纪60年代，美同学者亨廷顿就曾指出：“许多现代化中国家出现的权力和权威的真空或许可由个人魅力型领袖或军事力量来填补。然而，只有政治组织才能永久地填补它。”“在现代化中国家，谁有了政治组织，谁就控制了未来。”[③] 这就指出了政党作为政治组织在国家中的重要地位，以色列学者埃森斯塔特也曾说过：“在许多新兴国家里有建立一元化——但不是专制——的政党政府的趋势，说明许多这样的政党在形成某些新的共同的集体认同中，在不同的竞争者之间为获得权力而进行的斗争中，看来更像是充当工具的作用。”[④] 在我国，尽管政治体系与西方各国存在差异，但中国共产党是国家政治的集中体现和政治发展的直接推动力量是确定无疑的。

对于政党功能的定义，学界已基本达成共识，即政党功能是指政党在国家整个社会生活中所发挥的职责和作用，决定着政党的能力和行动方向。中国共产党与西方政党虽然性质不同、特点不同、结构不同，各自有不同的发展历史，存在于不同的社会环境中，有不同的目标和任务，但作为政治组织这个特定事物，存在一些相同或相似性。就政党功能的内涵来讲，中国共产党与西方政党在基本功能上是相通的。概括归纳中外学者对于政党功能的研究，政党的基本功能主要有以下几个方面：

① 蔡霞：《正确认识与把握执政党与社会的关系——以农村基层民主建设为例》，《学习时报》2009年8月3日。

② 林尚立：《执政的逻辑：政党、国家与社会》，载《复旦政治学评论第3辑》，上海辞书出版社2005年版，第1页。

③ ［美］塞缪尔·亨廷顿：《变革社会中的政治秩序》，华夏出版社1988年版，第444页。

④ ［美］西里尔·E. 布莱克编：《比较现代化》，上海译文出版社1996年版，第204页。

（一）利益表达和整合功能

马克思曾说："人们奋斗所争取的一切，都同他们的利益有关。"① 政党作为一定的阶级、阶层和社会集团利益代表的政治组织，其最基本的功能就是利益表达，即把所代表的阶级、阶层和社会集团的利益通过一定的渠道表达出来。但政党又不能简单地把自己作为民众的意见和要求的工具，因为民众的意见和要求是零碎的、具有个人倾向，这就要求政党要善于吸收多元利益诉求，进行利益整合，形成政党整体利益，进而把整合后的整体利益输送到政治中枢中去，从而使政治中枢做出有利于自己的决策。

（二）政治录用和精英输送功能

马克思主义认为，组织政党的直接目的就是追逐国家权力，达到掌握国家政权和控制政府，从而实现自己所代表的阶级、阶层和社会集团的利益。不言而喻，为了达成这一目标，最重要的途径就是向政治系统输送自己培养的精英，从而获取政治职位来治理国家。一般来说，由政党的本质所决定，政党都会通过政治录用和精英输送的方式来影响政府，进而达到控制权力的目的。政治录用服务于精英输送，通过政治录用，政党把那些理论水平高、信仰坚定的人吸收到组织中来，以便在执政时输送到政府部门中去来贯彻自己的意志；或者把代表自己意志的精英分子推荐给选民，由民众把他们选到权力机构中去。

（三）纲领政策的制定和执行功能

现代意义上的政党都具有自己独立的意识形态，并通过纲领和政策反映出来。任何政党要想实现自己的意志并赢得民众，首先要有自己的政治纲领，它反映了政党未来的执政取向，也是政党能否赢得民众的关键。政策是政党获得执政地位时治理国家的基本策略和措施，是基于政治纲领制定的，是对执政纲领的细化。这都在一定程度上反映了政党执政能力的高低，甚至决定了国家治理的成败。这样，通过纲领政策的制定和执行，有效表达了自己所代表的群体的利益，获得了他们的支持，从而形成良性的循环系统。

① 《马克思恩格斯全集》第1卷，人民出版1956年版，第82页。

（四）组织和监督政府的功能

自政党制度产生以来，控制和监督政府就成为其存在的目的所在，这也是政党和其他利益集团相区别的根本所在。在西方国家，政党往往通过组织动员和竞选获得执政地位，从而获得组织内阁的权力，以本政党成员为主来组织政府。而没有赢得大选的政党则沦为反对派，他们在议会中或议会外都会对政府提出批评和建议，对政府的执政行为进行监督。在中国，中国共产党作为执政党，同时承担监督和组织政府的双重职责，民主党派作为参政党负有监督执政党和政府的责任，体现了中国政党制度的特点和优点。

（五）政治教育和动员的功能

一个政党的纲领、政策及其政治原则、运作程序、政治价值并不必然为民众所掌握，甚至认同。在这种情况下，执政党往往都会对本党成员和社会公众进行政治教育和动员，通过政治教育和动员，使公民对执政党的价值目标、执政理念、政策主张等有一个全方位的了解，从而最大限度地争取大多数民众的政治认同。一般来讲，政治教育和动员体现在两个层次上，一是体现在党内，通过内部教育和动员，增强党的组织纪律性，提高党的战斗力。二是体现在对广大民众的政治教育和动员，通过对广大民众灌输本党的政治价值观和政策立场，获得他们的政治认同和支持；通过向广大民众普及政治常识，使他们了解政治运作的一般程序，从而获得政治参与的技巧和智慧。

此外，政党还有政治发展、政治稳定、政治斗争、政治联结等功能。但无论怎么概括，列出多少功能，一定要围绕政党—国家—社会三者关系来进行，因为，“政党是把一端架在社会，另一端架在国家上的桥梁”①，只有代表民众来掌握国家（政府）政权，才能获得民众的支持，才能运用国家政权的力量达到自己的施政目的。

二　政府在国家治理中的角色定位

政府的角色问题是当今中国政府改革中需要认真研讨的问题。政府改革的理论与实践都必然要涉及政府的角色与定位问题，作为国家治理主体

---

① ［日］冈泽宪芙：《政党》，经济日报出版社 1991 年版，第 4 页。

之一的政府要有效实施国家治理，其角色与定位非常关键。中国政府历经多次改革，但政府角色定位不明确，职能转变不到位的问题始终困扰着我国国家治理现代化的推进。因而，考察政府角色定位问题，对于推进国家治理现代化至关重要。

（一）政府角色的历史演变

1. 何谓政府角色

在英文里，政府的角色就是指政府的作用，是从人格化的角度来定位政府的作用，与政府的性质、地位、权力、功能、职能、任务等紧密相关，涉及政府的权力界限、功能范围、行为方式等。总结归纳中外学者对于政府角色定位的研究，主要有以下一些代表性的观点。

（1）从政府在国家政治经济社会生活中的作用来讲，有“统治者”与“治理者”之分。

（2）从政府发挥作用的大小来讲，有“全能政府”和“守夜人政府”或“小政府大社会”之分。

（3）从政府发挥作用的方式来看，有所谓“划桨者”和“掌舵者”之分，或者是“运动员”和“裁判员”之分。

（4）从政府在改革中的地位来讲，政府既是改革的组织者和推动者，同时又是改革的对象。

（5）从社会经济发展的角度来看，政府既是政策的制定者，同时又是社会经济发展的推动者。①

以上只是简单归纳了中外学术界对政府角色定位的一些代表性的观点，其实，政府的角色远不止这些，随着经济社会的发展，政府的性质、职能、权力和地位也在不断调整变化中。在不同的国家，不同的发展阶段，不同的生态环境和不同的民族文化背景下，政府的角色定位是不同的，因而是多样的。

2. 政府角色的历史演变

自国家产生以来，政府就在国家生活中扮演着重要角色，政府角色如何定位一直以来就是学术界关注的热点问题，形成了一些政府角色定位的经典理论，从各种政府理论来讲，有“政治人”“经济人”“守夜人”“道

① 彭未名、邵任薇等：《新公共管理》，华南理工大学出版社 2007 年版，第 56—57 页。

德人”“公共人”“行政人”等角色选择，从各国行政改革和实践来看，有“小政府、大社会”“强政府、弱社会”“全能政府”“强中央、弱地方”等角色选择[①]，总体来讲，政府角色的演变大体经历了以下几个阶段：

（1）前资本主义时期

在前资本主义时期，也就是说在奴隶制、封建制时期，社会经济形式极其简单，整个社会的经济结构都是建立在土地私有制基础之上，自给自足的自然经济成为当时最主要的经济形式，君主不仅直接拥有对土地的所有权，而且获得了依附在土地上的人身所有权，通过这种形式也就形成了最早的政府与人民之间的主仆关系。在这种治理体制下，阶级矛盾尖锐，社会公共事务单纯，政府的主要职能在于维护政治统治，缓和冲突、维持秩序，社会管理职能相对薄弱，即使有某种意义上的社会管理活动，但也是为了阶级统治的目的而展开，正如马克思所讲：“政治统治到处都是以执行某种社会职能为基础，而且政治统治只有在它执行了它的这种社会职能时才能持续下去。”[②]

这种治理体制下的政府，主要是阶级统治的工具，政府工作人员由于直接效忠和负责于君主，人治色彩较浓，总体上来讲，政府扮演了“政治人”角色，政府的主要目的就是阶级统治，通过镇压敌对阶级的反抗，剥夺被统治阶级的利益来巩固和维护自己的阶级利益。尽管也制定了一些法律制度，但这些法律制度主要是用来约束人民的，统治阶级自己根本不受法律的约束，因为“法律作为他统治权的产物不能限制他或限制那个权力”[③]。总体来讲，这种政府就是典型的人治政府、专制政府和利益政府。

（2）自由资本主义时期

在资本主义发展早期，亦即自由资本主义时期，生产力不很发达，整个社会结构简单，工业规模小，主要是一些手工业，商业和贸易业，经济活动自发性较强，不需要政府过多地干预。以亚当·斯密为代表的一批自由主义思想大师和市场经济学家针对重商学派的大政府主张，提出了

① 彭澎：《政府角色论》，中国社会科学出版社 2002 年版，第 5 页。

② 《马克思恩格斯选集》第 3 卷，人民出版社 1995 年版，第 523 页。

③ ［美］贾恩弗兰科·波齐：《近代国家的发展：社会学导论》，沈汉译，商务印书馆 1997 年版，第 74 页。

“看不见的手”“夜警国家论”的政府角色，也称之为“守夜人”角色，这种观点认为，“政府要好，管事要少；管事越少，政府越好”；政府尽量少干预经济和社会的运行，主张政府应采取自由放任政策，由市场这只看不见的手来调节经济。

这种“守夜人”国家治理模式，适应了资产阶级反对封建专制制度、自由发展资本主义经济的愿望。政府的主要作用在于维护社会秩序、保护个人财产不受侵犯、保卫国家安全等方面，给经济的发展提供一定的政治条件和社会环境，从而促进了资本主义市场的发育和不断成长，社会资源得到有效配置，经济得到迅速发展。然而，这种国家治理模式只看到“市场有效”的一面，而忽视和放任了“市场失灵”，它把政府活动仅仅限制在维护国家安全和秩序、社会管理和提供某些公共服务等狭小范围内，结果在放任经济自由发展的同时，带来了一些严重的社会问题，由看不见的手自发调节而造成的生产无政府状态和产品过剩直接引发了20世纪二三十年代的特大经济和社会危机。

（3）凯恩斯主义时期

20世纪二三十年代的特大经济和社会危机，宣告了自由主义“守夜人”国家治理模式的破产，代之而起的是凯恩斯主义的国家干预理论。凯恩斯认为，“守夜人”政府下的完全市场在现实生活中是不存在的，纯粹靠市场自发调节的资本主义不可能达到社会的供需平衡，经济危机爆发也就不可避免。为此，凯恩斯主张，放弃自由放任主义，实行积极的财政和货币政策，对国家经济和社会生活实行全面干预；通过扩大政府行政的范围，用公共部门的有效运作来弥补市场机制的缺陷。

在他看来，政府的干预应该是全面的，不仅对市场失灵的方面进行干预，而且对市场成功的方面要进行保护，以防止市场失灵；政府不仅干预生产，也要干预分配，以维护社会公正。二战后，凯恩斯主义经济学成为西方经济学的主导学派，各西方主要国家普遍采用了干预主义政策，“干预型”政府治理模式取代了保守型的“守夜人”政府治理模式，这为后来的“全能型”政府治理模式提供了理论借鉴。

（4）新自由主义时期

凯恩斯主义的“干预型”政府治理模式也不是万能良药，市场有失灵，国家同样存在失效问题，市场解决不好的问题，政府也不一定就能解决好。20 世纪 70 年代以后，西方国家普遍出现了低增长、高膨胀、高赤字、高失业率等为特征的“滞胀”现象，这引起了人们对凯恩斯国家干预理论的质疑，促使了一门新的理论学派——新自由主义经济学流派的兴起。他们通过分析政府干预行为的局限性及其政府失效的原因，主张限制或取消政府干预，发挥市场机制的作用。

新自由主义的政府角色可以归纳为：一是个人是自身利益的最好评判者，人们可以自由选择自己追寻的目标，并自行决定自己的付出；二是市场是有效的也是自律的，应充分发挥市场的力量；三是政府的干预是缺乏效率的。新自由主义理论在实践中得到积极回应，英国撒切尔政府和美国里根政府便是这一理论的积极践行者。但它与古典自由主义不同，它并不完全排斥政府干预，而是“干预型”政府与“保守型”政府的结合。[①]

(二) 当代中国政府的角色定位

目前，我国正处于经济和社会的转型期，改革的关键期，如何定位政府角色不仅有助于推动国家治理体系和治理能力现代化，更是中国国家能否实现有效治理的关键。

长远来讲，中国政府必须按照完全的市场经济和现代民主社会的要求来确定自己的角色。由于政府职能转变具有滞后性的特点，社会转型与政府职能转变并不同步运行，为了适应社会转型的要求，这就要求政府角色的定位必须具有超前性。从历史上来看，无论是在皇权专制时代，还是在革命、建设和改革年代，中国都是权力崇拜国之一，因此，官本位、权本位思想在政治生活领域占据了主体地位，关系本位思想在社会生活领域得到无限扩张，这在一定程度上销蚀了对人本位和能力本位的倡扬。其结果就是政府机构和规模的无限扩大，政府职能的无限扩张，官员权力的急剧膨胀。这种国家治理体制最典型的表现就是改革开放前中国的“全能政府”治理模式，这种治理体制为新中国的建立和巩固曾起到过巨大的积极作用，但由于“全能政府”体制存在政府效率不高；政府机构臃肿庞大，行政效率低下；权力过分集中，官僚主义盛行；人治盛行，法治不彰等缺陷，改革开放后，中国学术界、理论界、政治界及社会各界开始对“全能政府”模式进行深刻反思，其结果就是放弃这种高度集权的非理性

① 彭澎：《政府角色论》，中国社会科学出版社 2002 年版，第 10 页。

的政治博弈，在市场经济和有限政府建设层面达成了共识。

在市场经济条件下，有限政府理论是政府角色定位的理论前提，这为各国政府改革的理论与实践所证实。有限政府绝不是消极政府更不是无政府，它是相对于无限政府、全能政府而言，包含权力有限、能力有限、规模有限、成本有限、职能有限、责任有限等政府要素。相对于责任政府、法治政府、透明政府、廉洁政府、效能政府、服务型政府而言，有限政府都是它们的核心要素。十一届三中全会后，中国选择了市场化取向的改革方向，中国政府的职能界定和职能转变围绕这一取向而展开，这既是市场经济的要求，也是中国政府的现实选择。

之所以这样讲，一方面，市场化的改革取向必然要求政府向有限政府转变，这已被世界上市场经济国家证实；另一方面，由于中国市场和社会发育均处于不成熟、不完善时期，很多本该由市场和社会承担的职能还需要由政府代行，这就给中国政府职能转换带来了难度。一方面，政府要按照市场经济的要求，履行好维护市场秩序、提供公共产品、调节收入分配、稳定宏观经济、维护社会公正等职能，以弥补“市场失灵”；另一方面，还要根据我国体制机制转轨及其市场发育不完善的实际，着力解决经济社会发展中的矛盾问题，为市场经济的完善和发展提供制度保障。

然而，理论与实践总是存在差距，在实践中，中国政府角色转换并不到位，政府行为“越位”“缺位”和“错位”现象依然存在，许多本不该政府管的事仍在管，许多本该政府管的事却没有管好。这种现象折射出了现实的政府角色与社会的政治诉求不统一、政府理论与政府实践相脱节的现状。比如，许多地方政府把经济建设视为政府工作的“全部、唯一”，把 GDP 增长、项目建设作为考察官员的唯一指标；甚至，有些地方政府热衷于上竞争性经济项目，直接介入微观经济活动，成为“市场主体”；同时，政府市场监管缺失问题严重，违法乱纪、制假贩假、偷税漏税等扰乱市场的行为未能得到有效治理。这种情势下的政府的确成了“有限政府”，只抓经济，但同时又承担了“全能政府”的角色，其表现就是在经济生活中既掌舵又划桨，既当裁判员又当运动员，政府角色看上去更像一个“经济人”，扮演了“市场替代者”的角色，而环境保护、社会管理和公共服务则提供得很少。

再比如，“效率优先，兼顾公平”，在经济社会转型期应该说是适应我国社会发展的，是我国实现经济社会发展的一个前瞻性的战略选择。因为，在发展的选择方面我们是吃了亏的，改革开放后，我们选择了市场经济的发展取向，市场经济本身就是效率经济，提出效率优先是与市场经济发展规律一致的。但同时我们又提出兼顾公平，意思就是在优先发展经济、体现效率的同时，注重社会公平，促进经济社会的全面协调发展。但理想与现实是那么的不契合，在现实中，有些政府把优先变成了“至上”，为了效率而牺牲公平的现象比比皆是；兼顾变成了无足轻重、可有可无的东西，公平变成了形式上的口号。在效率至上原则的旗号下，某些地方政府由热衷于招商引资、洽谈项目，发展到权力寻租、官商勾结，以至于把社会的公平正义、安定有序、环境保护等置之脑后。这样，在效率的“引领”下，政府变成了“效率”政府，所导致的最严重的后果是社会领域的严重“缺位”，最终导致公平正义的丧失，政府事实上成为“经济人”政府。

正因为中国政府角色在现实层面上存在诸多问题，中国学术界和理论界都展开了反思，众多学者从不同的角度都提出了许多有价值的见解。有学者针对“全能政府”的弊端，提出了“有限政府”，或者针对“巨型政府”的弊端提出了“小政府”，或者针对“人治政府”的危害提出“法治政府”，或者针对政府运转的高成本和行政腐败提出“廉洁政府”，或者针对官僚主义的低效率提出“效能政府”“企业化政府”，或者出于公共性的考虑和政府缺位现象提出“责任政府”“服务型政府”，等等。所有这些都反映了社会对政府角色定位的多元诉求，对于中国政府来讲都有可资借鉴的价值。

根据以上对中国政府现实角色的分析及其社会对中国政府角色定位的多元诉求，本书认为，在实然的层面上，中国政府应按照“改革者、执法者、协调者”三位一体的思路进行角色定位。从政治层面来说，政府的角色应定位在改革者的角色，通过对政治改革、经济改革、文化改革和社会改革及其自身改革的设计与制定，为社会各个阶层包括弱势群体提供一个安全、平等和民主的制度环境；从经济层面来说，因为政府的存在是为了纠正“市场失灵”，因此政府角色应定位在执法者的角色，运用法律法规，通过经济手段和行政手段，打击不法行为，加强市场监管，为市场的公平竞争营造良好的运作环境；从社会层面来说，政府角色应定位在协调者的角色，协调各方利益关系，协调各类资源的配置，调节贫富差距，确保社会健康稳定发展。这种“三位一体”下的政府角色定位，可以概括为“服务型政府”。

三　政党、国家与社会的关系

（一）政党与国家的关系

毋庸置疑，政党是现代政治发展的逻辑前提，是现代政治的核心，没有政党组织的存在，也就没有政治。正如美国学者卡茨所讲：“作为现代政治基础的政治制度与政治实践都由政党所创造，没有政党，一切都是不可思议的。”[①]“虽然在具体的政治体系中，政党不是作为制度的直接组成部分而存在。许多国家的宪法都没有明确规定政党在国家政治生活中的地位，但是，在现实中，任何一种现代政治制度的运作都离不开政党。正是因为这一点，政党作为现代政治制度的实际操作者，往往成为了实际的政治权力中心。”[②] 因而，在现实的政治运作中，政党通过各种途径和方式来组织政府、控制政府、领导政府和影响政府。具体体现在：国家立法机关、行政机关、司法机关都由政党成员组成，政府官员都由政党推荐或委派，政府政策都由政党来制定，正所谓，“国家犹如一部政治机器，政党就是这部机器的发动机，民为邦本，国无民不立；党为民魂，民无党不活。国家赖有党的动力，运作不已，发展不息；人民依附党的活力奋发有为，以尽国民的职责”[③]。

政党作为一定阶级和阶层基于共同意志和利益而建立的政治组织，其最主要的诉求就是取得并掌握国家政权，控制公共权力。然而，尽管政党与国家政权密切相关，但政党本身并不是国家权力机关。在西方发达国家，政党是随着选举制和公民权利的发展而形成的，体现了合法性优先的原则，因而，各政党都是体制内的合法政党，共同遵守现有的国家法律和

---

① Richard S，*Kats*：*A Theory of Parties and Electoral Systems*，Johns Hopkins University Press，1980，p. 1.

② 林尚立：《党、国家与社会：实现领导核心作用的政治学思考》，《中共天津市委党校学报》2001 年第 1 期。

③ 转引自翟昌民《乡村政治视域中的党建研究：天津市武清区村民自治实践中的农村党建》，中共党史出版社 2010 年版，第 43 页。

政治制度。一般而言，政党与政府并没有直接关联，各自都按照相关的政治规范活动，各自独立，不存在领导与被领导的关系。只有在大选中赢得执政的党，才与政府产生了直接联系，才有资格组织政府，影响议会。但在三权分立的体制下，执政党的职责只能是在授权的范围内管理国家事务，根本不可能成为国家的领导党，只是在下一次大选来临之前通过组织政府行使自己的管理职责而已。在这种情况下，政党作为执政党，可以划入国家的范畴。

我国作为“后发外生”型现代化国家，政党的产生有其自身的逻辑。我国是先有政党后有政权，即政党建立国家并领导国家。在我国，中国共产党掌握和领导国家政权是我国政治体制的最大特点，在实际运作中，党以国家公共权力主体的身份直接或者间接行使国家的立法权、行政权、审判权、检察权等公权力。但党通过国家政权实现领导的过程中，绝不能把自己混同于国家政权，因为政党和国家政权的功能是不同的。政党领导国家政权是通过组织和运作国家政权来实现的，国家政权越是完善和健全，就越能发挥党的领导核心作用，实现党的领导。

在党通过国家实现其领导意志这一点上，西方国家与我国有着极强的相似性，只不过是在领导方式上略有不同。中国共产党作为我国唯一合法的执政党和领导党，不仅负有组织政府、领导政府的职责，而且还要肩负制定国家的大政方针政策，改革不合理的政治制度、健全和完善国家政权的历史使命。这就表明，“中国共产党是社会主义事业的领导核心，既是执政的力量，也是领导的力量，是政治制度的实际操作者”①。民主党派作为参政党，与中国共产党一道致力于中国特色社会主义的伟大事业，参加国家政权，参与国家领导人选的协商，参与国家事务的管理，参与国家方针、政策、法律的制定和执行，但与西方的联合执政不同，不与中共分享执政权。

（二）政党与社会的关系

前文已述，政党政治是现代政治发展的逻辑前提，西方学者把政党称为“社会与政府联系的桥梁”“将国家机构与公民社会机构联系起来的机制”，这种说法实不为过。其主要原因在于：

---

① 陈明明：《革命后社会的政治与现代化》，上海辞书出版社2002年版，第154页。

一是社会是政党的根基。政党产生于社会，任何政党都是一定阶级、阶层利益的代表，政党利益蕴含于社会利益之中，政党利益的实现取决于社会利益的实现。同理，政党的发展离不开社会的发展，政党目标的达成取决于社会发展目标的实现。因而，尽管政党的主张、纲领、目标各有差异，但政党产生于社会这一母体却不容否定，正如恩格斯在《共产党宣言》1883 年德文版序言中所指出的："每一历史时代的经济生产以及必然由此产生的社会结构，是该时代政治的和精神的历史的基础。"① 因而，政党作为社会发展产物当然也离不开其产生的社会结构。

执政党的权力来自人民的授予。现代政治的最本质特征在于民主，民主的实质在于国家权力来自人民，人民是国家权力的授予者。任何一个政党要想掌握国家权力，成为主导国家发展的主要力量，就必须代表一定社会阶级的利益，并力争使自己代表的利益具有广泛性。这就进一步说明"政党来自社会阶级或阶层，存在和活动于社会之中。政党与社会的密切关系，本质上就是政党与本阶级、阶层的联系并为它服务"②。

二是政党引领社会。从现代政党产生的逻辑前提看，政党起初是以政治精英的"自组织"为其特征的，对其成员的阶级出身有较严格的限制，是"小众"而非"大众"的，这与专制时代的政治生态是相适应的。随着社会的发展，专制政治式微，社会进入以民主政治为特征的政党政治的时代，"社会中的民众要实现对政府的控制、监督和改变政治现状，都要通过政党来实现，政党是社会民众制度化参与的手段"③。这就意味着政党成为民众政治参与的主要载体，政党成为国家政治生活的内核。在以选举为特征的政治民主时代，政党日益成为社会整合的工具，如果整个社会没有一种协调一致的机制或者是价值规范，整个社会就会陷入一种无序状态，社会的发展也就无从谈起。正如科塞指出的："如果内部冲突过程中斗争的双方不再共享那些社会系统的合法性所赖之为基础的基本价值，这种冲突就会毁灭社会的结构。"④ 因而，作为现代政党而言，通过选举赢得政权，必须建立起一套沟通民众的制度和机制，通过对社会的整合，进

① 《马克思恩格斯选集》第 1 卷，人民出版社 1995 年版，第 252 页。

② 梁琴、钟德涛：《中外政党制度比较》，商务印书馆 2000 年版，第 279 页。

③ 王长江：《现代政党执政规律研究》，上海人民出版社 2002 年版，第 48 页。

④ ［美］L. 科塞：《社会冲突的功能》，孙立平等译，华夏出版社 1989 年版，第 135 页。

而对整合的对象施以制度化的影响，使国家与社会沿着理性化的轨道运作，从而保证整个社会的良性发展。

中国共产党作为马克思主义执政党，是劳动人民的政党，代表最广大人民的根本利益，是从中国社会劳动人民中成长起来的政党。中国革命之所以能够成功，正是得益于广大劳动人民的大力支持。新中国的成立标志着中国共产党完成了从“革命党”到“执政党”的转型，其执政目标相应地由政治革命转变为社会发展，如何在新的环境中领导人民治理好国家，这就迫切要求党调整执政方式，提高执政能力，不断完善和发展中国特色社会主义制度，推进国家治理体系和治理能力的现代化。

（三）国家与社会的关系

考察国家与社会的产生不难得出如下结论：国家产生于社会，是社会的派生物。但在社会发展的不同历史时期和在不同的国家中，国家与社会的关系是不同的。

在古希腊城邦国家中，城邦是个人生活的载体，因而，政治国家与公民社会是一体的，公民从事政治活动被看作是分内之事，是不领取报酬的，是实现自己人生价值的主要方式，国家生活就是社会生活，故柏拉图称这样的城邦为“猪的城邦”[①]。然而，社会发展到中世纪，市民社会被神权国家湮没，与此同时，城市自治得以发展，平等、自由、契约、守法的公民精神开始萌生。到了近代，资产阶级宪政国家开始出现，民主政治取代王权专制，国家权力有了公共性，国家职能发生重大转型。作为公共利益代表的国家，国家职能也就限定在保护公民的自由和权利，但作为私人领域，公民社会开始形成，并处于与国家对立的状态。

根据国家对社会干预程度的不同，可以将当代国家与社会的关系模式划分为以下几种类型：

1. 最小限度的国家

最小限度国家理论也可称为自由主义的国家理论，可分为古典自由主义和新自由主义两种类型。古典自由主义的代表人物有洛克、杰斐逊、亚当·斯密、大卫·李嘉图、密尔等，新自由主义的代表人物有托马斯·西尔·格林、伦纳德·T. 霍布豪斯等。他们共同的主张在于：国家的政治

① 转引自赵丽江主编《政治学》，武汉大学出版社2008年版，第30页。

生活、经济生活和社会生活仅限于消极地保护个人的权利，国家充当“守夜人”的角色。强调国家权力涉及的范围越小越好，国家管的事越少越好，社会可以由自由市场这只“看不见的手”自行调控。取消政府对经济生活的干预，政府职能只局限于保护国家免受外来侵犯，依据法律来维护社会的公平与秩序，国家不应提供任何社会性的服务，也不应试图实现社会正义。

2. 福利国家

最小限度的国家模式必然导致社会不公、诱发社会矛盾与问题，为此，西方国家自20世纪50年代以来，逐步建立起福利国家，意图是通过国民收入的再分配，解决社会不平等与不公正问题，并把它作为保证经济增长的一种手段。福利国家理论认为，社会是个人的集合体，也相应地存在着私人利益和集体利益，为了满足这两类利益，社会既需要市场，也需要政府，政府的目的是无歧视性地保护权利，公民通过政府集体地追求无法由个人实现的目标。

3. 全能国家

这种国家—社会关系模式的典型特点是国家与社会一体化。在这种国家—社会关系模式下，国家权力渗透到社会的每一个角落，国家垄断了所有的经济、政治、文化资源，计划配置是社会各种资源配置的唯一手段，它彻底地摧毁了市民社会自行发育成长的能力，从而使整个社会失去活力。

4. 极权主义国家

这是一种极端的国家主义体制，一般认为是法西斯主义和纳粹主义的代表。在这种国家—社会关系模式下，国家与社会的界限被完全模糊掉，社会权力高度集中于国家手中，国家权力又高度集中于一个政党手中，政党的权力又高度集中于某个人手中，社会秩序完全由政治权力来达成，个人不再有任何私人空间或自由。

总之，政党、国家和社会是国家治理中的核心话语，国家与社会的关系又是三者关系中的关键，因而，“处理好国家与社会的关系，建立其国家与社会之间的有效沟通机制、实现国家与社会之间的良性互动，以推动整个社会的良性稳定发展”[①] 是国家治理现代化的核心环节。对我国而

① 赵虎吉：《政治学基本问题》，中共中央党校出版社2012年版，第50页。

言，我们曾经呈现过高度一体化的“国家—社会”关系模式，改革使得这种关系模式逐步被打破，随着改革开放的不断推进，社会自主空间在不断扩大，因而，构建一种新型的国家—社会关系正是国家治理现代化中的题中应有之义。

第二节　我国当前国家治理体系和治理能力现状分析

十八届三中全会指出，“全面深化改革的总目标是完善和发展中国特色社会主义制度，推进国家治理体系和治理能力现代化”[①]。那么，要有效推进国家治理体系和治理能力现代化，必须对我国目前的治理体系和治理能力现状做出科学的分析和评估，充分认识到取得成就与存在的问题，才能更好地推进国家治埋体系和治理能力现代化。

一　国家治理体系和治理能力现代化的内涵

对于治理体系和治理能力的现代化，目前并未达成共识，不同的学者从不同的视角给出了不同的解读，呈现出碎片化的特点。一方面在于不同的学科研究视域存在差异，另一方面在于治理本身又是一个比较宽泛的概念，据不完全统计，目前全球的研究机构和学者给出的治理概念就不下200个，且有些概念之间差异很大，这就决定了给治理体系和治理能力下一个定义并非易事。

（一）关于国家治理体系现代化

王嘉让认为，国家治理体系是道路、理论、制度、政策、方法的综合，包括政府治理、社会治理、基层治理、民间治理，政治治理、经济治理、文化治理、环境治理等不同层次不同领域的治理。它是国家所设计的实现经济社会发展、维护社会公平正义和谐的基本制度和法律体系，其基本标志是“民主”“法治”“科学”“创新”“和谐”[②]。

竹立家认为，“国家治理体系的现代化，是指政府职能体系的科学化

---

① 《中国共产党第十八届中央委员会第三次全体会议文件汇编》，人民出版社2013年版，第18页。

② 王嘉让：《努力推进国家治理体系和治理能力现代化》，《陕西日报》2013年11月19日。

和规范化，逐步实现政府的有效限权、放权和分权体系，用制度保证权力的纯洁性，实现社会公正，达到‘社会共治’……一个现代化的国家治理体系，有三个最重要的特征：一是通过转变政府职能，实现国家‘权力体系’现代化；二是‘依法治国’体系的现代化；三是‘民主治理’体系的现代化”[①]。

俞可平认为，“国家治理体系就是规范社会权力运行和维护公共秩序的一系列制度和程序。……政府治理、市场治理和社会治理是现代国家治理体系中三个最重要的次级体系。……有效的国家治理涉及三个基本问题：谁治理、如何治理、治理得怎样。……现代国家治理体系是一个有机、协调、动态和整体的制度运行系统。”[②]

习近平总书记在十八届三中全会第二次全体会议上就国家治理体系给出了最权威的解读，即国家治理体系是在党领导下管理国家的制度体系，包括经济、政治、文化、社会、生态文明和党的建设等各领域体制机制、法律法规安排，也就是一整套紧密相连、相互协调的国家制度。

综上，本书认为，国家治理体系现代化是一个内涵丰富的概念，在把握其内涵时应抓住如下几个特点：[③] 一是制度性。国家治理体系不是一个框，什么都可以装进来，它主要是指党领导人民管理国家的制度体系，包括国家基本制度，法律法规安排以及经济、政治、文化等各领域的体制机制。二是人民性。国家治理的最主要目的是造福广大人民，因而，推进国家治理体系现代化，必须坚持人民主体地位，把以人为本落实到国家治理的各领域。三是系统性。长期以来，我们国家在治理体系的建设中可谓竭尽智慧，制定了不少法律、做出了很多规定、制定了好多条例，但由于存在认识的误区，往往把这些规定、条例都等同于制度，结果就是制度成了条文的堆砌，消解了制度的权威性。

（二）关于国家治理能力现代化

治理能力作为学术概念由来已久，认识也不尽相同，要廓清国家治理

① 竹立家：《着力推进国家治理体系现代化》，《中国党政干部论坛》2013 年第 12 期。

② 俞可平：《推进国家治理体系和治理能力现代化》，《前线》2014 年第 1 期。

③ 参见许海清《国家治理体系和治理能力现代化》，中共中央党校出版社 2013 年版，第 17—19 页。

能力的内涵，首先要廓清对于国家治理能力的错误认知。[①]

一种观点认为，政府的权力和控制范围越大，其治理能力就越高。这种观点其实是计划经济时代的思想遗产。事实上并非如此，因为，政府并非无所不能，政府的能力是有限的，所以，好的政府应该是做好自己擅长之事，而不是无限扩大自己掌控的范围。

一种观点认为，政府的自由裁量权越大，其治理能力就越高。阿克顿曾经说过，权力导致腐败，绝对的权力导致绝对的腐败，政府的自由裁量权体现为公职人员的自由裁量权，这就表明，公职人员裁量权越大，就越有可能损害公民的利益来为自己寻租，这就容易引发公民对政府部门不满，甚至丧失对政府的信任，进而削弱国家治理能力。

还有一种观点认为，领导人的个人权力越大，国家治理能力就越高。其实，国家治理能力的高低与领导人权力的大小无关，关键在于要有好的制度和高效的服务部门，并非在于领导人权力的大小。现实中就是因为某些官员手中权力过大，滥用手中的权力搞寻租，结果落得锒铛入狱，这反而损害了治理能力。

因而，国家治理能力是运用国家制度管理社会各方面事务的能力，包括改革发展稳定、内政外交国防、治党治国治军等各个方面，主要表现为治理的措施、方针、方法的科学正确和高效率。就国家治理能力的现代化而言，一般是指政府的政策制定能力、财政预算能力和选人用人能力的现代化。表现为五个方面的能力建设：一是政府公信力建设，二是政府责任能力建设，三是政府的执行能力建设，四是政府的监督能力建设，五是政府的服务能力建设。[②] 这些见解都是比较有见地的。

总之，国家治理体系和治理能力是一个有机的整体，相辅相成、密不可分。一方面，只有有了完备的治理体系，才能奢谈治理能力，治理能力的高低根源于治理体系；另一方面，治理能力高是治理体系完备的表现，只有不断提升治理能力才能有助于治理体系的构建，才能充分发挥治理体系的效能。

二　当前我国治理体系和治理能力现状

当前，我国经济发展、政治稳定、文化繁荣、社会和谐、生态文明和

① 参见包刚升《“国家治理”新思路》，《南风窗》2013 年第 24 期。

② 参见竹立家《着力推进国家治理体系现代化》，《中国党政干部论坛》2013 年第 12 期。

党的建设有序推进，综合国力稳步提升，说明我国国家治理体系和治理能力总体上是好的，是与我国经济社会发展相适应的。

第一，在制度建设上。中华人民共和国的建立奠定了当代中国国家治理体系的基础和前提，经过改革开放 30 多年的发展和完善，我国的基本制度模式基本定型，即人民代表大会制度、共产党领导的多党合作和政治协商制度、民族区域自治制度以及基层群众自治制度成为我国最根本的国家制度。在基本经济制度上，建立起以公有制为主体、多种所有制经济共同发展的基本经济制度，在分配制度上，建立起以按劳分配为主体、多种分配方式并存的分配制度，以及建立在根本制度、基本制度基础上的经济体制、政治体制、文化体制、社会体制等具体制度。在法制建设上，到 2010 年基本建成有中国特色的法律体系，依法治国有了基本的法制保障。实践证明，这些制度是符合我国国情的，是有效的国家治理制度。

第二，在发展模式上。改革开放以来，我国采取了阶段式发展模式。20 世纪 80 年代，邓小平设计了“三步走”的阶段式发展目标模式：第一步，从 1980 年到 1990 年实现国民生产总值翻一番，解决温饱问题；第二步，从 1991 年到 2000 年再翻一番，人民生活水平达到小康；第三步，到 21 世纪中叶，人均国民生产总值达到中等发达国家水平，基本实现现代化。由于第三步发展目标跨度较大，不具体、不好操作，江泽民在十五大上提出了“新三步走”的阶段式发展目标模式：第一步，在 21 世纪的第一个 10 年实现国民生产总值比 2000 年翻一番，使人民的小康生活更加宽裕，形成比较完善的社会主义市场经济体制；第二步，在第二个 10 年，即到建党 100 年时，使国民经济更加发展，各项制度更加完善；第三步，到 21 世纪中叶新中国成立 100 年时，基本实现现代化，建成富强民主文明和谐的社会主义国家。进入 21 世纪，在党的十六大上又提出了小康社会的治理目标，使“新三步走”的第二步更加具体和明确，党的十七大，又赋予小康社会新的内涵，治理目标再次细化，党的十八大提出确保到 2020 年实现全面建成小康社会的宏伟目标。这些阶段式治理目标的提出，极大地引领着我国国家治理的现代化实践。

第三，在治国路径上：从管理转向治理。在我国的国家建设历程中，大致经历了从管制到管理、从管理到治理这样三种形态。在计划经济时代，我国采取的是一种“管制”的国家治理模式，各级党组织和政府机构承担着对国家和社会事务的管理责任，党和政府合二为一，政府沦落为党的代言机构，以单位、村（居）委会作为最主要的管理手段，社会缺乏应有的活力。改革开放以来，特别是在市场化取向的改革确立后，原先的政治导向型的国家治理模式已不再适应经济社会发展的需求，寻求一种新的国家治理模式成为首要。就政府治理来讲，我国从 1982 年始，进行了多次的政府机构改革，从政府—市场—社会三者关系的角度构建新的国家治理体系，通过推行中央与地方的分税制改革，下放了经济管理权限，与此同时，鼓励发展新型经济组织、民间组织。但不可否认，在进入 21 世纪之前，尽管市场和社会有了一定的自主空间，但政府在相当领域的作用不可忽视，仍然发挥着重要的作用。进入 21 世纪以来，特别是加入 WTO 组织后，原先的管理方式越来越不适应经济社会的发展，治理理念得以彰显，表现在构建服务型政府、服务型政党、创新社会治理体制、依法治国方略等的提出，试图在政党—政府—社会之间构建一种新型的合作互动机制。

三　当前我国治理现代化面临的挑战

改革开放 30 多年来，我国经济社会发展取得了巨大成就，人民生活水平逐年提高，国家综合国力显著增强，在国际社会拥有越来越多的话语权。但不容忽视的事实是，由于我国治理体系和治理能力的不健全、不完善，我国社会存在的矛盾和问题有急剧爆发之势，不仅危及社会稳定，而且危及党的执政地位。

第一，党和政府主导的发展模式遇到瓶颈。毋庸置疑，尽管我国正在逐步加大治理转型，不断加大政府机构改革，并且提出了构建服务型政府的治理模式，但党和政府主导的经济发展模式并未根本改变。主要表现在：党和政府主导的投资模式没有改变，如银行向国有企业注资、发行公债、土地财政、特定产业政策倾斜、行政审批①等仍是资源配置的主要手段，市场机制的作用难以发挥，民营经济生存维艰。加之党和政府在主导经济发展的同时把“维稳”放在同等重要的位置，强力维稳导致的结果

① 何增科：《理解国家治理及其现代化》，《马克思主义与现实》2014 年第 1 期。

就是人们“仇官”情绪的积累和群体性事件的频发，闹事上访者越来越多，官民冲突频繁发生。

第二，腐败现象居高不下，严重削弱了党和政府的公信力。改革开放成绩不容否定，但负面的东西同样不能忽视。分配不公、发展不平衡、腐败、阶层固化等问题日趋明显，所有这些问题的存在都显示了我国治理体系中缺乏一种民主责任机制。一般而言，国家治理者承担着人民的重托，有比一般人更多的权利来汲取和监管社会资源并进行权威性的分配，如果国家治理体系中缺乏一种民主责任制的制度安排或相关制度的虚置状态，国家管理者群体就有可能会利用手中权力搞寻租，成为一个特权阶层。某些人就有可能公权私用，利用公权发财致富，这就形成一个怪圈，任何社会治理主体都渴望被行政化，甚至为行政化自找平台，结果就是为腐败提供了滋生的土壤。所有这些现象的存在，都暴露出我国国家治理体系有待于改进和完善。

第三，国家接纳公民政治参与的制度容量不足。根据马克思的历史唯物主义原理，人是历史的创造者，是推动社会发展的最终决定力量，因而，国家治理的终极关怀就是人的自由而全面的发展，换句话说就是人应该成为国家政治生活的主体。目前，我国部分社会群体，比如一些专家学者、媒体从业人员、工程技术人眼、律师等中产阶层由于知识水平高，接受了现代公民意识教育，强烈要求参与国家的政治生活；农民工阶层已不同于传统意义上的农民，这部分群体由于常年生活在城市，受城市文明的熏陶也具有了强烈的现代公民意识；互联网的普及使得社会中的大多数群体都有了公民意识，许多人利用网络表达着自己的利益诉求。然而，出于维稳的刚性约束，现有的国家治理体制在接纳公民政治参与方面的制度容量显得不足，政治透明程度较低，等等。

第三节 推进国家治理现代化的对策

针对我国目前治理体系和治理能力存在的问题，就如何推进国家治理体系和治理能力现代化，学术界并未达成共识，俞可平认为，要有效推进国家治理体系和治理能力现代化，要采取六个方面的举措，一是要进一步解放思想，冲破旧的观念束缚；二是要加强顶层设计，从战略上进行谋划；三是要善于总结地方治理改革的经验，及时将好的地方治理创新做法上升为国家制度；四是要结合我国国情，学习借鉴国外好的治理经验；五是要坚决破除阻碍社会进步的体制机制；六是要破除官本位观念，消除官本主义流毒。[①] 包刚升认为，推进国家治理体系和治理能力现代化必须从制度层面进行顶层设计，应着重考虑三个问题，一是如何发展和完善民主制度？二是如何有效制约和监督政治权力？三是如何确保公民的政治权利？[②] 高小平从四个统一、三个结合的角度提出推进国家治理体系和治理能力现代化的路径，四个统一：一是党和政府的领导与多元主体参与公共事务管理的统一；二是法治与德治的统一；三是管理和服务的统一；四是常态管理与非常态管理的统一。三个结合：一是坚持解放思想、解放和发展社会生产力、解放和增强社会活力相结合；二是要坚持顶层设计与摸着石头过河相结合；三是要发挥市场和社会在资源配置中的决定性作用与更好发挥政府作用相结合。[③] 还有学者从政府、市场、社会关系的角度提出了颇有见地的见解。基于对众多文献资料的分析、归纳，本书认为，推进国家治理体系和治理能力现代化，应重点从以下几个方面着手。

一　正确架构政府、市场、社会的关系

政府、社会、市场的关系问题是国家治理体系中的核心问题，这已达成共识。从现代国家治理体系构建的逻辑看，政府、市场和社会是现代国家治理体系中三个重量级的次级体系。因为，依据现代治理理论的逻辑阐释，国家治理的最终目标模式是“善治”模式，而“善治”模式的架构就是政府、市场、社会的三级互动合作共治。一个具有治理能力较高的政府必然是一个有限政府、责任政府、法治政府、效率政府、廉洁政府、透明政府，这就要求合理界定政府、市场、社会的边界，建构政府、市场、社会各归其位，各司其职，既相互制约又相互支撑的分工体系。改革开放以来，我国在构建政府—市场—社会三者关系方面已经做出了很大努力，从全能型的国家统治到经济建设型的国家管理再到服务型的国家治理，成

① 俞可平：《推进国家治理体系和治理能力现代化》，《前线》2014 年第 1 期。

② 包刚升：《“国家治理”新思路》，《南风窗》2013 年第 24 期。

③ 高小平：《国家治理体系与治理能力现代化的实现路径》，《中国行政管理》2014 年第 1 期。

绩非常显著。然而，传统的政府主导型的国家发展模式未得到根本性改变，发展是硬道理、稳定压倒一切的国家治理理念还有一定的市场并发挥着相当大的作用。随着改革的深入发展，社会事务日益复杂，多元治理主体日益增加，利益诉求日益多元，原先政府主导的国家治理模式越来越不适应经济社会发展的要求，必须做出改变。因此，党的十八届三中全会指出："要进一步简政放权，深化行政审批制度改革，最大限度减少政府对微观事务的管理，……""政府要加强发展战略、规划、政策、标准等制定和实施，加强市场活动监管，加强各类公共服务提供。加强中央政府宏观调控职责和能力，加强地方政府公共服务、市场监管、社会管理、环境保护等职责"。[①] 这就为重新架构政府—市场—社会三者之间的关系指明了方向。

二 增强执政党调适性：推进政党治理的现代化

改革开放加速了中国国家治理现代化的历程，给中国国家建设带来机遇的同时也带来巨大挑战。作为国家治理主体的中国共产党组织，面对日益复杂的执政环境和中国社会的整体性结构转型，如何有效治理国家，承担起国家和社会的领导职责，本书认为，加强执政党自身治理，增强执政党的调适性应当成为推进国家治理体系和治理能力现代化的关键。

（一）增强执政党调适性：推进国家治理现代化的关键

有学者认为，政党调适性（Party Adaptability）是指政党组织在政治发展过程中应对环境挑战所形成的适应能力，主要是指面对国家经济政治社会结构的急剧变迁和转型，社会阶层分化加剧、利益诉求日益多元、政治文化日益革新的条件下，执政党变革内部治理体制与制度以提高自身的执政能力，以便能够应对外部环境的变化。具体是指：一是执政党通过战略与结构的系列变革与外部环境进行资源性的输入与输出活动，提高其达成"治理目标"的能力；二是政党组织通过教育、灌输、协调使其组织内部成员个体的活动目标与组织的目标达成一致，使其组织得以正常运

① 《中国共产党第十八届中央委员会第三次全体会议文件汇编》，人民出版社 2013 年版，第 34—35 页。

转。[1] 也有学者认为，政党适应性应从以下三个层面解读，[2] 一是政党开放性。具体即指内部和外部开放，内部开放就是要保证包括党内渠道开放畅通，外部开放即是指政党不断向社会吸纳贤能。二是政党回应性。即是指政党对现代社会复杂多变的环境，对社会成员日益多元的利益诉求做出的反应。三是政党开放性和回应性的不断制度化。即是指政党的开放性和回应性的常态化，执政党通过内部制度的革新，建立和完善各种党内治理制度，不断提升治国理政的能力及其对内外环境的主导能力。

对于中国共产党而言，要有效实现国家治理，推进国家治理体系和治理能力现代化，必须承担起领导国家和社会的责任。从中国国家治理的发展来看，政治因素的影响远胜于经济和社会因素，改革开放以来中国所形成的经济社会发展模式，从深处来讲是政治推动的结果。因为，中国作为后发现代化国家，现代化发展是外在力量推动的结果，而其中的关键在于构建一个有权威的现代国家治理体系。从中国现代国家构建的逻辑来看，中国所有改革都与中国共产党的自身治理联系在一起。因而，解读中国的国家治理，首要的在于解读执政党本身的治理。

改革开放给中国带来的不仅是经济的腾飞，而且给中国国家治理带来了一系列难题。利益多元化、思想多样性使得不同社会群体的利益诉求日益多元，这就要求执政党要建立多元化的利益表达机制，增强整合社会的能力；要在政策制定、意识形态和组织结构方面进行适度的调整和变革，以适应不断发展变化的执政环境。基于此，改革开放以来，特别是 20 世纪 90 年代以来，政党治理成为中国国家治理的主要抓手，并日益成为中国政治发展的核心主题。中国共产党通过不断加强组织建设和制度建设改造着其组织形式和内部治理结构，不断调适着政党—国家—社会三者之间的关系，成为国家和社会的绝对领导核心，不断使自己的体制与经济社会转型的变化相适应。因此，面向未来，推进国家治理体系和治理能力现代化，就要进一步增强执政党的调适性，这也成为中国国家治理的关键所在。

---

① 参见唐皇凤《增强执政党调适性：中国政治发展的核心战略取向》，《浙江社会科学》2013 年第 2 期。

② 参见胡荣荣《政党适应性视角下的政治变迁》，《中共浙江省委党校学报》2012 年第 1 期。

（二）增强执政党调适性的基本策略

1. 要在意识形态建设上体现出更加理性务实的气质

长久以来，意识形态充当了中国共产党治理国家的精神力量。改革开放初期，由于把经济建设作为最大的政治来抓，以至于意识形态功能被弱化，民众对意识形态持冷漠态度。20 世纪 90 年代以来，“三个代表”重要思想的提出，解决了长久以来未能解决的社会新兴阶层能否入党的问题，这对于夯实党的阶级基础、扩大党的执政基础有着极强的现实意义，同时也为执政党重塑党与社会的关系提供了理论支撑。进入 21 世纪以来，面对经济社会发展不平衡、不协调问题，环境污染、生态急剧恶化的问题，社会矛盾急剧凸显的问题，党提出了科学发展、社会和谐、生态文明的治理理念，把始终代表最广大人民的利益解读为“以人为本”，赋予中国意识形态以新的元素。十八大以来，以习近平为总书记的党中央，面对新的执政环境，把以人为本解读为“中国梦”，让每一个人都享有人生出彩的机会。总之，意识形态作为中国国家治理的逻辑前提，随着时代的发展变化也应在话语体系上赋予其新的内涵，在传统爱国主义、集体主义、民族主义价值基础上赋予其新的元素以增强执政党统治的合法性。因此，面向未来，意识形态上的理性务实理应成为增强执政党调适性的基本进路。

2. 要重点加强执政党的基层组织建设

党的各级组织是中国国家治理的主要载体，不言而喻，执政党的政策纲领、各级组织的调整便成为与外部环境进行调适的基本进路。比如，改革开放伊始，为了适应国家工作中心转移的需要，党通过组织建设和网络渗透的方式不断拓展国家治理空间，建立起党与各种新兴社会力量之间的制度化联系机制，并使这种联系日益常态化。进入 21 世纪，新的社会组织大量出现，包括各种经济组织、商业协会、专业协会、体育和业余爱好者俱乐部等，它们在特定领域代表着不同组织利益的诉求。党在组织建设方面已经有了积极的举措，吸收新兴社会阶层中的先进分子入党，体现了在经济社会转型的背景下党对利益群体诉求多元的一种政治承认。然而，随着改革向纵深发展，矛盾和问题急剧凸显，改革的难度逐步加大，如何在新的时代背景下治理好社会，实现对社会的有效整合，以形成党与社会的良性互动，对于和谐社会建设意义重大。因而，加强新时期党的组织建设，特别是基层党组织的建设至为关键。

3. 要把制度变革作为增强执政党调适策略的重心

现代政党最主要的特征在于较高的制度化运作水平，要有效实现对国家的治理，政党治理的关键在于提高制度能力建设。改革开放以来，中国共产党不断推动党内治理的制度化建设，比如：不断完善党内各种规章制度，建立和完善党内权力运行机制和民主决策机制，加强党内各项民主制度建设，不断完善组织制度建设。同时，不断探索党政关系的合理建构，推进党政关系的规范化和法治化，建立和完善党治理国家和社会事务的制度，到 2010 年，中国特色的社会主义法律体系初步建成。但无须怀疑的是，随着市场化取向的改革不断深入，社会分层加剧，社会各方利益诉求呈现多元化倾向，社会组织迅速成长，这都为执政党进行治理变革提供了宏观的背景。如何理顺执政党—政府—市场的关系，推进国家治理体系和治理能力现代化，构建新的治理格局，执政党的制度变革应是不二选择。

三　构建服务型政府：推进政府治理的现代化

目前，我国经济社会发展进入改革开放以来的关键期，改革已进入深水区，攻坚难度大、任务重，这对加强政府角色定位和自身建设提出了新要求，审视我国经济社会发展中存在的深层次矛盾和问题，体制机制不健全，行政管理体制改革滞后，政府自身治理创新不强难辞其咎。因此，十八大强调指出，“深入推进政企分开、政资分开、政事分开、政社分开，建设职能科学、结构优化、廉洁高效、人民满意的服务型政府”①，这为我国政府治理指明了方向，也是推进国家治理体系和治理能力现代化的核心环节。

（一）我国政府治理现状

就我国政府现阶段的治理模式而言，“管制” 仍是其最主要的方式。

1. 就政府与社会的关系来看，公共物品和公共服务的提供和生产大多还是由国家来完成

众所周知，在传统计划经济体制下，在政治主导的国家治理模式下，政府是无所不包的全能政府，社会没有任何自主性而言。目前，我国正处

① 胡锦涛：《坚定不移沿着中国特色社会主义道路前进　为全面建成小康社会而奋斗——在中国共产党第十八次全国代表大会上的报告》，人民出版社 2012 年版，第 28 页。

于建立成熟的社会主义市场经济体制时期，与市场经济体制相适应，包括公共物品和公共服务大多数社会事务都应由社会自身来完成，按照等价交换和公平竞争的原则来实现，这就要求政府机构精干、廉洁、高效，政府治理应转变到有限且高效的政府形式上来。

2. 就政府与市场的关系来看，我国政府亲市场的倾向十分明显，这严重制约了市场经济的平稳运行

基于市场经济运行机制，政府应该从微观经济领域完全退出，致力于为市场经济的有序运行提供制度化的运作环境。这就要求政府治理范式从管制向服务转变。

3. 就政府与第三部门的关系来看，真正脱离政府组织的社会组织很少

尽管改革开放以来第三部门有了相当程度的发展，但从严格的意义上来讲，真正脱离政府组织的社会组织并不多见，就拿层次较高、规模较大的工会、妇联、残联等群众团体来讲，在组织体系、人员构成和运作方式上都内含有较浓的官方色彩。此外，像一些行业协会、志愿者团体为谋求合法性及其财政支持，多挂靠在政府机关，这就使得相当一部分社会团体带有半官半民的色彩，其自主性受到限制。

（二）构建服务型政府：推进国家治理现代化的核心环节

“服务型政府”最早是由西方发达国家提出的一种政府治理范式，是从属于后现代范畴的。我国目前正处于从传统农业社会向现代工业社会的转型期，传统的“官本位”“权力本位”等思想在当下中国社会依然具有影响，但社会的发展是要遵循一定客观规律的，传统的政府治理模式，比如，全能型的、经济建设型的等都给我国经济社会发展带来一定困难，存在着难以言状的苦涩，阻滞了社会的发展，因此，总结政府治理的得失，根据我国社会转型的需要，提出构建“服务型政府”是一个合乎逻辑的选择。这种政府治理模式的重心在于“服务”，但需要指出的是，服务型政府并不是不要管理，而是把管理寓于服务之中，强调服务之中有管理。实际上，根据现代社会发展的逻辑而言，管理是任何社会、任何时候都不可缺少的，因为，市场不是万能的，面对市场无法调和、社会不能自主管理的事务仍离不开政府的管理。从治理的角度讲，构建服务型政府应着眼于以下几点：

1. 要完善政府治理结构，积极培育社会组织

现代政府所面临的公共问题日益复杂多变，对政府治理结构提出了更高要求，传统的强政府、弱社会的治理模式已经不能适应日趋复杂的公共性问题，唯一的解决办法就是完善政府的治理结构，大力发展社会组织。因为，“政府、国家同市场一样也是社会问题的根源。……一个强大的市民社会对有效的民主政府和良性运转的市场体系都是必要的”[①]。也就是说，要想实现政府对整个国家的有效治理，必须加快发展公民社会组织，适度向公民社会组织分权，将一些政府做不好、做不了，由社会组织承担要比政府承担获得更高效益和效能的工作等交由社会组织来做。为此，政府要摈弃传统的垄断性治理模式，建立起政府、市场和社会的三元互动式治理模式，充分释放民间力量，来弥补政府和市场的不足。

2. 要转变政府职能

政府职能其实就是政府角色定位问题，就是说在政府与市场、社会、企业的关系上，政府应履行什么样的职能问题。根据传统的政府理论观点，政府应是“掌舵者”而非“划桨者”，应从生产者、参与者转变到服务层面上来。但对服务层面的界定众说不一，本书认为，转变后的政府职能主要应体现在：一是制度供给，既包括一些法律、法规、规则等硬制度，也包括诸如行政文化等软制度。二是政策供给。针对市场失灵的缺陷，转变后的政府职能主要应体现在对市场的引导上，通过制定诸如环境保护、社会保障、金融、财政、分配、教育等政策，间接领导市场，维护社会秩序，确保社会公共利益。三是服务供给，主要指公共产品和公共服务，如国防、公共安全、环境保护等，由于公共产品的非竞争性和非排他性的特点，决定了不能由市场提供，只能由政府提供。同时，政府提供公共产品的方式、态度和程序直接影响着公共产品供给的质量。

3. 要创新行政运行机制，提高政府服务效能

由于政府掌握着公共权力和资源，而政府是由人来掌控的，因而，政府权力又掌握在相关公职人员手里，如果行政机制运行不当，极易产生腐

① ［英］安东尼·吉登斯：《第三条道路及其批评》，中共中央党校出版社 2002 年版，第 29 页。

败，因为“一切有权力的人都容易滥用权力，这是亘古不变的一条经验”①，英国历史学家阿克顿曾指出：“权力导致腐败，绝对权力导致绝对腐败。”② 因而，为防止公共权力的异化而导致腐败行为的发生，进一步提高政府的服务效能，就要加强政府的行政运行机制建设，重点加强决策机制、执行机制和监督考核机制的建设。同时，进一步研究政府绩效评估的方式、方法，提高评估的科学性。对服务过程中体现出的消极作为、绩效不佳、滥用职权等行为要积极问责。一言以蔽之，行政运行机制优良，政府服务效能就高，这也是服务型政府的必然要求。

总之，服务型政府是一种全新的国家治理模式，与传统的“全能型”国家治理体制相比，服务型政府也是政府本身的再塑过程。服务型政府的构建是一个庞大的系统工程，以上几个方面只是重点关注的领域，但不是全部。在当下，不仅需要理论研究的深入，更需要在实践中总结经验及时推广，十八大把服务型政府建设作为政府改革的目标，指出了中国国家治理的自身逻辑，也为推进国家治理现代化提供了理论支撑。

四　构建社会治理新格局：推进社会治理的现代化

毋庸置疑，在政党—政府—社会三者关系的架构中，社会治理是三者中的最大选项，没有社会治理的现代化，就没有整个国家的发展和进步，也就没有国家治理的现代化。因而，政党治理和政府治理的最终目的都是为了有效治理社会，以实现人民福祉的最大化。

（一）现行中国社会治理体制存在的问题分析

新中国成立后，在苏联模式（也称斯大林模式）的影响下，我国建立起高度集中的计划经济体制，成长于此体制下的我国社会治理模式具有单位制和街居制的特征。政府是社会治理的唯一主体，治理的手段主要是“控制式”的自上而下的行政手段。改革开放后，我国在社会治理体制方面进行了多方面改革，经过30多年的探索和实践，我国社会治理取得的成就举世瞩目，改革成效显著，但存在的问题也不少，与党提出的“党委领导、政府负责、社会协同、公众参与、法治保障”的社会管理格局

① ［法］孟德斯鸠：《论法的精神》上册，商务印书馆1961年版，第154页。

② ［英］阿克顿：《自由与权力》，商务印书馆2001年版，第340页。

还有很大差距，因而，审视、分析中国的社会治理体制存在的问题，廓清问题产生的原因，对于推进国家治理体系和治理能力现代化有着重大现实意义。

1. 社会组织不发达，公民参与社会治理程度低

改革开放以来，尽管社会组织有了一定程度的发展，但由于受传统思维的影响，认为社会组织是一种体制外的力量，其发展壮大会挑战执政党和政府的权威，因而，在培育社会组织方面以限制和控制为主，致使社会组织的整体发育程度和发展水平严重滞后于经济社会的发展，主要体现在三个方面：一是数量少、规模小；二是结构不合理；三是作用发挥效果不明显。同时，公民的社会参与意识不强，公众参与社会治理的渠道严重缺乏，尽管中央明文规定，“发挥城乡基层自治组织协调利益、化解矛盾、排忧解难的作用，发挥社团、行业组织和社会中介组织提供服务、反映诉求、规范行为的作用，形成社会管理和社会服务的合力”①，但由于社会组织发育程度低和公民参与意识不强两方面因素的限制，致使公民协同参与社会事务的管理没能得到应有的体现，与党提出的“党委领导、政府负责、社会协同、公众参与、法治保障”的社会管理新格局还有很大差距。

2. 社会治理理念落后

受传统的全能主义政府治理理念的影响，现行中国的社会治理理念仍带有计划经济的烙印。首先，以物为本的治理理念未能根本改观。主要体现在，改革开放以来，在以经济建设为中心的基本路线指引下，在政府的职能定位上，过度关注政府的经济建设职能，忽视了其社会管理和公共服务的职能，导致政府行为的片面性，成为一定意义上的“经济人”政府。其次，“官本位”或“权本位”思想严重。“官本位”“权本位”思想形成于中国的封建社会皇权专制时期，这种思想影响根深蒂固，在现实的中国行政文化中颇有市场，最直接的体现就是下级唯上级马首是瞻，长官意志盛行，政府行政行为以官员利益和意志为出发点和落脚点，跑官、卖官现象盛行。再次，官僚主义和形式主义作风不同程度存在。官僚主义和形

① 《中共中央关于加强党的执政能力建设的决定》，中国共产党第十六届中央委员会第四次全体会议通过，2004 年 9 月 19 日。

式主义问题，一直是我党自身治理的重点。然而，尽管党和政府一再要求各级领导干部要树立讲实话、办实事、求实效的工作理念，反对官僚主义和形式主义，但在一些地区和部门中二者还有很大市场。主要表现为，脱离群众、高高在上、坐而论道、不干实事、空话连篇、敷衍应付、不顾实际、机械照搬、不求实效、弄虚作假、欺上瞒下等。

3. 政府社会治理职能界定不清

首先，政府“越位”和“缺位”现象共存。在计划经济体制下，我国形成了政府大包大揽的“全能政府”治理模式，政府的“越位”现象普遍存在，政府管了一些不该管而没有管好的事情。受传统的全能政府治理模式的影响，改革开放以来，尽管社会主义市场经济体制基本建立，但某些越位现象仍然存在，在某些领域甚至还呈现固化的趋向。同时，随着新的社会问题和矛盾的不断涌现，政府“缺位”问题明显，在一些诸如公共服务、市场监管、社会协调、制度供给等领域措施不到位而问题重重。其次，政府角色定位问题存在误区。受传统的“全能政府”治理模式的影响，行政管制和行政审批仍是目前政府的主要治理模式，这种治理模式下的政府顺理成章地把自己定位在管制者的角色，与现代政府所推崇的“服务型”理念相去甚远。再有，在市场运行中，政府过多地承担了生产者的角色，而弱化了安排者和监管者的角色，造成政府机构部门过多，财政压力过大，市场运行低效。

4. 社会治理体制机制不完善

就社会治理体制来讲，改革开放以来，党和政府对社会治理体制进行了改革，但“强政府、弱社会”治理体制仍未得到根本改观。政府在社会治理实践中承担着“掌舵”和“划桨”的双重功能，几乎垄断了所有的社会公共事务，公民社会组织发展缓慢，公民参与社会治理程度低，社会自治能力较差，社会力量和市场力量的作用未能得到充分发挥，这种状况必然导致政府单边掌控社会的治理体制。就社会治理的机制来讲，诉求机制、决策机制、评估价值、社会稳定维护机制等各种机制不健全、不协调、不畅通，严重影响了社会治理的效能，人们的利益表达和诉求得不到满足，社会公正成为空洞的口号，社会稳定得不到维护。

5. 社会治理手段单一、治理方式落后

我国自古就有人治传统，加上计划经济时期形成的高度集权体制的影响，政府及其公务员已习惯于用行政手段和强制方式来处理公共事务。改革开放以来，随着社会主义市场经济体制的建立和完善，社会问题和公共事务日趋多元化和复杂化，但政府公务人员的社会治理理念并没有得到根本改变，还不习惯于运用沟通、协商、对话等民主手段来回应公众诉求，不习惯于运用财税、信贷、价格、工资等手段来协调各种利益关系，不习惯于运用法律途径来解决社会矛盾和问题，仍习惯于运用行政手段和强制方式来解决新出现的矛盾和问题。[①] 同时，在治理方式上，受传统“全能政府”治理理念思维所限，社会公共服务还主要以政府直接投资来举办，政府还不习惯于动用社会力量来共同举办社会公益事业，民间资本进入社会公益事业领域还面临诸多准入限制。所有这些都极易导致政府行政人员的执法失范，导致政府与公民之间的对立，不仅不能解决社会问题和矛盾，而且极易导致矛盾的激化，达不到治理的预期效果。

6. 社会治理配套制度建设相对滞后

就我国现实情况看，我国社会治理配套制度建设远远滞后于经济社会的发展，主要体现在：一是社会立法滞后。近年来，依法治国理念已经深入人心，党和政府加大了各个领域的立法工作，社会主义法制体系已基本形成，在社会管理领域也制定了若干法律法规，但总体来讲还不健全、不完善，还没有形成完备的社会治理法律法规体系框架，不少领域还存在法律空白。比如，到目前为止，我国还没有一部专门规范社会组织的基本法律，现有法律法规一些内容重复甚至相互抵触，且比较分散，其结果就是给执法司法工作带来一定难度，执法者的自由裁量权过大，给权力寻租制造了空间。二是财政分配体制不合理。一方面，我国的财政投资大量集中于经济建设领域，而较少投资于社会性公共服务领域，致使一些本应由财政支持的社会发展和社会管理项目得不到资金保障。另一方面，中央政府和地方政府之间的财权与事权不对等。由于强调属地管理和事权下移，地方政府承担了大量的社会管理和公共服务职能，而在现行的财政体制下，财权高度集中于中央，地方政府财力有限，形成“小马拉大车的”不合

① 参见何增科《论改革和完善我国社会管理体制的必要性和意义——中国社会管理体制改革与社会工作发展研究之一》，《毛泽东邓小平理论研究》2007 年第 8 期。

理现象。[①] 三是政府考核制度不合理。在很长时期里，受“发展是硬道理”的导向，政府绩效考核一度把经济增长作为政府工作业绩的最核心指标，其结果就是各级政府把 GDP 增长和财政增加作为工作的目标和动力，忽视了社会的和谐发展，引发了一系列社会问题。比如，收入分配、环境污染、养老、教育、就业、医疗等问题不仅没有得到有效解决，而且还有进一步恶化的趋势。尽管中央提出了科学发展观的治国新理念，但由于长期形成的惯性思维的作祟，扭转政府重经济轻社会的考核制度尚需时日。

（二）现行中国社会治理体制的框架设计

对于现行中国社会治理体制存在的弊端，我党有着深刻的、清醒的认识，因而，对于如何构建新的社会治理格局，成为未来国家治理的关切，党的十八大报告给出了答案，即“加快形成党委领导、政府负责、社会协同、公众参与、法治保障的社会管理体制”[②]。

1. 科学定位党委在社会治理中的角色

重构新的社会治理模式，涉及方方面面的工作，是一个复杂系统的工程，同时也是一个长期的过程。但无论如何去做，都需要把握一个原则，即必须始终坚持党的领导核心地位，离开这一点，谈社会治理体制改革、推进社会治理现代化只能导致社会陷入无序、混乱状态，中国革命、建设和改革的历程已经证明了这一点。毫不讳言，中国共产党已与中国的社会治理紧密联系在一起，之所以这么讲，主要在于中共之于国家治理的重要作用。新中国成立后，中国共产党承担起全面领导国家治理现代化的重要职责，其核心作用体现在三个方面：一是整合了社会。党通过各级组织网络，把整个社会整合为一个有机整体。二是提供了领导。中国现代化需要一个领导核心，中国共产党承担了这一历史使命，成功推动中国社会的进步与发展。三是保证了发展。中国共产党通过其组织网络，人才队伍和政策供给，有效保证了中国社会的变革与发展。正是基于这三方面的作用，中国共产党真正成为中国社会发展的根本力量，并因此成为推进国家治理

---

① 丁茂战：《我国政府社会治理制度改革研究》，中国经济出版社 2009 年版，第 59 页。

② 胡锦涛：《坚定不移沿着中国特色社会主义道路前进 为全面建成小康社会而奋斗——在中国共产党第十八次全国代表大会上的报告》，人民出版社 2012 年版，第 34 页。

现代化不可缺少的前提。[①] 中国共产党之于中国社会发展的深刻的内在逻辑关联，使我们得出这样一个共识：新中国成立以来，中国共产党对于中国社会治理的成效，无论成功与否，都取决于这样一个事实，中国共产党居于中国国家治理的领导地位，“领导正确，社会就得到健康发展；领导错误，社会就遭遇曲折和失败”[②]。

中国共产党作为中国社会治理的领导核心，如何实现对社会治理的有效领导，取决于党在社会治理中的角色定位。一般来讲，任何事物都有其内在发展规律，社会治理也是如此，有着自己的发展逻辑，集执政党和领导党于一身的中国共产党，只有科学把握执政规律，按客观规律办事，合理配置社会资源，健全完善机构体制，才能在社会治理中发挥其领导核心作用，有效推进国家治理现代化。

2. 转变政府职能，改革完善政府社会治理体制

前文提到，受传统的“全能政府”治理模式的影响，我国“强政府、弱社会”的治理格局并没有根本改观，在以后很长时期里，对政府的依赖依然是我国社会治理的基本形式。但这种依赖与传统的政府包揽一切的社会治理模式有很大的不同，就目前的实际情况来看，我国政府在职能转变、合理定位自身角色方面做出了很大努力，中央在理论层面就政府职能转变做出了目标定位，即经济调节、市场监管、社会管理和公共服务。但由于认识不到位，“行政化”仍是社会治理的基本手段，进而引发一系列矛盾和问题。要解决社会治理中带来的深层次矛盾和问题，唯一的途径就是要进行治理创新，推动构建“政府负责、社会协同”的社会治理新体制。

3. 积极引导公民参与社会治理

公众参与，是现代社会治理模式的主要特征，也是发展民主政治的必然要求，也是人民当家作主最主要的实现形式。然而，正如前文所述，由于多种原因的影响，我国公民参与社会治理的热情不高，参与意识不强。为此，构建新的社会治理格局，要在积极引导公民参与社会治理层面下功夫。

---

① 林尚立：《中国共产党与国家建设》，天津人民出版社 2009 年版，第 26 页。

② 齐卫平：《论党的领导与多元社会治理结构》，《探索与争鸣》2012 年第 12 期。

4. 健全和完善社会治理的法律体系

改革开放以来，我国在法制建设层面取得了很大进步，社会主义法律体系基本建成，但社会领域的立法明显滞后，某些领域甚至是法律空白，这严重制约了我国社会管理创新。十八大把“法治保障”纳入社会治理新格局中来，凸显了党和政府对规划社会管理新格局认识的新突破，同时也凸显了法治在社会治理中的重要地位，也印证了“经济是一个国家的血肉，但法治是国家的骨架和脊梁”[①] 的科学论断。因而，构建新的社会治理格局，推进社会治理现代化，必须充分尊重法律，没有健全和完善的法制，便没有稳定的社会环境，也就没有善治。因此，在社会治理领域，我们应加快立法步伐，用法制来规范政府及其社会各治理主体的行为。一方面，通过立法，明确各有关部门的职能，规范政府和社会的关系，避免政府用行政手段过多干预社会组织的活动；另一方面，通过立法，明确各社会组织的性质、宗旨、地位、组织形式、财务管理、募捐与资助、评价与监督等，解决各社会组织相互“打架”的问题，使社会组织的日常活动真正有法可依、有章可循。[②] 目前，特别应加强在食品安全、环境保护、土地征用、房屋拆迁、劳动关系、社会治安等方面的立法，完善有关税收、人事、就业以及福利保障等方面的政策支撑体系。

总之，构建社会治理新格局，必须要有法治思维，这与我国提出的依法治国基本理念是一致的。只有把法治纳入社会治理新格局中，才能增强各社会治理主体的法治意识，才能保障依法治国的理念落到实处，才能确保我国由社会管理走向社会治理，进而走向善治。

① 王振民：《法治：核心国力的重要组成部分》，《法学论坛》2011 年第 2 期。

② 参见丁茂战《我国政府社会治理制度改革研究》，中国经济出版社 2009 年版，第 233 页。

结束语　国家治理现代化：一个历久弥新的话题

建设社会主义，并最终实现共产主义是中国共产党人的政治理想，也是中国共产党人的基本价值选择。在通向现代化的国家治理历程中，各国人民基于不同的国情考量都有着不同的治理模式，然而，考察人类社会自国家产生以来的历史，其国家治理模式大致经历了三次范式转型，即前工业社会的统治型国家治理模式，工业社会的管制型国家治理模式，后工业社会的服务型国家治理模式。

中国作为后发现代化国家，当然不能置身事外于人类社会的这种治理逻辑和取向，但中国同样有着自己的独特文化和国情，因而，在国家治理模式的选择上有着自己的内在逻辑，通过不断探索，找到了一条独具特色的国家治理之路，“中国模式”“中国经验”“中国道路”正受到世界各国越来越多的关注，中国在国际社会中的作用日益凸显。

“治理”作为舶来词，在中国语境中有着特殊的内涵和外延。由于中国共产党在中国国家建设中的重要作用，因而，中国国家治理的主要载体是中国共产党的各级组织及其领导下的各级政府，党和政府自身的治理构成国家治理的重要组成部分，因为，只有把党建设好、科学定位政府角色，才能充分发挥党和政府在国家治理中的核心地位和作用，进而把国家治理好。作为治理主体的中国党和政府，从毛泽东到习近平，由于面对的国情、党情、世情的重大差异，其所采取的治理策略有着显著的不同，从政治到经济，从经济到服务的逻辑演变显示了中国党和政府治国导向的重大差异。

在新中国成立初期，由于党面临的生存环境极其险恶，新生政权随时都有被颠覆的危险，因而，党和政府的首要任务就是巩固新生政权，恢复社会秩序。当新生政权得以巩固，社会秩序趋于稳定后，出于对社会主义的认同和价值选择，党和政府首要考虑的就是建立社会主义的问题，由于对社会主义认识的局限，认为社会主义就是计划经济和公有制，因此，从1953年起，开始对农业、手工业和资本主义工商业进行社会主义改造，进而建立起单一公有制的计划经济体制，在这种体制安排下，个人财产所有权被完全剥夺，企业的生产、流通、分配等各个环节由国家掌控，完全沦为政府的附属物。这种产权安排，严重挫伤了企业和人们的生产积极性，导致生产效率低下，经济发展缓慢，人民生活难以改善，长期处在饥饿状态，社会主义的优越性不仅未能发挥，而且引发了人们对执政党的质疑，执政党和政府的合法性受到挑战。此外，对于如何向共产主义过渡的问题上，党的最高领导人毛泽东对国内外形势判断上出现了重大误判，试图通过发动群众搞阶级斗争的形式来过渡到共产主义，以“阶级斗争为纲”成为国家治理的主要路径，在这一极左路线推动下，最终导致“文化大革命”的发生，致使经济发展、社会秩序均遭到极大破坏，公民个人基本权利得不到有效保障，整个国家陷入全面危机之中。

十一届三中全会实现了党的工作重心的转移，邓小平在对“什么是社会主义，怎样建设社会主义”深入思考的基础上，提出了有计划商品经济的概念，标志着国家治理模式开始转型。随着对社会发展规律认识的不断深化，党的十四大进而提出了建立社会主义市场经济体制的改革目标，标志着经济导向型国家治理模式的基本确立。在市场化改革路向的指引下，我国对单一所有制结构进行了改革，过去单一的全民、集体所有制被公有制为主体，各种经济成分共同发展取代，各种混合所有制经济迅速壮大，由此形成了多元所有制并存的产权结构。在这种产权结构下，社会经济成分、生活方式与组织形式呈现多样化趋势，传统的“大锅饭”“铁饭碗”等就业方式被打破，代之而起的是自主择业或自谋职业，按劳分配为主，多种分配方式并存的分配格局基本形成，劳动、资本、技术和管理等作为生产要素都参与到分配中来，各种社团组织、中介机构、民间自治组织等在社会生活中的作用日益增强。与此同时，国家不断加强立法，为市场经济的平稳运行提供法律保障，并在党的十五大报告中正式提出了“依法治国，建设社会主义法治国家”的命题。然而，由于政府对国有大中型企业过多的控制和干预，导致企业产权一直处于不明晰状态，致使公有制经济效率普遍低下。同时，国家运用强大的政治权威资源，来维护市场经济的运行和社会稳定。正是在国家强制干预下，我国社会结构发生了深刻变化，实现了经济增长、维护了社会稳定。但片面追求经济增长引发了经济发展与人口、资源、环境之间的一系列问题，社会矛盾和问题频发，社会不公正、不和谐问题凸显。

十六大以来，以胡锦涛为总书记的党中央，在总结中国及世界各国发展经验的基础上提出了科学发展观，“科学发展观，第一要义是发展，核心是以人为本，基本要求是全面协调可持续，根本方法是统筹兼顾”。自此，科学发展观同邓小平理论、三个代表重要思想共同构成21世纪国家治理的指导思想，在科学发展观的指导下，以胡锦涛为总书记的党中央提出了一系列重大治国思想，比如构建和谐社会、推动建设和谐世界、构建社会主义核心价值体系、建设社会主义新农村、全面推进党的建设新的伟大工程等，所有这些战略思想的提出，标志着国家治理模式的再次转型。党的十七大，把社会建设同经济、政治、文化并列，并就以民生为重点的社会建设做出总体部署，提出推进社会管理体制改革，扩大公共服务，促进社会公平正义，让发展成果更多惠及全体人民。

党的十八大，面对新形势、新任务、新挑战，提出了一系列新思想、新观点和新举措。报告指出，在政治建设方面，“必须继续积极稳妥推进政治体制改革，发展更加广泛、更加充分、更加健全的人民民主。必须坚持党的领导、人民当家作主、依法治国有机统一，以保证人民当家作主为根本，以增强党和国家活力、调动人民积极性为目标，扩大社会主义民主，加快建设社会主义法治国家，发展社会主义政治文明”；在文化建设方面，提出要建设社会主义文化强国；在社会建设方面，报告指出：“必须从维护最广大人民根本利益的高度，加快健全基本公共服务体系，加强和创新社会管理，推动社会主义和谐社会建设”，并提出了一系列社会建设的方针举措；在经济建设方面，报告指出，“要以科学发展为主题，以转变经济发展方式为主线，提出要全面深化经济体制改革、实施创新驱动发展战略、推进经济结构战略性调整、推动城乡发展一体化及全面提高开放型经济水平”。报告把生态文明建设单列出来，凸显了生态治理的重要性，与经济、政治、文化、社会并列，标志中国特色社会主义国家治理的内在逻辑的统一。报告指出：把生态文明建设“融入经济建设、政治建设、文化建设、社会建设各方面和全过程，努力建设美丽中国”①，循此路径，国家治理的现实目标更加明确，即把我国建设成为富强、民主、文明、和谐、美丽的国家。

十八大以来，以习近平为总书记的党中央，站在新的历史起点上，紧紧把握时代命脉，在承继前几任领导人治国实践的基础上，把鸦片战争以来中国人民为了实现中华民族伟大复兴的目标概括为“中国梦”，并就国家梦、民族梦和个人梦进行了阐释，其实质内涵就是国家富强、民族振兴、人民幸福，归根结底是人民梦，让每一个人都享有人生出彩的机会，享有梦想成真的机会。为此，党的十八届三中全会就进一步深化改革做出了全面部署，全会指出，“全面深化改革的总目标是完善和发展中国特色社会主义制度，推进国家治理体系和治理能力现代化。必须更加注重改革的系统性、整体性、协同性，加快发展社会主义市场经济、民主政治、先进文化、和谐社会、生态文明，让一切劳动、知识、技术、管理、资本的活力竞相迸发，让一切创造社会财富的源泉充分涌流，让发展成果更多更公平惠及全体人民”②。提出推进国家治理体系和治理能力现代化，说明我国对如何进一步推动国家治理有了全新的思考，对于构建中国未来的国家治理模式有了基本明确的思路。一要明确政党在国家治理体系中的职责，积极构建服务型执政党。全会指出：“紧紧围绕提高科学执政、民主执政、依法执政水平深化党的建设制度改革，加强民主集中制建设，完善党的领导体制和执政方式，保持党的先进性和纯洁性，为改革开放和社会主义现代化建设提供坚强政治保证。”③ 二要切实转变政府职能，构建服务型政府。全会指出：“要进一步简政放权，深化行政审批制度改革，最大限度减少政府对微观事务的管理，……” “政府要加强发展战略、规划、政策、标准等制定和实施，加强市场活动监管，加强各类公共服务提供。加强中央政府宏观调控职责和能力，加强地方政府公共服务、市场监

---

① 胡锦涛：《坚定不移沿着中国特色社会主义道路前进 为全面建成小康社会而奋斗——在中国共产党第十八次全国代表大会上的报告》，人民出版社 2012 年版，第 25、34、20—24、39 页。

② 《中国共产党第十八届中央委员会第三次全体会议文件汇编》，人民出版社 2013 年版，第 18 页。

③ 同上书，第 20 页。

管、社会管理、环境保护等职责”①。三要紧紧围绕更好保障和改善民生、促进社会公平正义构建社会治理新格局。

总之，自国家产生以来，国家治理就客观地存在着，只是在不同历史时期采取的手段不同而已。早期的治理手段是“统治”，其最主要的特征是非理性和非人性化的控制，人们没有任何权利而言，成为统治阶级手中不折不扣的工具。后来随着生产力的发展和社会的不断进步，这种统治行政越来越成为经济社会发展的一大障碍，为了消除这一障碍，资产阶级民主革命兴起，推翻了君主专制统治，建立起以“代议制”为基本制度的民主国家。在民主制度下，国家的政治统治职能逐步弱化，由于工业经济是一种理性经济，因而“管理行政”应运而生。特别是在19世纪下半叶以来，市场失灵的问题凸显，要求政府对整个国家经济和社会生活进行全面干预，管理行政得以确立和强化。但在20世纪70年代后，频繁发生的经济危机说明政府并不是万能的，也存在失效，这就引发了西方国家新一轮的政府再造运动，其核心理念是“治理”代替了管理，政府不仅是社会的治理者，还是被治理者，社会组织乃至个人都可以成为治理的主体，体现了一种新的行政理念——服务行政。

一句话，面向未来，科学构建国家治理体系的任务重大而艰巨，提高国家治理能力更是我们党和政府面临的重大课题，社会越是向前发展，我们面临改革攻坚的任务越是艰巨，面临的新形势、新任务、新挑战越是复杂，因此，无论从何种层面上讲，推进国家治理体系和治理能力现代化只有进行时，没有完成时，是一个时谈时新、历久弥新的话题。

---

① 《中国共产党第十八届中央委员会第三次全体会议文件汇编》，人民出版社2013年版，第34—35页。

参考文献

一　中文参考书目

1.《马克思恩格斯选集》第1—4卷，人民出版社1995年版。

2.《马克思恩格斯全集》第3、4、19、20、21、23、42、46卷，人民出版社1958、1960、1963、1965、1971、1972、1979年版。

3.《列宁选集》第1—4卷，人民出版社1995年版。

4. 中共中央文献研究室、中央档案馆编：《建党以来重要文献选编》第1—26卷，中央文献出版社2011年版。

5.《毛泽东选集》第1—4卷，人民出版社1991年版。

6.《毛泽东文选》第1—8卷，人民出版社1993、1996、1999年版。

7.《邓小平文选》第1—3卷，人民出版社1993、1994年版。

8.《江泽民文选》第1—3卷，人民出版社2006年版。

9. 周晓虹：《中国社会与中国研究》，社会科学文献出版社2004年版。

10. 张文儒：《毛泽东与中国现代化》，当代中国出版社1993年版。

11. 罗荣渠：《现代化、理论与历史经验再探讨》，上海译文出版社1993年版。

12. 蒋锦洪：《经济发展中的人本诉求研究》，上海辞书出版社2007年版。

13. 李青：《科学发展观视域中的“以人为本”》，时事出版社2009年版。

14. 吴新颖、皮伟兵：《和谐社会构建的理论思考》，湖南师范大学出版社2007年版。

15. 黄仁宇：《现代中国的历程》，中华书局2010年版。

16. 谭培文、肖祥：《从底线伦理到终极关怀》，广西师范大学出版社2009年版。

17. 严立贤：《现代化模式与近代以来中国历史进程》，九州出版社2010年版。

18. 李瑜青：《中国共产党治国理政研究》，上海人民出版社2011年版。

19. 刘国新：《中国共产党治国社会方略研究》，中国人民大学出版社2011年版。

20. 罗许成：《全球化与当代中国马克思主义国家理论的新发展——一种国家治理的视角》，浙江大学出版社2009年版。

21. 宋赵来：《中国策：新世界、大视野与我们的治国方略》，武汉出版社2010年版。

22. 邹东涛：《中共90年：经济建设之路与大国治理之道》，社会科学文献出版社2011年版。

23. 马云瑞：《中国政府治理模式研究》，郑州大学出版社2007年版。

24. 姚中秋：《中国变革之道：当代中国治理秩序及其变革方略》，法律出版社2011年版。

25. 萧功秦：《超越左右激进主义——走出中国转型的困境》，浙江大学出版社2012年版。

26. 俞可平：《敬畏民意：中国的民主治理与政治改革》，中央编译出版社2012年版。

27. 陈锦华：《中国模式与中国制度》，人民出版社2012年版。

28. 周中叶、李炳辉：《宪法政治：中国政治发展的必由之路》，中国法制出版社2012年版。

29. 何增科、包雅钧：《公民社会与治理》，社会科学文献出版社2011年版。

30. 卢汉龙：《新中国社会管理体制研究》，上海人民出版社2009年版。

31. 丁茂战：《我国政府社会治理制度改革研究》，中国经济出版社2009年版。

32. 邵鹏：《全球治理理论与实践》，吉林出版集团有限责任公司

2010 年版。

33. 邓剑秋、陈建华等：《邓小平治国方略》，武汉大学出版社 2004 年版。

34. 林尚立：《中国共产党与国家建设》，天津人民出版社 2009 年版。

35. 陈明明编：《转型危机与国家治理》，上海人民出版社 2011 年版。

36. 夏东民、陆树程：《江泽民战略思想研究》，苏州大学出版社 2003 年版。

37. 牛玉峰：《中国共产党治国思想研究》，中共党史出版社 2007 年版。

38. 殷昭举：《创新社会治理机制》，广东出版集团、广东人民出版社 2011 年版。

39. 谭来兴：《中国现代化道路探索的历史考察》，人民出版社 2008 年版。

40. 陈锡喜：《马克思主义：意识形态和话语体系》，华东师范大学出版社 2011 年版。

41. 张骥：《中国文化安全与意识形态战略》，人民出版社 2010 年版。

42. 王沪宁：《政治的逻辑》，上海人民出版社 1994 年版。

43. 俞可平、李慎明等：《马克思主义视阈中的和谐社会建设》，重庆出版社 2007 年版。

44. 俞可平：《治理与善治》，社会科学文献出版社 2000 年版。

45. 俞可平：《增量民主与善治》，社会科学文献出版社 2003 年版。

46. 曹天予：《现代化、全球化和中国道路》，社会科学文献出版社 2003 年版

47. 徐勇：《乡村治理与中国政治》，中国社会科学出版社 2003 年版。

48. 林尚立：《当代中国政治形态研究》，天津人民出版社 2003 年版。

49. 郑永年：《中国模式：经验与困局》，浙江人民出版社 2009 年版。

50. 萧功秦：《中国的大转型——从发展政治学看中国变革》，新星出版社 2008 年版。

51. 严强：《国家治理与政策变迁：迈向经验解析的中国政治学》，中央编译出版社 2003 年版。

52. 吴志成：《治理创新：欧洲治理的历史、理论与实践》，天津人民

出版社 2003 年版。

53. 孙立平：《断裂：20 世纪 90 年代以来的中国社会》，社会科学文献出版社 2003 年版。

54. 李强：《中国社会变迁 30 年（1978—2008）》，社会科学文献出版社 2008 年版。

55. 刘明珍：《公民社会与治理转型——发展中国家的视角》，中央编译出版社 2008 年版。

56. 邓正来：《国家与社会——中国市民社会研究》，北京大学出版社 2008 年版。

57. 沈远新：《中国转型期的政治治理：若干问题与趋势》，中央编译出版社 2007 年版。

58. 张昕：《转型中国的治理与发展》，中国人民大学出版社 2007 年版。

59. 王诗宗：《治理理论及其中国适用性》，杭州大学出版社 2009 年版。

60. 李汉林：《中国单位社会：议论、思考与研究》，上海人民出版社 2004 年版。

61. 张康之：《社会治理的历史叙事》，北京大学出版社 2006 年版。

62. 毛寿龙：《西方政府的治道变革》，中国人民大学出版社 1998 年版。

63. 谢岳、程竹汝：《法治与德治——现代国家的治理逻辑》，江西人民出版社 2003 年版。

64. ［美］李侃如：《治理中国：从革命到改革》，胡国成等译，中国社会科学出版社 2010 年版。

65. ［美］弗朗西斯·福山：《国家构建——21 世纪的国家治理与世界秩序》，黄胜强等译，中国社会科学出版社 2007 年版。

66. ［英］卡尔·波兰尼：《大转型：我们时代的政治与经济起源》，冯刚等译，浙江人民出版社 2007 年版。

67. ［美］德鲁克：《社会的管理》，徐大建译，上海财经大学出版社 2006 年版。

68. ［美］詹姆斯·罗西瑙：《没有政府的治理》，张胜军、刘小林译，江西人民出版社 2001 年版。

69. ［美］费正清：《中国：传统与变迁》，张沛译，世界知识出版社 2002 年版。

70. ［美］塞缪尔 · P. 亨廷顿：《变化社会中的政治秩序》，王冠华等译，上海人民出版社 2008 年版。

71. ［美］弗朗西斯 · 福山：《大分裂：人类本性与社会秩序的重建》，刘榜离等译，中国社会科学出版社 2002 年版。

72. ［印］哈斯 · 曼德、穆罕默德 · 阿斯夫：《善治：以民众为中心的治理》，国际行动援助中国办公室编译，知识产权出版社 2007 年版。

73. ［英］戴维 · 赫尔德：《民主的模式》，燕继荣译，中央编译出版社 2004 年版。

74. ［法］让 – 皮埃尔 · 戈丹：《何谓治理》，钟震宇译，社会科学文献出版社 2012 年版。

75. ［美］埃莉诺 · 奥斯特罗姆：《公共事务的治理之道》，余逊达、陈旭东译，上海译文出版社 2012 年版。

76. ［美］B. 盖伊 · 彼得斯：《政府未来的治理模式》，吴爱明译，中国人民大学出版社 2001 年版。

77. 李君如：《中国共产党执政史概要》，上海人民出版社 2011 年版。

78. 吴杰明、齐彪：《中国共产党六十年执政的理论与实践》，国防大学出版社 2009 年版。

79. 褚添有：《嬗变与重构：当代中国公共管理模式转型研究》，广西师范大学出版社 2008 年版。

80. 王蔚：《现代化视野中的当代中国政治运动研究》，中国社会科学出版社 2010 年版。

81. 陈至立主编：《中国共产党建设史》，上海人民出版社 1991 年版。

82. 石杰琳：《中西方政府体制比较研究》，人民出版社 2011 年版。

83. 俞可平：《民主与陀螺》，北京大学出版社 2006 年版。

84. 翟昌民：《乡村政治视域中的党建研究：天津市武清区村民自治实践中的农村党建》，中共党史出版社 2010 年版。

85. ［英］米勒、波格丹诺主编：《布莱克维尔政治学百科全书》，邓正来等译，中国政法大学出版社 1992 年版。

86. 林尚立：《执政的逻辑：政党、国家与社会》，载《复旦政治学评论第3辑》，上海辞书出版社2005年版。

87. 赵虎吉：《政治学基本问题》，中共中央党校出版社2012年版。

88.《中共中央关于构建社会主义和谐社会若干重大问题的决定》，人民出版社2006年版。

89. ［英］洛克：《政府论》下，叶启芳等译，商务印书馆1964年版。

90. ［美］戴维·奥斯本、特德·盖布勒：《改革政府：企业精神如何改革公营部门》，上海译文出版社1996年版。

91. ［美］约翰·奈斯比特：《大趋势》，新华出版社1984年版。

92. 孙关宏、胡雨春等：《政治学概论》，复旦大学出版社2008年版。

93. 李惠、郭人人主编：《中国政企治理问题报告》，中国发展出版社2003年版。

94. 郑杭生：《转型中的中国社会和中国社会的转型》，首都师范大学出版社1996年版。

95. ［英］安德鲁·海伍德：《政治学》，张立鹏译，中国人民大学出版社2006年版。

96. 袁贵仁：《论人的全面发展》，广西人民出版社2003年版。

97. 黄炎培：《八十年来》，文史资料出版社1982年版。

98. 陈述等：《中国共产党执政历程》第3卷，人民出版社2011年版。

99. 谢春涛：《中国共产党如何治理国家》，新世界出版社2012年版。

100. 胡锦涛：《坚定不移沿着中国特色社会主义道路前进　为全面建成小康社会而奋斗——在中国共产党第十八次全国代表大会上的报告》，人民出版社2012年版。

101. ［美］约翰·罗尔斯：《正义论》，中国社会科学出版社1998年版。

102. ［美］戴维·格伦斯基编：《社会分层》，华夏出版社2005年版。

103. 李培林、李强等：《中国社会分层》，社会科学文献出版社2004年版。

104. 王绍光：《安邦之道：国家转型的目标与途径》，生活·读书·新知三联书店 2007 年版。

105. ［美］科恩：《论民主》，聂崇信、朱秀贤译，商务印书馆 1988 年版。

106. 孙立平：《失衡：断裂社会的运作逻辑》，社会科学文献出版社 2004 年版。

107. ［美］塞缪尔·亨廷顿：《文明的冲突与世界秩序的重建》，周琪等译，新华出版社 2010 年版。

108. 汪晓萍：《心理生态系统论》，四川人民出版社 2007 年版。

109. 《党的十七届六中全会〈决定〉学习辅导百问》，党建读物出版社、学习出版社 2011 年版。

110. 罗谟鸿等：《当代中国社会转型研究》，西南师范大学出版社 2007 年版。

111. 刘大军等：《时代坐标与精神支柱：马克思主义与信仰、信念、信任、信心教育》，党建读物出版社 2005 年版。

112. 李瑞环：《学哲学用哲学》下，中国人民大学出版社 2005 年版。

113. ［美］E. 博登海默：《法理学、法哲学与法律方法》，中国政法大学出版社 1999 年版。

114. 艾四林等：《民主、正义与全球化》，北京大学出版社 2010 年版。

115. ［德］黑格尔：《哲学史演讲录》第 2 卷，生活·读书·新知三联书店 1957 年版。

116. 汪行福：《社会公正论》，重庆出版社 2008 年版。

117. ［古希腊］亚里士多德：《政治学》，吴寿彭译，商务印书馆 1983 年版。

118. 顾丽梅：《公共政策与政府治理》，载《复旦公共行政评论第 2 辑》，上海人民出版社 2006 年版。

119. 王小章：《走向承认：浙江省城市农民工公民权发展的社会学研究》，浙江大学出版社 2010 年版。

120. 李安增、孙文亮等：《历史与经验——中国共产党与当代中国发展》，中央编译出版社 2009 年版。

121. ［日］冈泽宪芙：《政党》，经济日报出版社 1991 年版。

122. 彭未名、邵任薇等：《新公共管理》，华南理工大学出版社 2007 年版。

123. 彭澎：《政府角色论》，中国社会科学出版社 2002 年版。

124. 贾恩弗兰科·波齐：《近代国家的发展：社会学导论》，沈汉译，商务印书馆 1997 年版。

125. 陈明明：《革命后社会的政治与现代化》，上海辞书出版社 2002 年版。

126. 梁琴、钟德涛：《中外政党制度比较》，商务印书馆 2000 年版。

127. 王长江：《现代政党执政规律研究》，上海人民出版社 2002 年版。

128. ［美］L. 科塞：《社会冲突的功能》，华夏出版社 1989 年版。

129. 赵丽江编：《政治学》，武汉大学出版社 2008 年版。

130. 《中国共产党第十八届中央委员会第三次全体会议文件汇编》，人民出版社 2013 年版。

131. 许海清：《国家治理体系和治理能力现代化》，中共中央党校出版社 2013 年版。

132. ［英］安东尼·吉登斯：《第三条道路及其批评》，中共中央党校出版社 2002 年版。

133. ［英］阿克顿：《自由与权力》，商务印书馆 2001 年版。

134. ［俄］雷日科夫：《大国悲剧：苏联解体的前因后果》，徐昌翰等译，新华出版社 2010 年版。

135. ［新］梁文松、曾玉凤：《动态治理：新加坡政府的经验》，中信出版社 2009 年版。

136. 黄恒学编：《环境管理学》，中国经济出版社 2012 年版。

二　中文参考文章

1. 杨绍华：《中国共产党执政方式的历史考察》，《中共党史研究》2005 年第 6 期。

2. 吴家庆、彭正德：《中国共产党执政方式的历史演进》，《湖南师范大学社会科学学报》2003 年第 3 期。

3. 陈世润、胡松：《中国共产党执政方式的重大变革》，《南昌大学学报》2001 年第 3 期。

4. 吴志成：《西方治理理论述评》，《教学与研究》2004 年第 6 期。

5. 曹任何：《合法性危机：治理兴起的原因分析》，《理论与改革》2006 年第 2 期。

6. 俞可平：《治理和善治引论》，《马克思主义与现实》1999 年第 5 期。

7. 铁锴：《“善治”视野下构建和谐社会中的政府治理》，《宝鸡文理学院学报》（社科版）2007 年第 1 期。

8. 张丽：《公共精神与“群众”情境下的中国国家治理》，《天津行政学院学报》2011 年第 1 期。

9. 张慧君、黄秋菊：《后危机时代转型国家的治理模式变革与经济发展》，《社会科学研究》2010 年第 3 期。

10. 韦深涉：《西方治理理论的价值取向与理论困境》，《广西大学学报》（哲学社会科学版）2007 年第 4 期。

11. 何兴贵、刘宏煊：《西方治理理论述评》，《海军工程大学学报》（综合版）2011 年第 1 期。

12. ［英］格里·斯托克：《作为理论的治理：五个论点》，《国际社会科学》（中文版）1999 年第 1 期。

13. 郁建兴：《治理与国家建构的张力》，《马克思主义与现实》2008 年第 1 期。

14. 马丽娟：《治理理论研究及其价值述评》，《辽宁行政学院学报》2012 年第 10 期。

15. ［英］鲍勃·杰索普：《治理的兴起及其失败的风险：以经济发展为例的论述》，《国际社会科学杂志》（中文版）1999 年第 1 期。

16. ［英］鲍伯·杰索普：《重构国家、重新引导国家权力》，何子英译，《求是学刊》2007 年第 4 期。

17. 包国宪、冉敏：《政府绩效评价中不同主体的价值取向》，《甘肃社会科学》2007 年第 1 期。

18. 李友梅：《关于社会体制基本问题的若干思考》，《改革与探索》2008 年第 8 期。

19. 吴家庆、王毅：《中国与西方治理理论之比较》，《湖南师范大学社会科学学报》2007 年第 2 期。

20. 孙应帅：《马克思主义政党学说的当代阐释》，《马克思主义研究》2008 年第 7 期。

21. 刘杰：《党政关系的历史变迁与国家治理逻辑的变革》，《社会科学》2011 年第 12 期。

22. 吴太胜：《从群众政治运动到公民政治参与》，《甘肃理论学刊》2011 年第 6 期。

23. 孙培军：《运动国家：历史和现实之间——建国 60 年以来中国政治发展的经验和反思》，《理论与改革》2009 年第 1 期。

24. 郭虹：《从单位到社区——社会管理体制的变革》，《经济体制改革》2002 年第 1 期。

25. 项继权：《从“社队”到“社区”：我国农村基层组织与管理体制的三次变革》，《理论学刊》2007 年第 11 期。

26. 项继权：《20 世纪晚期中国乡村治理的改革与变迁》，《浙江师范大学学报》（社会科学版）2005 年第 5 期。

27. 谢高仕：《邓小平民主法制思想的理论内涵与实践价值浅析》，《探求》2002 年第 2 期。

28. 唐亚林、郭林：《从阶级统治到阶层共治——新中国国家治理模式的历史考察》，《学术界》2006 年第 4 期。

29. 冯建军、傅淳华：《多元文化时代道德教育的困境与抉择》，《西北师大学报》2008 年第 1 期。

30. 王刚：《多元文化价值冲突下坚持科学发展的时代诉求与现实选择》，《沙洋师范高等专科学校学报》2011 年第 5 期。

31. 尹俊芳：《论文化冲突对社会主义和谐文化建设的影响》，《求实》2013 年第 3 期。

32. 黄焕汉：《中国社会转型及其价值冲突之化解》，《求索》2010 年第 9 期。

33. 兰久富：《社会转型与价值冲突》，《北京师范大学学报》1999 年第 3 期。

34. 陈晓辉：《当代中国社会多元价值观评析》，《当代世界与社会主义》2013 年第 2 期。

35. 陈士兵：《论社会转型时期的价值冲突和主导价值观的确立》，《黑龙江教育学院学报》2006 年第 1 期。

36. 刘小新：《论社会转型期的主导价值观》，《中央社会主义学院学报》2006 年第 3 期。

37. 衣俊卿：《论社会转型时期的生存模式塑造》，《北方论丛》1995 年第 4 期。

38. 王岩、林潇：《当代中国社会转型期的价值冲突与主导价值观的建构》，《南京航空航天大学学报》（社会科学版）2004 年第 4 期。

39. 张兴华、雷琳：《全球化时代中国文化安全现状及其治理向度》，《湖南师范大学社会科学学报》2012 年第 5 期。

40. 陆传照：《论执政风险与党群关系》，《探索》2007 年第 2 期。

41. 郭义福：《试论改革开放条件下的执政风险及其防范》，《求实》1999 年第 1 期。

42. 曹大：《21 世纪初中共执政风险综析》，《南方论刊》2006 年第 2 期。

43. 刘昀献：《中国共产党在当代面临的十大执政风险》，《中国浦东干部学院学报》2012 年第 2 期。

44. 翟永玲：《关于信仰危机问题研究综述》，《伦理学研究》2004 年第 4 期。

45. 张书林：《论共产党员的信仰》，《上海党史与党建》2012 年第 5 期。

46. 杨光斌、舒卫方：《“公正社会”取向的国家治理与制度建设——党的十八大与中国的政治发展》，《行政论坛》2013 年第 1 期。

47. 温顺生：《对中国共产党执政合法性的考量——基于合法性、合法性基础、执政合法性基础三个维度》，《南京工业大学学报》（社会科学版）2008 年第 1 期。

48. 王振武：《论执政能力的内涵及其一般评价要素》，《前沿》2009 年第 6 期。

49. 黄明哲、赖宏：《论党的执政道德建设》，《北京青年政治学院学报》2004 年第 1 期。

50. 王海军：《论新形势下党的现代化建设》，《武汉理工大学学报》（社科版）2003 年第 5 期。

51. 蔡霞：《正确认识与把握执政党与社会的关系——以农村基层民主建设为例》，《学习时报》2009 年 8 月 3 日。

52. 林尚立：《党、国家与社会：实现领导核心作用的政治学思考》，《中共天津市委党校学报》2001 年第 1 期。

53. 王嘉让：《努力推进国家治理体系和治理能力现代化》，《陕西日报》2013 年 11 月 19 日。

54. 竹立家：《着力推进国家治理体系现代化》，《中国党政干部论坛》2013 年第 12 期。

55. 包刚升：《“国家治理”新思路》，《南风窗》2013 年第 24 期。

56. 高小平：《国家治理体系与治理能力现代化的实现路径》，《中国行政管理》2014 年第 1 期

57. 胡荣荣：《政党适应性视角下的政治变迁》，《中共浙江省委党校学报》2012 年第 1 期。

58. 何增科：《论改革和完善我国社会管理体制的必要性和意义——中国社会管理体制改革与社会工作发展研究之一》，《毛泽东邓小平理论研究》2007 年第 8 期。

59. 齐卫平：《论党的领导与多元社会治理结构》，《探索与争鸣》2012 年第 12 期。

60. 王振民：《法治：核心国力的重要组成部分》，《法学论坛》2011 年第 2 期。

61. 俞可平：《全球治理引论》，《马克思主义与现实》2002 年第 1 期。

62. 张兴华：《毛泽东治国思想的公正诉求及其当代价值探析》，《北京工业大学学报》（社会科学版）2013 年第 5 期。

63. 褚添有：《政治导向型政府管理——1949 至 1978 年中国政府管理模式研究》，《公共管理学报》2008 年第 1 期。

64. 褚添有：《当代中国政府管理模式转型论纲》，《管理科学文摘》2008 年第 5 期。

65. 褚添有：《经济导向型政府管理——1978—2003 年中国政府管理

模式研究》，《学术论坛》2008 年第 5 期。

66. 闫恩虎：《“三农”问题的制度根源与改革思路探析》，《经济经纬》2004 年第 4 期。

67. 张锐智：《法家“法治”论在国家治理中的作用》，《上海政法学院学报》（法治论丛）2009 年第 5 期。

68. 唐皇凤：《增强执政党调适性：中国政治发展的核心战略取向》，《浙江社会科学》2013 年第 2 期。

69. 许耀桐、刘祺：《当代中国国家治理体系分析》，《理论探索》2014 年第 1 期。

70. 何增科：《理解国家治理及其现代化》，《马克思主义与现实》2014 年第 1 期。

71. 俞可平：《推进国家治理体系和治理能力现代化》，《前线》2014 年第 1 期。

72. ［法］辛西娅·休伊特·德·阿尔坎塔拉：《“治理”概念的运用与滥用》，黄语生译，《国际社会科学杂志》（中文版）1999 年第 1 期。

73. 杨艳、陈志强：《比较视野下的国家治理与社会和谐》，《社会主义研究》2007 年第 2 期。

74. 柴艳荣、李晗：《变迁中国家治理模式的类型分析及其启示》，《云南社会科学》2005 年第 2 期

75. 刘明：《从服务型政党到服务型政府——中国政府职能转变的关键因素》，《上海党史与党建》2010 年第 8 期。

76. 李伟东：《从国家治理视阈思考以相对公平的财富分配机制促进我国社会主义新农村建设》，《南方农村》2008 年第 6 期。

77. 张慧君、景维民：《从经济转型到国家治理模式重构：转型深化与完善市场经济体制的新议题》，《天津社会科学》2010 年第 2 期。

78. 王荣阁：《终政党政治特征和国家治理方式看依法治国方略》，《中南民族学院学报》（人文社会科学版）2000 年第 3 期。

79. 唐皇凤：《大国治理与政治建设——当代中国国家治理的战略选择》，《天津社会科学》2005 年第 3 期。

80. 唐皇凤：《大国治理：中国国家治理的现实基础与主要困境》，《中共浙江省委党校学报》2005 年第 6 期。

81. 关学增：《当代西方国家的社会治理思潮》，《河南师范大学学报》（哲学社会科学版）2006 年第 4 期。

82. 张书林：《党内民主的执政价值：基于国家治理的视野》，《天津行政学院学报》2009 年第 4 期。

83. 刘杰：《党政关系的历史变迁与国家治理逻辑的变革》，《社会科学》2011 年第 12 期。

84. 孙晓莉：《多元社会治理模式探析》，《理论导刊》2005 年第 5 期。

85. 王兴伦：《多中心治理：一种新的公共管理理论》，《江苏行政学院学报》2005 年第 1 期。

86. 贺敏：《法治与德治结合：和谐社会之国家治理的基本形式》，《社会科学家》2006 年第 5 期。

87. 郑维伟：《服务型政府建设的政治逻辑》，《中共杭州市委党校学报》2011 年第 1 期。

88. 王韶兴：《服务型政府视阈中的政党治理》，《理论探讨》2007 年第 2 期。

89. 张丽：《公共精神与"群众"情境下的中国国家治理》，《天津行政学院学报》2011 年第 1 期。

90. 王宏彬：《公共治理理论视角下和谐政府的构建》，《学术交流》2008 年第 12 期。

91. 杨梅：《关于公民社会陷阱论的思考：以中国社会治理创新为视角》，《党政干部学刊》2012 年第 1 期。

92. 任勇：《国家治理视野中的核心价值：基于文化资本的考察》，《社会科学》2010 年第 3 期。

93. 曹任何：《合法性危机：治理兴起的原因分析》，《理论与改革》2006 年第 2 期。

94. 唐慧玲：《"后革命"时期国家治理：基于承认政治的理论视角》，《同济大学学报》（社会科学版）2010 年第 6 期。

95. 俞可平：《经济全球化与治理的变迁》，《哲学研究》2000 年第 10 期。

96. 俞可平：《作为一种新政治分析框架的治理和善治理论》，《新视野》2001年第5期。

97. 张昕：《转型中国的治理新格局：一种类型学途径》，《中国软科学》2010年第1期。

98. 徐湘林：《转型危机与国家治理：中国的经验》，《经济社会体制比较》2010年第5期。

99. 谢志岿：《转型期社会问题与国家治理创新——兼论中国政治体制改革的核心内涵与路径选择》，《理论与改革》2011年第4期。

100. 丁元竹：《中国社会管理的理论建构》，《学术月刊》2008年第2期。

101. 王建华、王云骏：《中国共产党对民主党派的资源配置研究——基于国家治理的考察视角》，《南京社会科学》2012年第4期。

102. 唐志龙：《以人为本：党的社会管理科学化价值意蕴》，《中共宁波市委党校学报》2011年第4期。

103. 毛寿龙：《现代治道与治道变革》，《南京社会科学》2001年第9期。

三　外文资料

1. Richard S., *Kats*: *A Theory of Parties and Electoral Systems*, Johns Hopkins University Press, 1980.

2. Mark Bevir, *Democratic Governance*, Princeton University Press, 2010.

3. Jacques Lenoble and M. Maesschalck, *Democracy*, *Law and Governance*, Ash Gate, 2010.

4. Stephen P. Osborne, *The New Public Governance?*: *Emerging Perspectives on The Theory and Practice of Public Governance*, Routledge, 2010.

5. Per Lagreid and Koen Verhoest, *Governance of Public Sector Organizations*: *Proliferation*, *Autonomy*, *and Performance*, Palgrave Macmillan, 2010.

6. Leanne Wrightson, *Public Sector Governance*, Chartered Secretaries Australia, 2010.

7. Richard Bellamy and Antonino Palumbo, *From Government to Governance*, Ashgate Pub. Co., 2010.

后　记

本书是在我的博士论文的基础上修改而成的。值此本书出版之际，内心有着众多的感恩、感谢。

2011 年 9 月，辞掉工作再次踏进校园心理有失落、有不安、有焦虑、有困惑、有愁怅。没有了稳定的收入来源，经济方面的压力是巨大的。前期知识储备不足，学科视野狭窄，加之本人资质驽钝、写作时往往因为一个问题需要查阅很多资料，财力精力的付出是巨大的。还好，家人的支持，朋友的鼓励，同学的帮助，老师的教诲，自己的努力，几番周折，最终圆满。

感谢蒋锦洪教授、雷琳教授，能够有幸受到两位恩师的教导是我一生享用不尽的精神资源。

感谢导师蒋锦洪。承蒙老师不嫌，把我招之门下。对于老师的为人、才智和学识，我唯一能够使用的语言就是敬重和推崇。每次的小聚和研讨，老师深邃的思考都给我极大的启迪。在指导论文的过程中，从论文的框架设计到评阅都给出了悉心指导，从语言的运用到行文的落笔，甚至于小到一个标点符号，处处体现着老师严谨的治学态度。

感谢导师雷琳。雷老师在待人、做事、做学问上，对我教诲良多。她乐观的人生态度、稳健的行事方式、深厚的学术造诣，都将是我一生学习的榜样。论文的选题得益于老师前瞻性的理论视野。在与老师交流沟通的过程中，思想上的启迪是渐进性的。正是在这一过程中，我逐步清理着自己的思想，尽量让自己跟上老师的节奏。很惭愧，我的差距实在太远，未能深入领会老师的思想，在很多方面还存在不足，只有在以后的工作和研究中慢慢完善。

该感谢的人实在太多。

感谢陈锡喜教授、宋进教授、余玉花教授、唐莲英教授、程伟礼教授、王建新教授等各位导师对我的无私教诲、指导和帮助，感谢他们在论文开题和预答辩时给予的批评和建议，为我的论文写作和修改指明了路向。感谢曹景文教授、贾秀堂博士在学习、生活上的关怀，他们渊博的学识、缜密的思维、严谨的治学，都使我受益匪浅，感谢他们提供的诸多方便。

本书得以出版还要感谢河南师范大学马克思主义学院的同仁们。马福运院长、蒋占峰书记为本书的出版给予了大力支持，付出了辛勤的工作。李翔、余保刚等做了大量工作。他们的付出为本书的出版提供了保障。

本书的出版得到河南师范大学学术专著出版基金资助，在此一并谢过。最后，把感谢送给我的家人。送给年逾花甲的母亲，默默奉献的妻子，活泼可爱的女儿。没有她们的鼎力支持我是无法完成博士学业的。他们的支持一直是我工作学习奋勇向前的不竭动力。惭愧的是，我的文章还不尽美。但不管怎么说，我努力了，所以幸甚。

对于本书的主题——当代中国国家治理问题与对策，党的十八届三中全会已经做出新的规划和安排，本书最后一章有所涉及，但论述不够深。本想依据最新的精神对书稿作全面修改，但博士论文记录了我对国家治理问题的阶段性认识，所以决定保留论文的原样，不足之处会有不少，我将在以后的研究中进一步完善。

张兴华
2016 年 12 月